恋する文化人類学者

結婚が異文化をつなぐとき

角川文庫
24108

目次

写真は、撮影・提供者が明記されたもの以外、すべて著者が撮影したものである。

イントロダクション

これはひとつの恋の物語であり、同時に、ひとつの異文化交流の物語である。

主人公はひとりのアフリカ人女性とひとりの日本人男性、つまり私だ。

文化人類学者の卵としてアフリカのコートジボワールという国に渡った私は、かの地で恋に落ちた。相手は有名な歌手・ダンサーである。その恋は七年もの時を経て、やがて結婚というかたちで実を結ぶこととなる。当時売れっ子であったアイドル歌手と日本人との結婚。しかも彼の名は「スズキ」。アフリカの人々にとって、いやおそらくほとんどの外国人にとって、「スズキ」はバイク・自動車メーカーの名として知られている。彼らはこれが名字であるなどと考えてみたこともないだろう。有名歌手と有「名」日本人との結婚。しかも挙式はコートジボワールの大都市アビジャンにおいて完全に伝統的な方式に則《のっと》って八日間にわたっておこなわれ、芸能スクープとして当時の新聞を賑《にぎ》わせた。

私は文化人類学者である。文化人類学者は特定の研究テーマを立て、現地において長期間生活しながら調査をおこない（これをフィールドワークという）、異文化への理解を深めようと努力する。当時大学院生であった私も、アビジャンという街でフィールドワークの真っ最中であった。テーマはストリート・ボーイと音楽。ストリート・ボーイたちの出没するところならば、たとえそこが危険きわまりないゲットーの奥であろうと躊躇《ちゅうちょ》なく駆けつけ、彼らの好きなレゲエやラップのミュージシャンと個人的な交流をつづけながら、アビジャンのストリート文化と音楽との関係を調査していった。その成果は二〇〇〇年に『ストリートの歌――現代アフリカの若者文化』（世界思想社）としてまとめることができた。そのなかで、調査する私と調査されるストリート・ボーイたちとの交流の模様を盛りこみながら、アビジャンのストリート文化の諸相と音楽とのつながりを描いていった。

ところで、同じ時期に私はもうひとつの交流を経験していた。相手は私の未来の妻とその家族。「恋」という感情が私と彼女とを結びつけ、必然的に彼女の家族との交流がはじまった。ストリート・ボーイという、お世辞にも「普通」とはいえない人々の調査をしていた私であるが、驚いたことに彼女の家族もまた別の意味で「普通」ではなかった。彼らは〈グリオ〉だったのである。詳細は本編に譲るとしても、ここでやはりこの言葉を簡単に説明しておくべきだろう。

〈グリオ〉はときに「語り部《かたりべ》」、ときに「楽師」、ときに「吟遊詩人」などと訳されるが、そのどれもがグリオの属性の一部を表現しているにすぎない。おおくのアフリカ社会は伝統的に文字をもたなかったが、文字がないがゆえにコミュニケーションの手段として豊かな声の文化を、奥深い音の文化を発達させてきた。彼らはその言葉に、歌声に、楽器の音色に、われわれ日本人には想像もつかないほどの多彩なニュアンスを込め、それらを自由自在に操りながら日々の生活を送っている。無文字社会であるということはいっけんすると社会的ハンディ・キャップであるように思えるが、逆の見方をすれば、われわれは文字を意味伝達の媒体として多用するがゆえに、アフリカの人々に比べて声や音の微妙なニュアンスを聴く能力を欠くという社会的ハンディ・キャップを負っているといえるのではないだろうか。

豊かな声の文化、音の文化はアフリカに遍在しているのであるが、地域によっては特定の人々に声や音を扱う仕事を任せてしまおうとすることがある。その代表が西アフリカのマンデ文化圏であり、そこにおいて声と音を操る達人として活躍するのがグリオである。その起源は今から七五〇年以上まえに、伝説的英雄スンジャタ・ケイタによってかの地にマリ帝国という大帝国が建設された時期にまでさかのぼる。グリオは特定の家系に限られ、そこから優秀な語り部や音楽家が次々と輩出する。彼らは言葉の達人として、ときに王侯貴族の助言者やスポークス・マンとなり、ときに争いごとの仲裁にはいり、音の達人として、ときに結婚式で音楽を演奏し、ときにダンス・パーティーを盛りあげる。マリ帝国が消滅したのちも、その末裔《まつえい》であるマンデ系諸民族のあいだでグリオの伝統は脈々と受け継がれてきた。その技は親から子へと伝えられ、今日彼らはその音楽的才能を武器にポピュラー音楽の分野へも積極的に進出し、モリ・カンテ、カンテ・マンフィラ、カセ・マディ・ジャバテなど日本においてもCDが手にはいるような国際的スターを輩出するにいたっている。

私をアフリカへと誘《いざな》ったのは音楽であった。小学校の頃は当時流行《はや》っていた歌謡曲やフォーク・ソングを聴いていた私であるが、中学生になるとロックに目覚め、とりわけローリング・ストーンズの虜《とりこ》となった。ストーンズ熱は大学までつづき、やがて彼らの音楽のルーツがアメリカ黒人音楽であることを知る。ブルース、ソウル、レゲエ……いつしかターンテーブルに載るレコードのジャケット写真も黒人ばかりになり、やがてすべての黒人の故郷であるアフリカへと興味が移っていった。そしてついにアフリカの地に赴き、そこで偶然にも恋に落ちた相手がアフリカの音楽的伝統を体現するグリオの娘だったのだ。話ができすぎているようであるが、これはなんの脚色もない真実である。

本書の目的はアフリカの音楽やグリオについて概観することではない。目的は私の個人的な話を聞いてもらいながら、文化人類学への扉を開いてもらうことにある。本書において私は自分と妻との馴《な》れ初めから結婚にいたるまでの体験を、文化人類学の視点を通して語るつもりである。語り手が当事者であり文化人類学者でもあるということは、主観と客観が混じりあうということである。それが良いことか悪いことかはわからない。テーマと方法論を決めてシステマティックにおこなわれるフィールドワークに基づく報告ではないので、もしかしたら散漫な印象を与えるかもしれない。だが、まるで火の粉が降りかかるように次から次へと目の前に立ち現れる「異文化」を受けとめてきた私の体験には、当事者ならではの実感がともなっているはずだ。読者はその臨場感に巻きこまれながら、ヴァーチャルなかたちで文化人類学の視点を獲得することができるであろう。

私がこの本を書く動機は、人類の多様性を尊重したいからである。私はさまざまに異なる人々がいっしょに生きることをすばらしいと思う。肌の色、国籍、宗教、言葉、食文化、音楽……世界はあきらかに「違う」人々で満たされている。しかし各々は「同じ」民族や国民として集まろうとする。それ自体は至極当然なことである。だが異なる人々が集う場に身をおいてみたなら、その刺激的な雰囲気のおもしろさをわかってもらえるだろう。色も形もさまざまな顔。まっすぐだったり縮れていたりする髪の毛。ある者は民族衣装をまとい、ある者はジーパンにTシャツ。さまざまな言葉が頭上を飛び交うなか、ときには片言の、あるいはペラペラの外国語で、ときには身ぶり手ぶりでコミュニケーションをとってゆく。そんなとき、私は心地よい興奮に包まれる。だがこれは異文化交流の第一段階にすぎない。問題はその先だ。異なる人々が実際に生活をともにし、その関係がある一定以上密になったとき、コミュニケーションは破綻《はたん》を迎える。

異文化交流の現場は高尚な理念によって小ぎれいに掃き清められているわけではない。そこにあるのは感情を読みとることのできない眼差《まなざ》し、なじみのない身体動作、鼻をつく体臭、聞き慣れない言葉……ある者は悪意をもってこれらを拒絶し、ある者は善意によってこの壁を乗りこえようとする。だがその壁は思いのほか高く、厚い。最初のうちは得意のジャパニーズ・スマイルでお茶を濁すが、それも長続きはしない。すこしずつ「違う」ということの居心地の悪さに気づきはじめる。そこには理解できないなにかがあり、そのことが自分を不安にさせる。「いやいや、同じ人間なんだから、気持ちは通じあえるはずだ」などと自分をごまかしてみるものの、心のどこかでは焦りがつのるばかり。こうなるともうだめである。異文化交流とは名ばかりの表面的なものになってしまうだろう。だがこうした困難を前提としつつ、厄介な「違い」を楽しむためにこの堅固な壁を突きやぶりたい。壁の存在を含めたうえで多様性を愛したい。私はそう思うのである。

異文化の壁にぶつかって玉砕する人もいれば、あたかもそんな壁は存在しないかのように振る舞う人もいる。妻とその親族との交流において、私にはそのどちらも許されなかった。とにもかくにも彼らとともに生きてゆかねばならない。彼らの社会のなかに自分の場所を確保しなければならない。相手の文化を理解し受けいれ、同時に日本人としての私の独自性を彼らに認めさせねばならない。たんなる調査とは違い、私と彼らとの関係は婚姻を通して一生つづくものだ。いや、私の死後も子孫を通して継続する関係なのだ。小手先のごまかしではなく、壁の正体をじっくりと見据え、それを乗りこえる手だてを考えなければならない。そんなとき役に立ってくれたのが文化人類学という学問である。「異文化の理解」を標榜《ひょうぼう》する文化人類学の短い歴史のなかで、先達の文化人類学者たちはフィールドワークをベースにしながらたくさんの研究をおこなってきた。そしてそこから異文化の壁に対するさまざまな視点が生まれ、それを乗りこえるための分析枠組みが提唱されてきた。私が文化人類学者の卵としてそうした知識を身につけていたことは、妻およびその親族と人間関係を築くうえで非常に役に立ってきた。普通であれば「ワケわかんない」と言いながらブラックボックスのなかに放りこむような「違い」も、文化人類学という「メガネ」をかけることで理解することが容易になった。それはすべてを解決してくれる魔法のメガネではないが、かなりおおくの問題を片づけてくれるものではある。本書を読んだことをきっかけに、多様性を受けいれ、「違い」を楽しんでくれる人が増えてくれればと思う。

本書は私の個人的体験をダシに使った文化人類学の入門書である。まったく文化人類学を知らない大人、あるいは大学一、二年生の教養課程ではじめて文化人類学に触れる大学生を対象として執筆した。あまり「学術的」な印象を与えないよう、個人的なエッセイをふんだんに交え、文体もときに口語体を活用しながら、なるべく読みやすくなるよう工夫を凝らした。だが本文中で紹介される文化人類学の知識やエピソードの内容は、あくまでも「お堅い学術書」と同じレベルを保つよう努力したつもりである。すでに現場を踏んでいる研究者の方々にも楽しんでもらえれば幸いである。また、必要に応じて注が付してあるが、初学者あるいは一般の方々は注を気にせず、本文だけを読みすすめていただきたい。ただ、おおくの注が、マニアックな情報を盛りこんだ読書案内となっているので、文化人類学をより深く学んでみようと思う人は、ぜひ参考にしてもらいたい。

もしかしたら、文化人類学は私のラヴ・ロマンスを語る口実なのかもしれない。あるいは私のラヴ・ロマンスが文化人類学を語る口実なのだろうか。少なくとも両者が共犯関係にあることは確かである。この共犯関係は、はたしてうまくいったであろうか……。

第一章

私と彼女と文化人類学

下町での太鼓演奏

一　出会い

踊る少女

　私のラヴ・ロマンスは、西アフリカに位置するコートジボワールの大都市アビジャンではじまる。この国では一九九九年のクリスマス・イヴにクーデターが起き、その後二〇〇二年に国が南北に二分され内戦状態となるが、二〇〇八年に内戦はいちおう終結。ところが二〇一〇年一一月の大統領選挙をきっかけとしてふたたび内戦状態となり、翌年四月に国連軍およびフランス軍の介入によりようやく終戦。その後、秩序回復、和平推進の過程を経て、現在は安定した状態を保っている。

　こうした一連の政変以前、コートジボワールはアフリカの政治的優等生であり、アビジャンは西アフリカの経済的中心地であった。建国の父であるウフエ・ボワニ初代大統領が、かつての植民地宗主国フランスと仲よくしながら、政治的安定、経済的成

アビジャンの中心街

長を実現する、という政策をすすめた結果、中心街であるプラトー地区には高層ビルが建ち並び、コートジボワール人にとって自慢の種となった。だがそれもしょせんは借りてきた箱であり、フランスの「ここを足場に、アフリカをその独立後も自分たちの裏庭として押さえつづけよう」という植民地主義的な下心を象徴しているにすぎない。高層ビル群のガラス張りの壁に反射する陽光が、この国の大多数を占める庶民の心をあたためることはなかっただろう。

プラトー地区から周辺に向かうにしたがい、くすんだコンクリートの街並みが姿を現してくる。下町、庶民の街である。平屋にトタン屋根の長屋から、四階建ての団地まで、薄汚れた壁の内側から人々の暮らす音が聞こえてくる。子供の泣き声、夫婦喧嘩《げんか》の叫び声、料理をする女の奏でる鍋《なべ》の響き、テレビやラジオのスピーカーの割れた音……私はアビジャンの下町の風景と騒音が大好きだった。

将来クーデター騒ぎが起こるなどと夢にも思わなかった一九八九年のある日、私はアビジャンでもっとも古い下町であるアジャメ地区にいた。いつものような生活音のオーケストラにまじって、今日はひときわ目立つ音が鳴り響いている。太鼓の音だ。〈ジェンベ〉と呼ばれる太鼓が数台並んで、地響きを立てるように激しいリズムをたたきだす。そのなかのひとり、ソロ演奏をする奏者がその鍛えあげられた指先を太鼓の皮にすばやくたたきつけると、そこから耳をつんざくような高音のフレーズが生みだされ、下町の空気を震わせる。これこそ、世界中にその名を轟《とどろ》かすアフリカの太鼓だ。

太鼓のリズムにあわせて女たちが踊る。結婚式かなにかだろうか？　道路の一区画を通行止めにして封鎖し、路肩に椅子を並べ、即席の会場をつくる。広く空いた路上に太鼓が陣取り演奏をはじめると、椅子に腰掛けている女性がひとりひとり飛びだしてきて踊りまくる。色とりどりの民族衣装をまとって蝶《ちょう》のように踊る女たち。ひとりがジェンベのリズムにあわせて激しく身体を動かす。しばらくして彼女が息を切らしながら引っこむと、すかさず別の女が飛びだし踊りはじめる。その様は短距離リレー

下町でダンスするニャマ

走のようだ。

そんななか、ひとりの少女が中央に躍りでてきた瞬間、会場のあちこちから「ワッ」という歓声がいっせいにあがった。どうやらダンスの達人らしい。彼女の踊る姿を見て、私は棒のように立ちつくしてしまった。あきらかに他の踊り手とはレベルが違う。すべての動きがカミソリのように鋭く、しかも華やかだ。彼女のダンスがジェンベを刺激し、リズムがより激しくなる。するとそのリズムを乗りこえようとするかのようにダンスも激しくなる。ダンス、ジェンベ、歓声……すべてがひとつとなって会場の震動が最高潮に達した瞬間、彼女の着ていた上着が首からスッポリと抜け、宙を舞った。それは一枚布に頭をとおすための穴をあけた貫頭衣だった。それまでの緊張感がプツリと切れ、会場はドッと笑いに包まれる。少女は照れ笑いをしながら席に戻り、出席者のひとりから先ほどの上着を受けとっている。この少女の名はニャマ・カンテ。私の未来の妻である。

当時私は慶應義塾大学大学院社会学研究科博士課程に在籍していたが、二年間休学してコートジボワールにある日本大使館に専門調査員として勤務していた。一九八九年四月から九一年三月までのことである。大使館職員にはいわゆる外務官僚（大使、参事官、一等書記官、二等書記官など）の他、他の省庁あるいは民間企業からの出向者、さまざまな雑用をこなす派遣員、そして専門調査員がいる。専門調査員は大学院生以上の研究者が二年単位で採用され、管轄国の政治・社会・文化などを調査することになっている。だが実際には経済協力の仕事を手伝わされたり、その他諸々《もろもろ》の雑用がまわってくることもある。そのなかには日本からやってきたマスコミ取材陣のアテンドも含まれていた。

一九八九年一一月、共同通信社の記者がやってきた。主に庶民の暮らしぶりと文化人の活動を取材したいという。私は彼らの取材に同行し、音楽、演劇、映画関係のアーティストのもとを訪れたり、下町における庶民の暮らしぶりを見てまわったりした。その際に、私の友人が「今日はちょっとしたお祭りがあるから」といってわれわれをアジャメ地区に連れてきてくれたのだ。四月にアビジャンに赴任して以来、好奇心いっぱいの私は大使館の仕事のあとで、あるいは週末に、愛車のスズキ・ジムニィに乗りこんで街のあちこちを徘徊《はいかい》していた。九月末には長距離バスを乗りつぎながら約二週間かけて国内の地方都市をひとりでめぐり、大使館の仕事とコートジボワールの空気にやっと慣れはじめた頃、アジャメ地区で踊る少女と出会ったのである。

人はいかにして文化人類学者になるか

私と彼女との出会い話をすすめるまえに、私がいかにして文化人類学者（長たらしいので、以下「人類学者」と表記する）になったかについて、しばらく耳を傾けてもらおう。

通常、人類学者になる人間は大学卒業後に大学院にはいり、修士課程、つづいて博士課程において自分なりの研究を修めたのちに大学の教員、あるいは研究所の研究員になる。では、彼はなぜ大学院にはいって研究しようなどと考えるのであろうか？たいていの場合は大学の学部生のときに文化人類学を学び、その魅力にとりつかれて研究者への道をめざす。これは文化人類学にかぎらずあらゆる学問の「王道」である。また文化人類学の場合その特殊性ゆえ、「第三世界」におけるNGO活動やボランティアなどの経験を経てから大学院にはいってくるというケースもある。さらにもうひとつ、王道からもっともはずれたルートとして、学生時代の貧乏旅行経由というものがある。これは大学の授業をサボりながら、バイトで貯めた金や借金を元手にアジアなどを長期旅行するのを常としてきた学生のとる道だ。まともに就職したくはない、もっと世界中をブラブラしてみたい、ところで文化人類学って知ってるかい、なんでもアジアやアフリカにいって現地の人々と適当に楽しくやってればいいんだってよ、じゃあ俺だって……ということで、それまで大学をサボりつづけてきた輩《やから》が、身のほど知らずにも大学院を受験しようなどと言いだすわけである。私の場合がまさにこの第三の道であった。

学生時代にインド旅行にハマった私は、バイトで金を貯めてはインドに出かけていた。カルカッタ（現コルカタ）の混沌《こんとん》を楽しみ、タージマハルの美しさに目を奪われ、ヴァラナーシーの火葬を眺め、コヴァラム・ビーチで海水浴をし、ジャイサルメールでラクダに乗る……。だがある大病を患ったことで、気楽な旅にも終止符が打たれた。A型肝炎である。大学三年生の秋、インド旅行の直後に日本で発病。幸いにもB型肝炎と違って慢性化せず、一ヵ月入院して完治することができた。その後また病みあがりの体でインド旅行に出かけようとする私にドクター・ストップがかかる。「先進国ならいいけど、第三世界はちょっと……」という医者からの心あたたまる忠告。「それならヨーロッパでもブラブラしようか。」

パリに到着した私は一泊八〇〇円の安宿に宿泊。屋根裏部屋にスチール製のベッドが三つ。同室者は食い詰めた中年絵描きと、地下鉄で物乞《ものご》いをする青年。一九八六年二月。外は雪。真っ白なパリの街並みが美しい。ある日、コンコン、とドアをノックする音。はいってきたのは同じホテルに宿泊しているひとりの見知らぬ日本人。「やあ、日本人がいるって聞いたから、遊びにきた。」

このS氏はフリーのカメラマンで、アフリカ音楽の取材で一年近くもザイール（現コンゴ民主共和国）という国に滞在していた。聞くと、かの地にパパ・ウェンバという有名ミュージシャンがいて、パリを経由して、もうすぐ日本に演奏旅行に出かけるとのこと。「数日後にコンサートがあるから、いっしょに見にゆくかい？」「いく、いく！」パリ郊外のおしゃれなライブ・ハウスで見たパパ・ウェンバのコンサートは、世間知らずの大学生には刺激が強すぎた。ザイールのトップ・スターは私を煙たがりもせず、S氏の通訳で親しく話をしてくれた。帰国して大学四年生になった私は、大学で〈アフリカ社会論〉という講義を担当している和崎《わざき》春日《はるか》先生のもとにまっ先に向かった。ほとんど初対面なのに「先生、ザイールにゆきたいんです。でも金はありません。タダでゆく方法ありませんか？」と私がたずねると、「あるある、大学院にはいって文化人類学というのを勉強すれば、奨学金がもらえて、タダでいけるかもしれないよ」と和崎先生は即答した。これが私と文化人類学との出会いである。

運よく慶應義塾大学大学院の修士課程に入学した私は、ザイールの首都キンシャサで発達してきたポピュラー音楽（日本ではリンガラ・ポップスと呼ばれている）の研究を開始。入学後に気づいたことは、なんの業績もないぺーぺーの大学院生が奨学金をもらうなど不可能だということ。当たり前である。そこで私は借金してザイールのキンシャサに赴く。二ヵ月間ほどの修士論文のための調査（というか、資料集め）を終えて帰国すると、東京外国語大学アジア・アフリカ言語文化研究所（通称AA研）の日野舜也先生から、AA研の『通信』という小冊子にエッセイを書かないか、とのあたたかいお言葉をいただく。「キンシャサの人と音楽」というなんの芸もないタイトルで四ページのエッセイを書いてからしばらくすると、外務省中近東アフリカ局アフリカ第一課から突然電話がかかってきた。「コートジボワールの日本大使館で専門調査員をしてくれる人を探してるんだが、やってはもらえないか？」当時の課長さんがおもしろい人物で、たまたま私のエッセイを読んで私に目をつけたのだ。ザイールもコートジボワールも同じフランス語圏。いっちょこの若者に頼んでみよう、というわけである。とにかくアフリカに長期滞在したかった私はこの提案を受けいれた。当初は二年の勤務ののちふたたびキンシャサに戻ってザイール音楽の研究をしようと思っていたが、結局アビジャンにハマり、その後講談社の野間アジア・アフリカ奨学金を受けてさらに二年間アビジャンに滞在することになるのである。

二　フィールドワーク

フィールドワーク前史

私がアビジャンに滞在したのは、まずは一九八九年四月から九一年三月にかけて日本大使館に勤務した二年間、つづいて野間アジア・アフリカ奨学金による一九九二年四月から九四年三月までの二年間、その後も大学の夏休みを利用して毎年一、二ヵ月間滞在してきたので、延べ五年近くをこの都市で過ごしたことになる。これ、すべて文化人類学の調査のためである。ではなぜ、人類学者はこんなにも長きにわたって現地にいたがるのであろうか？

現地調査のことを〈フィールドワーク〉と呼ぶ。英語で〈フィールド〉は「現場」、〈ワーク〉は「仕事」だから、つなげて「現場仕事」となる。「百聞は一見にしかず」ということわざがあるが、異文化の研究をするのであれば現場を体験するしかないだろう、だから人類学者はまず現場での仕事、すなわちフィールドワークをしろ、ということになる。至極もっともな意見である。実際フィールドワークが文化人類学の基礎であり、この学問を他から峻別《しゅんべつ》する独自性を与えているのであるが、じつは文化人類学の出発点においてフィールドワークという方法の存在感はけっしておおきいものではなかった。

そもそも文化人類学はいつ、どこで、誰によってはじめられたのか？　それは現在大学で教えられている他のほとんどの学問と同じく、欧米で誕生し発展した。

時は一九世紀、帝国主義の時代。ヨーロッパ列強は世界中をわがものにしようと熾《し》烈《れつ》な植民地競争を繰り広げていた。イギリスが、フランスが、オランダが、ドイツが、ベルギーが、アフリカやアジアの大地を、島々を蹂躙《じゅうりん》してゆく。探検家が未知のルートを切りひらき、宣教師がキリスト教への改宗を迫り、植民地行政官が支配体制を強化し、商人が抜け目なく利益を搾りあげ、ときに好奇心旺盛《おうせい》な旅行者が訪れる。彼らヨーロッパ人たちは自分たちとあまりにも違う現地人を目の前にして、こう思ったことであろう。

「なんと奇妙な人々だろう。」

アフリカで、アラブで、インドで、中国で見た、異なる肌の色、異なる慣習、異なる言葉……。彼らは各地での見聞を報告書類として、手紙として、旅行記として本国に書き送った。こうしてヨーロッパにおいて「異文化」に関する情報が飛躍的に増大した。やがてこれらの情報を収集しながら、「未開」社会について思索をめぐらせる人々が登場する。彼らは世界各地の風変わりな結婚式、奇妙な神々、興味深い言語などに関する断片的な情報を比較しながらこう考えるようになった。

やっぱりわれわれヨーロッパ人がいちばん進んでいるようだ。

それに比べて彼らはあきらかに遅れている。

だがその遅れ方にもさまざまな程度があるように見える。

ある地域は多神教だが、別の地域では石や樹の精霊を崇拝している。

ある者は豪勢な服を着ているが、別の者は裸同然だ。

ヨーロッパ語に近い言語もあれば、まったくかけ離れた言語もある。

そうだ、きっと人類は野蛮な状態から文明へと向かって進化しているに違いない。

もっともはやく進化したのがわれわれヨーロッパ人。

そして他の人々はいまだに進化の途上にある。

その進化の程度の違いが、さまざまな文化の違いとして表れているのだ。

だから進化の頂点に立つヨーロッパ人が、他の幼き人々を支配し、教化してやらねばならない。

こうして世界各地からの断片的な情報を書斎で腰掛けながら比較検討していった知

識人こそ、最初期の人類学者である（彼らは皮肉を込めて「肘掛《ひじか》け椅子の人類学者」と呼ばれている）。そして彼らがヨーロッパ偏重の独断と偏見を織りまぜながら導きだしたこのような考え方を〈進化論〉という。彼らのなかにはアメリカのモーガンのように実際に現地の社会（モーガンの場合はアメリカ先住民）を訪れて調査をおこなった例もあるものの、大多数は肘掛け椅子の人類学者であった。やがて、当たり前といえば当たり前の話であるが、やっぱり進化論はオカシイということに気づき、伝播《でんぱ》主義をはじめとするいくつかのあたらしい理論が生みだされるとともに、人類学者みずからが現地に赴いて実際に調査する必要性が痛感されるようになる。こうして文化人類学の方法論のなかにフィールドワークが登場するのである。

偶然のマリノフスキー

孤独な人類学者が、ひとり、一年以上の長きにわたって村に住みこみ、現地語を話し、村人と同じ食卓を囲み、さまざまな生活の諸相を観察・記録し、ときに祭りで太鼓にあわせて踊る（踊らされる？）……これが人類学のフィールドワークに対する典型的なイメージだろう。だが最初からこんなすごいことをしていたわけではない。最初は特定の研究テーマのために数人の現地人に通訳を介してインタビューをおこない、滞在期間も数日から数週間という短いものであった。やがて人類学者も現地語を習得して現地人と直接的なコミュニケーションをとるようになり、調査期間もそれなりに長くなっていった。だがその後、さらに長い期間にわたって現地に「埋没」し、衣食住を現地人とともにしながら、彼らの視点に可能なかぎり近づこうとする、というウルトラCをやってのけた人類学者が登場する。彼の名はマリノフスキー。彼のとった調査方法が今日におけるフィールドワークのスタンダードとなるのであるが、じつは彼、ある偶然からやむにやまれず調査地に埋没したのであった。

一八八四年にポーランドで生を受けたマリノフスキーは、大学で数学と物理学を学ぶが、イギリスの人類学者フレーザーの『金枝篇』を読んで専攻を文化人類学に変え、ロンドンに渡った[1]。ロンドン大学の経済学学院で学んだのち、彼は南太平洋のトロブリアンド諸島にフィールドワークに赴く。

トロブリアンド諸島などと言われてもどこのことかピンとこないだろう。まずは地図を広げてオーストラリアを見つける（これがわからない人は、小学校からやり直してください）。次にオーストラリアの真北（つまり真上）にあるニューギニア島を探してみよう。日本の本州よりひとまわりおおきいので、すぐ見つかるだろう。この島はたくさんの小島に囲まれているのだが、トロブリアンド諸島はその右端に位置している。普通の地図では記載されていないので、だいたいこのあたりだ、という見当をつけてもらえれば十分である。現在はパプア・ニューギニアという国に属すこの地域には、メラネシア系の人々が住んでいる。太平洋にはポリネシア系、ミクロネシア系、メラネシア系の人々がいる。ポリネシアはハワイ、サモア、タヒチなどで、住民の肌の色は比較的明るい（小錦、曙、武蔵丸など、相撲でおなじみの、あの感じである）。ミクロネシアは第二次世界大戦で日本がアメリカと激戦を交わした地域（いわゆる「南方」）で、その一部はグアム、サイパンなど日本人のお手軽リゾート地となっている。そしてミクロネシアの南に広がるメラネシアにはニューカレドニア、ニューギニアなどが含まれ、その住民の肌は濃い黒色である。

マリノフスキーはイギリスから遠路はるばるオーストラリアにやってきて、そこから調査のためにトロブリアンド諸島をめざした。そこで一九一五年六月から翌一六年五月まで調査をおこない、オーストラリアに戻ってきた。そしてイギリスに帰ろうとするのだが、ヨーロッパは第一次世界大戦の真っ最中。ところでマリノフスキーはポーランド生まれであるが、オーストリア国籍をもっていた。じつはこの大戦においてオーストリアは（オーストラリアではないよ）イギリスにとって敵国であり、よってマリノフスキーは敵国民となる。わかりやすく言えば、アメリカに留学していた日本人が、第二次世界大戦勃発《ぼっぱつ》によって敵国民として扱われるようになった、というのと同じである。こうしてイギリスへの入国を拒否されるマリノフスキー。「じゃ、もう一

である。

回トロブリアンド諸島で調査でもしようか」というわけで、一九一七年一〇月から翌一八年一〇月までふたたびトロブリアンド諸島に滞在し、結果的に二年にわたるフィールドワークを敢行したのである。文化人類学史上はじめての「超」長期滞在型調査であった。

このときに集めた資料をもとに、マリノフスキーは数多くの民族誌と理論書を発表していった。〈民族誌〉とは人類学者が実際のフィールドワークで収集した資料をもとに、調査地の文化・社会について詳細に記述・分析する報告書のことで、カタカナ日本語で〈エスノグラフィ〉あるいは〈モノグラフ〉とも呼ばれる。本書の読者は文化人類学の入門者がおおいと思うが、この学問により深く触れてみたいと思う人はぜひ民族誌を読んでほしい。「いやいや、私はまず何冊か入門書を読んでから……」などと生真面目に考える必要はない。たんに教養を高めて知的満足を得たいとか（現代版「肘掛け椅子の人類学者」というところか）、あるいは大学院受験のためにシステマティックに勉強しなければならないというようなせっぱ詰まった人は別であるが、異文化の理解を自分の生活のなかで深めてゆくのに決まったマニュアルなど存在しない。外堀から攻めて本丸に迫る（もっとわかりやすく言えば、ボンカレーからはじめてインドの激辛カレーにたどり着く）などと考えずに、いきなり核心に迫ればいいのだ。文化人類学の核心とは、いかにフィールドワークをおこない、そこで収集した資料をどう分析し、記述してゆくかということである。人類学者というひとりの人間が、調査地で格闘しながら（これは調査方法を工夫しながら、遭遇するさまざまな困難を乗りこえるという意味であって、けっして喧嘩をするということではない）資料を収集している現場と、そのナマの資料を文化人類学というまな板に載せて料理する（つまり分析する）現場の双方を、鮮度が落ちないように真空パックに詰めこんだのが民族誌なのだ。魅力的な民族誌は、調査という「動」の世界と、分析という「静」の世界がバランスよく交差するときに誕生する（なにがよいバランスであるかという見解は、人によってさまざまであるが）。この民族誌のあり方についてはのちに批判がでるのであるが、そのことには第八章で触れるとして、とりあえずはマリノフスキーの書いた超有名な民族誌の世界に一歩足を踏みいれてみよう〈2〉。

フィールドワーク心得

トロブリアンド諸島におけるフィールドワークを終えたマリノフスキーは、一九二二年に『西太平洋の遠洋航海者』というタイトルの民族誌を発表する。文化人類学史上もっとも有名かつ重要な民族誌のひとつと見なされている本書は、幸いにも邦訳され、中央公論社から刊行された「世界の名著」シリーズの第五九巻に収められている。

このシリーズはすでに絶版となったものの、どこの図書館にもおいてあるし、古本屋でもしばしば見かけるので、入手は比較的容易である。なお本書で紹介される本のなかにはすでに絶版となっているもの、あるいは品切本も含まれているが、「読みたい！」と思った人は、図書館で、古本屋で、ネットショップで、ぜひ探していただきたい。それも勉強の一部であり、また楽しみの一部でもある。探索の過程で関連するさまざまな本や情報に出会うことになるし、また入手困難な本を発見したときの喜びは、大洋のなかをさまよった末にやっと陸地にたどり着いた気分と同じで（これは誇張のしすぎか）、クセになること必至である。

『西太平洋の遠洋航海者』はすばらしい民族誌であるが、その歴史的意義は以下の三点に整理することができるだろう。

(1)文化人類学におけるフィールドワークの重要性を説き、その方法論を体系的に明記した。

(2)〈クラ〉と呼ばれる独特な交易組織を分析し、のちに文化人類学の重要な研究テーマとなる交換論の先駆けとなった。本のタイトルにある「遠洋航海者」とは、この交易のために船に乗って島々のあいだを行き来する人々のことである。

(3)恣意《しい》的な進化論を否定し、慣習・制度がその文化の脈絡のなかでどんな機能や役割を果たしているかに注目する〈機能主義〉という分析法を提唱した。

いずれも重要であるが、ここでは(1)だけをとりあげて、その内容を簡単に紹介しよう。この本の「序論　この研究の主題・方法・範囲」はマリノフスキーによる「フィールドワーク宣言」とも言うべきもので、人類学者にとってその重要性は、社会主義者にとってマルクス－エンゲルスの『共産党宣言』(冷戦終結後のたとえとしては古すぎるだろうか)のもつ重要性に匹敵するであろう。

マリノフスキーは言う(以下、カギかっこ内は『西太平洋の遠洋航海者』からの引用)。「(人類学者は)仕事のためにふさわしい環境に身をおくべきである。つまり、できるだけ、白人といっしょに住まず、原住民のどまんなかで暮らすことである」(七三頁)。

まあ、マリノフスキーはヨーロッパの白人だし、当時は白人が植民地の原住民(この言葉も時代を感じさせる。今では差別的表現と見なされるので、「現地の人々」とでも言いかえればよいか)を調査するのが普通だったのでこういう言い方をしているが、要するにひとり(あるいは少人数グループ)で現地に住みこめということである。

なぜなら、

「原住民のいるところへときたま顔を出すのと、彼らとほんとうにつきあうこととは、まったくちがう。本当のつきあいとはなにを意味するか。……村での生活は、初めのうちはものめずらしく、ときには不愉快なこともあり、また、ときにはひどくおもしろいこともある、一種の異常体験なのだが、それが、しばらくするうちに、環境との違和感のない、まったく自然な毎日になっていくということである」（七四頁）。最初はよそ者である人類学者も、現地の人々と濃密な時間を共有するうちに両者の関係に変化が起き、「しまいには私を彼らの生活の一部であり、たばこをくれるのでなんとかがまんできる一つの必要悪、いいかえれば、一人のうるさいやつとみなすように」（七五頁）なるのだ。

現地の環境に溶けこみ、現地の人々と生活をともにし、彼らの行事などに参加しながら調査する方法を〈参与観察〉と呼ぶ。かつてはカメラ、ノート、鉛筆を持って、現代ではデジカメ、ヴォイスレコーダー、ノートとペン（これは永遠の定番である）、人によってはノートパソコンを持って、人類学者は観察にいそしむ。そして「ときにはカメラ、ノート、鉛筆をおいて、目前に行なわれているものに加わる」（九〇頁）のである。たとえば、祭り、踊り、ゲームなどに。内向的な人にはつらい仕事なので、他者とのコミュニケーションをとるのが苦手な人は、間違っても人類学者になろうなどと考えないように。

では、なぜこんな面倒くさいことをしなければいけないのか。理由は「それまで怪奇なこんとんたる世界と見えたもののなかに、法則と秩序を見いだ」（七八頁）すため。つまり異文化の理解である。いっけん簡単そうであるが、言うは易く行うは難し。これを実現するために年単位のフィールドワークが必要であることは、おおくの人類学者が実感しているところだ。文化人類学は『「野蛮人」』の、説明不可能な、野生の、感情的な世界を、規則に支配され、一貫した原理にしたがって思考し、行動する、秩序あるたくさんの社会に変えた」（七八頁）のである。つまり、かつて無秩序で理解不能だと思われていた「野蛮人」の世界が、じつは固有の原理にしたがって秩序だてられた社会であることがわかったのだ。もう彼らを「野蛮人」などと呼ぶことはできない。

こうして文化人類学はフィールドワークという方法論を打ちたて、人類学者に現場における他者との直接的コミュニケーションを課す。通例、人類学者は現地の社会について、あるいは関連する研究分野についてある程度の知識をもちあわせ、フィールドワークの訓練を受けていることがおおいため、試行錯誤を重ねながらも比較的効率よく調査をすすめることができる。普通の人であれば下手をするとパニックに陥ってしまいそうなほど激しい異文化の渦のなかで、平静を保ち、客観的な視座で観察することが人類学者には求められるのである。

さて、本書で紹介する私とひとりのアフリカ人女性との恋愛・結婚物語は、このようなフィールドワークの賜《たまもの》ではない。これはひとりの人類学者が、フィールドワークという「仕事」のあいまに営んだ「私生活」の領域における出来事である。そこには準備された方法論はなく、あらかじめ観察の手順が決まっていたわけでもなかった。

ただただ、彼女の側から異文化の礫《つぶて》が飛びだしてきて、私を直撃したのである。まるでびっくり箱を開けた子供の気分だ。おそらくこれは、たとえば国際結婚をした人が、あるいは海外の工場に赴任した企業人が、あるいは最近隣に越してきた外国人とつきあいはじめた普通の日本人が直面する状況に近いであろう。だが彼らと私のあいだには違いがひとつある。それは私が人類学者であるということだ。びっくり箱から飛びだしてくるさまざまな「仕掛け」にただ驚くのではなく、文化人類学という「メガネ」を通してそれらを冷静に観察することができたのである。本書は本格的な民族誌ではないが、「準」民族誌と呼ぶことはできるかもしれない。

〈1〉フレーザーは、いわゆる「肘掛け椅子の人類学者」の典型で、呪術《じゅじゅつ》・宗教の起源とその進化を論じた彼の著書『金枝篇』は進化論人類学の古典的代表作とされている。一八九〇年に出版された初版は二巻本であったが、事例などを次々と加えてゆくうちに、一九三六年にはついに全一三巻にまで膨れあがってしまった。私は一九二二年の普及版簡約本の邦訳を持っているが、岩波文庫五冊本という大著。全五冊セットで購入すると厚紙のボックスセットとなり、本棚に並べると迫力満点である。このなかに古今東西から集められた呪術や宗教儀礼に関する膨大な事例がギュウギュウ詰めにされていて、まずはフレーザーの執念とエネルギーに圧倒されてしまう。彼のよって立つ進化論が否定されたのちにも、その豊富な事例ゆえに（いいかげんで間違った事例も含まれるが）、そこに含まれる示唆に富んだ人類学的発想ゆえに、あるいは本書から放射される著者の執念ゆえに、現在まで読みつがれている。興味のある人はどうぞ。時代の空気を感じとることができるだろう。ちなみに私はまだ一度も通読したことがない。

〈2〉もっとも重要な人類学者のひとりであるマリノフスキーについてはさまざまな人がさまざまな文章を書いているが、どれかひとつということになれば山口昌男『文化人類学への招待』（一九八二年、岩波新書）がいいだろう。これは、有名な人類学者である山口昌男が一九八一年に多摩市の市民講座でおこなった「文化人類学入門」という連続講演がもとになっている。マリノフスキーが民族誌『西太平洋の遠洋航海者』でとりあげた〈クラ〉交易の事例を出発点として、著者自身の調査したインドネシアの事例も交えながら、「交換」をキーワードに機能主義から構造人類学・象徴人類学にまで話が展開してゆく。「入門」というには話がすこし高度で、初心者が内容をすぐに理解できるとは思わないが、二、三回読み返すうちになんとなく理解できてくる程度の「難しさ」ではある。また市民講座に小説家の大江健三郎が勝手に参加していたそうで、本の最後に彼の感想が寄せられている。

応用編としてイチ押しなのは太田好信・浜本満（編）『メイキング文化人類学』（二〇〇五年、世界思想社）の「第3章　村のなかのテント——マリノフスキーと機能主義」

(浜本満)。トロブリアンド諸島の調査時にマリノフスキーの書いた日記『マリノフスキー日記』(一九八七年、平凡社)と調査後にまとめられた民族誌『西太平洋の遠洋航海者』を対比することで調査の裏と表、調査者のホンネとタテマエに光を当てながら、方法論としてのフィールドワークおよび理論としての機能主義の意味を浮き彫りにしてゆく。たいへん刺激的な論考である。

さらなる応用編としては、ギアーツ『文化の読み方/書き方』(一九九六年、岩波書店)の「第四章　目撃者としてのわたし――マリノフスキーの子どもたち」がある。これはマリノフスキーの文体についての論考で超難しいが、もしかしたらここまで読みすすめる読者もいるかもしれないので、いちおう挙げておく。なお、かつてはカタカナ表記で「マリノウスキー」と表記されることがおおく、一昔前に邦訳された彼の著書のいくつかもこの表記名を採用しているが、本書ではマリノフスキーで統一しておく。

第二章

私は誰？
——個人と民族

私は誰……あなたは誰?

一　多民族社会にて

彼女は誰？

人は相手の素性に恋するのではない。恋をしたあとに相手の素性をすこしずつ発見してゆくのだ。あばたもえくぼというように、恋にのぼせあがった目には相手の美しい「姿」しか見えないもの。だがすこしずつその背景が目にはいるようになってくる。その際に思ってもみなかった事実と直面することもあるだろう。「彼女にはこんな側面があったのか」「彼ってこんな人だったの」……とりわけたがいの常識の基準が極端に異なる異文化間恋愛の場合は。

一九八九年の暮れ、私に彼女ができた。アジャメ地区での出会いから二ヵ月ほどがたっていた。そのあいだのプロセスは本書の内容とは直接関係ないから省くとしよう。いや、もしかしたら人類学的考察の興味深い対象になるのかもしれないが、それでもやっぱり省くとしよう。

さて、彼女は誰か？

姓はカンテ、名はニャマ、通例は名が姓の前にくるから、ニャマ・カンテ。女性、黒人、背は小さめ、性格は快活、特技はダンス……このあたりは一目会って把握できる素性だが、当初私が彼女について知っていたことはこんなものであった。でも恋に浮かれた身には、これで十分だった。

ところで日本において「あなたは誰？」ときかれたら、なんと答えるだろう？

山田くん、斉藤さん、男、女、大学生、ＯＬ、フリーター、ＤＪ、日本人……まだまだいろんな答えが返ってくるだろうが、そのなかに民族名というものはありえるだろうか。えっ、民族名？　だって日本は単一民族だから、日本人でいいんじゃないの。そんな声が聞こえてきそうだ。たしかに現在すべての日本人が同じ日本語をしゃべり、同じ価値観を共有しているように見える。「日本国民」イコール「日本民族」、だから「日本人」の一言で事足りる、そんなふうに誰もが感じているのではないだろうか。

実際には北海道を中心に独自の社会・文化を発達させたアイヌ、琉球王朝の系譜を引く沖縄の人々、あるいは在日韓国朝鮮人など多様な人口を抱えているのだが、なにごとも平準化するのを得意技とするわれわれはついついそのことを忘れてしまう〈1〉。

さて、アビジャンで同じ質問をしたらどんな答えが返ってくるだろう。おそらくかなりの確率で民族名が返ってくることだろう。「私はバウレよ」「俺はベテだ」「僕、セヌフォだよ」……。アフリカの国々は多民族国家だ。国内に複数の民族を抱えている。田舎ではそれぞれの民族が比較的伝統を重視した生活を営んでいるが、都会では各地域からやってきた異なる民族出身者がひしめきあう。都市部において同じ民族が一定地域に集住することもあるが、向こう三軒両隣がすべて異なる民族ということも多々ある。学校のクラスでは異民族の子供たちが席を並べて勉強する。同様に職場も、市場も、そのおおくが多民族社会なのだ。こうした状況で「あなたは誰？」ときかれて民族名を答えるのは、ごく自然なことなのである。

　このような社会にあって、人類学者である私が、彼女がどの民族に属しているのか気にならないはずがない。恋に萌《も》えたつ気持ちがようやくおさまりつつある時期、彼女にきいてみた。「きみの民族、なに？」「マンデングよ。」なるほど。彼女はマンデングという名の民族なんだ。ところが別の機会にこう言うのだ。「私はマニンカなの。」さらに別の機会には「私はマレンケだから」。さらにさらに別の機会には「私はジュラ」とくるではないか。いったいこれはどういうことか？　彼女には虚言癖があるのか？　悩む私。揺らぐ信頼。漂う不信感。眠れぬ日々。だが答えは簡単。マンデング、マニンカ、マレンケ、ジュラ、これらはすべて彼女の属する民族に対する呼称なのである。彼女は状況によってこれらを使いわけていたのだ。ではなぜ使いわけねばならないのか。それを理解するにはこの民族の歴史的、文化的、社会的な背景を知る必要がある。

多民族国家コートジボワール

ここでコートジボワールの多民族的状況を理解するために、この国の歴史を簡単に振り返ってみることにしよう。

コートジボワールと呼ばれる領域がこの世に正式に登場したのは一八九三年のこと。もちろんそれ以前からこの地に人は住んでいた。男と女が愛しあい、あるいは憎みあい、子が親を敬い、あるいはないがしろにし、隣人どうし協力し、あるいはいがみあいながら、生きていた。ある地域では強固な王制がしかれ、別の地域では比較的平等な首長制のもと、共同生活を営んでいた。そこにヨーロッパから白人がやってきて、植民地という名のもとに支配をはじめたのである。なぜそんなことになったのか？これは世界史的に重要な問題であるが、本書ではとても語りつくせないので、各自で勉強してほしい。キーワードは、一五世紀末、ヨーロッパの大航海時代、香辛料、インド、コロンブスのアメリカ「発見」、先住民虐殺、奴隷貿易、産業革命……こうした歴史の流れのなかで、ヨーロッパ諸国は経済的には資本主義、政治的には帝国主義の時代にはいった。帝国主義とは軍事力で他国を征服し、今日「第三世界」と呼ばれるアジア・アフリカ諸国を植民地化しながら、大国家を建設しようとする政策のことである。

一九世紀半ばからイギリス、フランスをはじめとするヨーロッパ列強がアフリカの植民地化に乗りだす。彼らの関心はアフリカの大地からいかに利潤を引きだすかということ。大農場を建設して、コーヒーを、カカオを、ゴムを栽培しよう。鉱山を掘って、ダイヤを、金《きん》を、その他さまざまな地下資源を掘り起こそう。アフリカ人？彼らはたんなる労働力さ。奴隷のようにこき使ってやれ。とにかくおおくの領土を手にいれて、たくさんの金を儲《もう》けるんだ。やがて領土拡大にしのぎを削るヨーロッパ諸国がアフリカ各地で衝突を繰り返すようになったため、一八八四年一一月一五日から翌八五年二月二四日にかけてドイツでベルリン会議が開かれ、調整が図られた。会議にはヨーロッパ一二ヵ国、アメリカ合衆国、オスマン帝国、計一四ヵ国が参加。ここで〈ベルリン条約〉が締結され、そのなかでアフリカ分割のルールが決められた。その内容はアフリカの沿岸部をあらたに領有すると自動的にその後背地の領有も国際的に認められること、その際には他の列強にその事実を通告すること、などである。つまりある場所を支配し、なおかつ条約締結国が承認すれば、そこは自国の植民地となる。しかも海から上陸して沿岸部を支配するだけで、そこからつづく内陸部まで自動的に領有できるというのだ。こうなるとはやい者勝ちである。各国は競ってアフリカに探検家を、軍隊を、宣教師を送りこんでいった。アフリカ大陸の地図の上に次々と国境線が引かれてゆく。面倒くさい場合は、定規でまっすぐ線を引いた。だがその際、アフリカにある既存の民族の存在が考慮されることはほとんどなかった。ヨーロッパ人の決めた国境線は、文化や歴史を同じくする民族をズタズタに引き裂いていった。こうしてアフリカはヨーロッパ人の引いた国境線によって分割され、アフリカの諸民族はこの国境線によって異なる植民地に分割されたのである。

コートジボワールは一八九三年三月一〇日にフランスの植民地として誕生した。フランス語で「象牙《ぞうげ》海岸」を意味する名称から、かつてはおおくの象が殺され、その牙《きば》が輸出されていったことがわかるが、今日この国の象徴でもある象は数少ない国立公園でごくたまに見かけられるだけである。ここでコートジボワール形成史について詳述はしないが、以下の二点だけを押さえておきたい。ひとつは、コートジボワールが「多民族国家」であること、もうひとつは「多国籍国家」であることだ。

多民族国家になった理由は、先に述べたように、ヨーロッパ人が勝手に国境線を引いたためで、その結果として同一民族が引き裂かれ、異なる民族が同じ国境線内に押しこめられた。地図1は、コートジボワールと近隣諸国（アフリカ大陸の西側を占めるので、通例「西アフリカ」と呼ばれる）の民族グループである。コートジボワールには約六〇の民族が居住しているが、それらはマンデング系、南マンデ系、ヴォルタ系、アカン系、クル系という五つのグループに分類される。それぞれのグループに属す諸民族は系譜を同じくすると考えられ、言語、社会、文化の面で共通する部分がおおい〈2〉。

地図1を見ると、五つの民族グループが西アフリカ全体に広がっているのがわかる。これらはアフリカ「独自」の歴史のなかで、人々が移住・定住を繰り返すうちに「自然」に形成されてきた地図である。そこに、植民地化によってヨーロッパ人から押しつけられた「人工的」な国境線が重なりあった。それは民族グループを分割し、諸民族を引き裂いた。そして、ちょうど五つの民族グループが交わる点をほぼ正方形に取り囲むようにしてできたのがコートジボワールである。一九六〇年八月七日、コートジボワールはこの植民地時代の国境線をそのまま引き継いでフランスから独立。こうして系譜を異にする約六〇の民族を抱えた多民族国家、コートジボワール共和国が成立したのである。

さて、コートジボワールの主要産品はコーヒーとカカオである。アフリカでコーヒーといえば、タンザニアのキリマンジャロ、エチオピアのモカが有名だが、喫茶店やコーヒーショップでおなじみのこうした銘柄はアラビカ種のコーヒー豆である。いっぽう、コートジボワールで生産されるコーヒーは品質の劣るロブスタ種が中心で、主にインスタント・コーヒーの原料となっている。だからといって、バカにしてはいけ

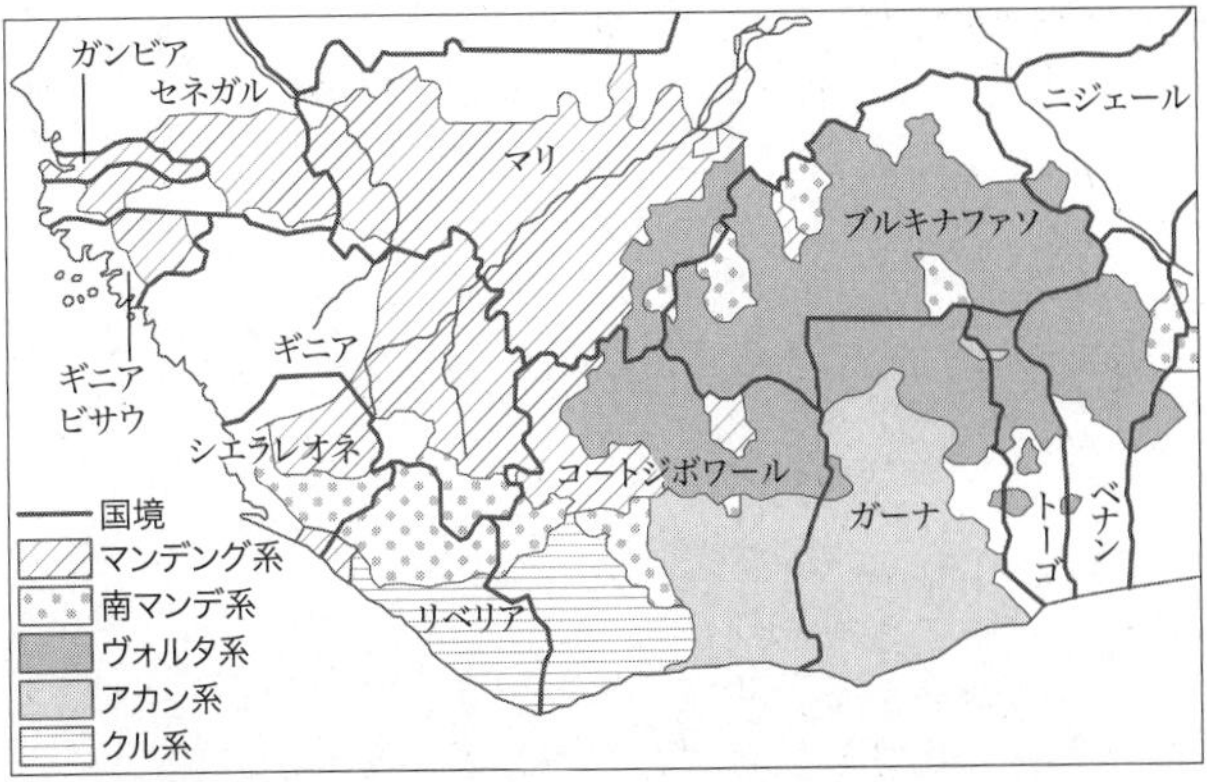

地図1　コートジボワールと周辺国の民族グループ
（出典）原口武彦『部族と国家』（1996年、23頁）より作成

ない。コートジボワールのコーヒー生産量はアフリカ第三位であり、その売りあげだけで国の総輸出額の三割以上を占め、重要な外貨獲得源となっているのだ。さらに、コーヒーと並ぶ主要輸出産品であるカカオにいたっては、世界一の生産量（全体の三割以上）を誇っている。カカオはもちろんチョコレートの原料である。われわれ日本人には、ロッテの〈ガーナ・チョコレート〉の影響でコートジボワールの東隣にあるガーナの方がなじみがあるが（ちなみにガーナの生産量は世界第二位）、コートジボワールこそがカカオ生産の世界チャンピオンなのである。

では、なぜこの国ではこれほどまでにコーヒーとカカオをつくるのだろう？　それほどコーヒーとチョコレートが好きなのだろうか？　いや、コートジボワール人はコーヒーもチョコレートもほとんど消費しない。これらは植民地時代にフランス人が強制的に栽培させた商品作物で、もっぱら輸出による外貨獲得を目的としている。独立後も国境線といっしょにコーヒー・カカオ中心の経済システム（これを〈モノカルチュア経済〉と呼ぶ）を引き継ぎ、世界有数の生産国となったのである。

独立後の一九六〇年代から七〇年代にかけて、コーヒーもカカオも国際市場でよく売れた。コートジボワールは未曾有《みぞう》の好景気に沸きたち、高度経済成長をとげ、「黒い日本」とまで呼ばれた。金のあるところ、人が集まるのは世の常。近隣諸国からおおくの労働移民が流れこんできた。ブルキナファソ（当時はオート・ヴォルタ）、マリ、ギニア、セネガル、ガーナ、トーゴ、ベナン、ナイジェリア……。初代大統領ウフエ・ボワニが移民を受けいれることで自国の経済を活気づける、という政策をとったため、次から次へと移民が流入し、ついにその数はコートジボワール国内人口の約二割を占めるまでになった。こうして多国籍国家、コートジボワール共和国が成立したのである。

ジュラと呼ばれる人々

ここでニャマ・カンテの民族名問題に戻ることにしよう。マンデング、マニンカ、マレンケ、ジュラ、この四つが彼女の口からでた民族名である。

マンデングは、先ほどの五つの民族グループのひとつと同名であるから、彼女の民族はマンデングというグループに属すことがわかる。マンデングとは、一三世紀に成立したマリ帝国に対する彼ら自身による呼称で、他にマンデ、マンデンという呼び方もする。つまりマンデングは自称、マリは他称なのである。ではなぜフランス語の文献でも日本語の教科書でもマリ帝国と呼ぶのだろうか。「マリ」は隣接する地域に居住したフルベ族によってデフォルメされた呼称と考えられるが、それがヨーロッパ語にとりいれられたことで世界的に普及し、書き言葉のなかに定着していったのである。

マリ帝国の中心地は現在の国でいうとギニアとマリの国境地帯で（もちろんマリという国名は、マリ帝国に因《ちな》んだものである）、かつてこの地で英雄スンジャタ・ケイタがマリ帝国をうち建て、そこから領土を拡大していった。マンデ、マンデン、マンデングとは本来この中心地域を指すが、現在ではマリ帝国の系譜を引く諸民族および彼らの住む領域全体を意味し、西はセネガル、ガンビア、東はブルキナファソにまで広がっている。マリ帝国は二〇〇年以上にわたって栄華を極めたのちに衰退し、やがて滅亡するが、今日にいたるまでマンデングの人々は同質の言語・文化を保持し、マリ帝国の末裔《まつえい》としての意識を強くもちつづけている。それゆえ学者がアフリカの諸民族をグループ化した際、彼らに対するグループ名にマンデングという呼称を採用したのだ。

マンデングにはいくつかの民族が含まれるが、マニンカはそのなかのひとつである。これがフルベ族によってデフォルメされたのがマレンケという呼び方。フランス植民地時代になぜかマレンケの方が民族名として採用されたために、行政および学術レベルで普及し、やがて西アフリカの人々のあいだにもこの呼称が定着していった[3]。ギニアではマニンカという呼称が一般的だが、コートジボワールではマレンケという呼称が普及し、人口統計など公的資料にはマレンケという民族名が採用されている。じつはニャマはギニア人であり、幼いときに両親の仕事の関係で隣国コートジボワールに移住してきた。であるからマニンカが彼女にとってナチュラルな民族名なのだが、私とはフランス語で会話をしていたため、時としてマレンケを民族名として使ったのだろう（ちなみに彼女は、マレンケという呼称はフランス人がもたらしたものであると理解している）。

さて、残ったのはジュラという呼称である。マンデング系諸民族の言語はかなりの程度似かよっており、一部をのぞいて相互に理解可能である。それらは異言語というより、同一言語の方言と理解した方がいいかもしれない。彼らの言語でジュラは「商人」を意味する。一三世紀に成立したマリ帝国の民は商才に長《た》けており、コーラの実（これについては第五章で説明する）や金を扱う商人として西アフリカ各地に広まり、さまざまな民族を形成していった。南下する過程で現在コートジボワールとなっている領域の北西部および北東部に居住するようになるが、前者をマレンケ、後者をジュラと呼んでいる。〈4〉厳密にいえば、ジュラとはこの後者の民族のことである。だがコートジボワールでは、ジュラが先の二民族（マレンケと狭義のジュラ）およびマリ、ギニア、ブルキナファソなどからコートジボワールに移住して商業を営むすべてのマンデング系民族への総称として使用されるようになった。彼らの商人としての才能が突出していたために、他の人々からジュラ＝「商人」と呼ばれるうちに、それが定着していったのだろう。たがいに言語や文化が似かよっている彼らは、たんに系譜を同じくする諸民族の寄せ集め以上の仲間意識をもっており、現在ではジュラは他称のみならず自称としても広く使用されている。

ここで整理してみよう。マンデング、マニンカ、マレンケ、ジュラ。当初私はこの四つをすべて民族名だと思っていたのだが、じつはそれぞれがレベルを異にする呼称だったのだ。

〈マンデング〉はマリ帝国の系譜を引く諸民族とその住む領域。自称。
〈マニンカ〉はマンデングに含まれる一民族の自称。
〈マレンケ〉はマニンカに対する他称。
〈ジュラ〉はコートジボワールにおいてマンデング系の民族全体を指す他称（かなり

のレベルで自称化している)。

ニャマは場面によってこれらを使いわけていたのである。たとえば、マニンカどうしの会話であれば「マニンカ」と呼ぶのが当たり前であろう。ギニア出身の民族が異なる者と話す場合も、ギニアで普及している「マニンカ」が使用される。いっぽう、マニンカという呼称が知られていないコートジボワールで、フランス語会話のなかで自分の民族に言及する場合には「マレンケ」と言わねば通じないだろう。コートジボワールで、彼らを「ジュラ」と認識している非マンデングの人々と話すときは、あえて「ジュラ」という呼び方を使う。マリ帝国の末裔としての誇りを胸に秘めて語るときには、自分たちを「マンデング」の民と呼ぶ……。これ以外にもたくさんの異なる場面において、微妙なニュアンスの違いを察知しながら、複数の呼称を使いわけているのだ。

なお、現在学術分野においては、世界的に「マンデング」よりも「マンデ」を使用する傾向が強いので、これからは本書でも(いちおう学術書なので)「マンデの地」「マンデ系民族」「マンデ音楽」というふうに記述してゆこう。ちなみに、先に挙げた五つの民族グループのなかに「南マンデ」があるが、これはマンデ拡大の過程でマンデ・グループ内から周辺地域に押しだされていったと考えられる人々の子孫で、「周辺マンデ」と呼ばれることもある。言語的に共通する部分はおおいが、文化的・社会的な要素は両者のあいだでかなり異なっている。

二　民族とは？

アイデンティティとカテゴリー

「私は誰？」と自分に問いかけたときに浮かんでくるさまざまな答え。名前、名字、性別、～の娘、～の兄、～大学生、～県民、日本人、アジア人、地球人……これらすべてが交錯する場が「私」である。私はこういった数々の「私」を引き受けて、なおかつ「ひとりの私」でいなければならない。このように、自分が自分自身であるという意識を〈アイデンティティ〉(「同一性」「自己同一性」と和訳される)という。それは内的に自分自身としてのまとまりがあり、同時に自分の外側に位置する社会ともつながっている、という感覚である。

さて、今列挙した「私」のアイデンティティを構成する要素には、数多くの社会的カテゴリーが含まれている。名字という親族カテゴリー、男女という性別カテゴリー(5)、県民という地域カテゴリー、日本人という国籍あるいは民族カテゴリー、アジア人という人種カテゴリー、[6] 地球人という宇宙的カテゴリー。

私たちは一個の肉体をもってこの世に生を受ける。たしかに私という個人はこの世界に存在する。だが人間は社会的動物であり、かならず既成の社会のなかで場所を与えられ、その場所に見合った役割を期待され、その期待に応《こた》えながら行動してゆかなければならない。この場所が社会的カテゴリーである。人類はさまざまに人間を分類し、おおくのカテゴリーをつくりあげてきた。この世界は、さまざまなカテゴリーが複雑に絡みあった構造物なのだ。私たちはこれら複数のカテゴリーに所属することで、社会的なアイデンティティを確立している。同時に相反するカテゴリーに所属したとき、自我が引き裂かれ、アイデンティティの危機が訪れることもあるだろう（たとえば、性同一性障害、国際結婚で生まれた子、など）。

さて、カテゴリーとはいってみれば器、つまり容《い》れ物である。ではその中身とは、いったいなんだろう。ここで民族について考えてみよう。日常生活において民族問題が顕在化しない島国日本の場合、「日本人」が国籍なのか民族なのか、ということさえ意識される場面は少ない。ところがアフリカの社会においては、民族というカテゴリーがつねに意識され、それに基づいたエスニック・アイデンティティが重要となってくる。

民族というカテゴリー

民族という言葉には、ふたつの相反するニュアンスがあるような気がする。ひとつは閉鎖的で、意固地な感じ。民族紛争、民族浄化、反近代……。もうひとつは懐かしい、自然な感じ。大地とのつながり、心のふるさと、郷愁……。

かつて、私がまだ大学院生になったばかりの頃、民族名は「魔法の言葉」であった。それは実際にアフリカを体験するまえのこと。さまざまな文献や、伝統音楽のレコードの解説書にちりばめられた民族名の数々〈7〉。コンゴ（国名）のクバ（民族名）、ブルンジのツチ、ニジェールのハウサ、ナイジェリアのヨルバ、マリのバンバラ……聞き慣れない名をもつ人々。彼らはどんな家に住み、どんな食べ物を食べ、どんな服を着て、どんな歌を歌い、どんな踊りを踊っているのだろう？　私は一種のあこがれを抱きながら想像する。そこには自分の知らない世界がある。日本とはまったく違う価値観がある。文明に侵されていない、無垢《むく》な人々がいる……。だが実際にアフリカに長期間滞在した今となっては、こうした考えが無知に根ざしたたんなる思いこみにすぎなかったことがわかる。私もまだまだ若かったのだ。

ここで民族とはなにか、その答えを書かなければならないところである。だが、こ

民族衣装を着たジュラの女たち（左端ニャマ、右から２番目ニャマの母親）

れが難しい。「民族」の定義。定義とは、言葉の意味を正確に限定すること。言葉の意味であれば、辞典に載っている。だが辞典は人間が書いたものであり、けっして「神の声」などではない。当たり前である。まずは人間の生があり、しかるのちに辞典が編纂《へんさん》されるのであって、その逆ではない。現実の社会は日々変化しているので、『広辞苑』だけでなく『現代用語の基礎知識』が必要となる。それでも人類の数はあまりにもおおく、それぞれの社会はあまりにも異なり、日々あたらしい事件が起きており、それらは辞典のページからこぼれ落ちていってしまう。現実の世界は辞典のなかには収まりきらないのだ。それはたんなる量的な問題ではなく、人間の認識能力の限界、あるいは言語表現の限界、という問題である。だから、民族とはなにか、という問題も、言葉で定義しきれるものではない。実際に民族と呼ばれる集団が存在し、民族紛争も世界のあちこちで起きているのだが、それら個別的な現象を一言でまとめあげようとすると、なにかが言い残されてしまう。こうした限界を承知しながらも、暫定的にではあるが、言葉を使って理解する作業をすすめなければならないのが学問の定めである。

民族をあえて一言で定義するなら、それは「われわれ意識」をもち、身体的特徴を同じくし、共通の言語・文化・歴史意識を共有する集団、ということになろう。

たとえばあなたが誰かに会った際に、なにをもって彼／彼女を同じ日本人であると感じるか。身体的特徴、これは外せないだろう。青い目、ブロンド、黒い肌、これらを日本人として受けいれることは難しい。

外観が同類でも、日本語がしゃべれない場合、どうだろう。おそらくその人は中国人か韓国人だろう。あるいは日本語がまったくできない帰国子女かもしれない。後者の場合、日本語をしゃべらない日本人という、一般の日本人から見て非常に「困った」タイプの存在となってしまう。われわれは、日本語がしゃべれることを日本人であることの前提条件としてとらえているフシがある。

日常生活における振る舞いも重要だ。挨拶《あいさつ》の仕方（日本人は、お辞儀という世界的に見て特殊な行動様式を共有している）、ご飯の食べ方というわかりやすいものから、無言の圧力、ガンのつけ方にいたるまで、日本人は無意識のうちにこういった振る舞いを身につけ、日々実践している。日本に住む外国人はそれらを意識的に理解し、身につけ、やがてその実践レベルが高くなったときに「あのガイジンさんは日本人のようだ」「あなたはもう日本人だ」と評価される。この場合の「日本人だ」はもちろん言葉のあやで、本当に同民族として認知された、という意味ではない。

歴史意識も重要だ。日本史の詳細を知らなくても、われわれははるか昔から日本列島に住む民族であり、女王卑弥呼がいて、源氏物語の時代があって、戦国時代に織田信長や豊臣秀吉が活躍し、サムライ文化と町人文化が花開く江戸時代があり、明治の開国、なんとなくモダンな大正、今は懐かしき昭和、そしてバブルがはじけた平成を経て令和の現在がある……こうした過去とのつながりを漠然と感じながら、日本人としての意識をもっているのではないだろうか。

以上のような、身体的特徴、言語、振る舞い（狭い意味における文化といえよう）、歴史意識を共有し、それゆえに「われわれ意識」をもつ集団が民族である。

ここで忘れてはならないのは、「われわれ意識」は「他者意識」と対になってはじめて存在する、ということ。自分たちと違う人々との出会いが、自分たちは同じである、という意識を生みだす。海外旅行をして、はじめて日本人という意識に目覚めた、という人はおおいだろう。あるいはテレビのスポーツ中継で、相手国の代表と死闘を繰り広げる日本選手を応援しながら、日本人どうし心がひとつにつながったような感覚を覚える。「他者」がいて、「われわれ」がいて、そのあいだに境界線が引かれる。この境界線を〈バウンダリー〉（英語で「境界線」を意味するboundaryをそのままカタカナ表記にしたもの）と呼ぶ。身体的特徴、言語、文化、歴史の共有感覚のもとにバウンダリーが引かれたとき、そこに形成された集団が民族である。つまり、民族とは他者との出会いを通して「生成」するものなのだ。ところで、「われわれ」と「他者」が対峙《たいじ》する社会的・政治的状況はそれぞれ異なっているので、バウンダリーの引かれ方も一様ではない。日本人が民族としてまとまる状況とギニアのマンデが民族としてまとまる状況は異なり、「われわれ意識」を引き起こす要素、バウンダリーの形成過程も同じではない。だから民族を一言で定義することは難しいのだ。民族については第四章において国民国家との関連でもう一度とりあげるので、今のところはこの程度の理解で満足してもらいたい[8]。

伸縮するエスニック・バウンダリー

ニャマは複数の民族呼称を使いわけていた。マンデング、マニンカ、マレンケ、ジュラ。これらを「民族／民族グループ」「自称／他称」というふたつの異なる原理によってグルーピングしてみよう（表1）。

「民族／民族グループ」の使いわけは、「われわれ〈対〉他者」という関係性と結びついている。たとえば……（以下の例については、表2を参照）

(1)ギニアのマニンカ族のAが同じマンデ系民族であるマリのバンバラ族のBに会ったら、Aは自分を「マニンカ」であると名のるだろう。（民族〈対〉民族）

(2)次にAがギニアでマンデ系でないフルベ族のCに会ったら、Aは自分を「マニンカ」と名のるだろう（ギニア国内では「マニンカ」という呼称が一般的）。（民族〈対〉民族）

	自称	他称
民族	マニンカ	マレンケ
民族グループ	マンデング	ジュラ

表1　ニャマの使用する民族呼称

人物	民族	民族グループ	出身国
A	マニンカ族	マンデ系	ギニア
B	バンバラ族	マンデ系	マリ
C	フルベ族	非マンデ系	ギニア
D	バウレ族	非マンデ系=アカン系	コートジボワール

表2　事例の民族と民族グループ

(3)そこに、Bが遊びにきたとしたら、AはCに「マニンカ」と名のると同時に、同じマンデ系であるBを同胞と考えて、Cに対して「マンデング」と名のることもできる。

(民族グループ〈対〉民族)

最後の例では「われわれ〈対〉他者」の相互作用が民族レベルから民族グループ・レベルへと移行し、それにともなってエスニック・バウンダリーが拡大している。

つまり「われわれ〈対〉他者」の関係性のなかで、エスニック・バウンダリーの伸縮にともなって「民族／民族グループ」の呼称は変化するのである。

次に「自称／他称」の使いわけについて見てみよう。

(4)Aがコートジボワールのアビジャンにやってきて、コートジボワールに居住するバウレ族（アカン系）のDに会った場合、Dが「マレンケ」という呼称を知っていれば「マレンケ」と名のるが（民族〈対〉民族）、「ジュラ」という呼称しか知らなければ「ジュラ」と名のるだろう。（民族グループ〈対〉民族）

(5)そこにBがやってきた場合、Aはマンデ系諸民族の細かい違いを云々《うんぬん》するより、Bといっしょになって Dに対して「ジュラ」と名のるだろう。（民族グループ〈対〉民族）

つまりこの場合、相手の民族呼称についての知識に対応するかたちで、あえて「他称」を名のる必要がでてくるのだ。あくまでも目的は相手とのコミュニケーションを円滑に図ることであるから、「いやいや、われわれの民族名は本当は……」などと目くじらを立てる必要はないわけだ。

こうして多民族社会における複合的なコミュニケーション空間のなかで、自称と他称が入り乱れて使用されることになり、その結果、場面により、あるいは使用言語により（多民族社会＝多言語社会である）、同一人物が属す民族の名称が複数存在する、という状況が生まれるのだ。このようにして、ニャマはマニンカ（民族・自称）であり、ジュラ（民族グループ・他称）なのである。だが、それだけでは終わらない。

の!」

最近、夫婦喧嘩《げんか》の際にニャマにこう言われることがおおい。「私はアフリカ人な

夫婦喧嘩の原因はもちろん個人的な資質に根ざす部分がおおきいのだが、国際結婚の場合は文化の違いに起因することもおおい(身内の恥をさらすことになるので、ここで具体例は挙げない)。その場合、夫/妻の対立が日本人/アフリカ人というそれぞれが属するカテゴリーの対立ととらえられ、自己の正当性の主張が「私はアフリカ人」という言葉となって発せられるのだ。ここで、「私はマンデング」とも「私はギニア人」とも言わないのはなぜだろう。日本で複数のアフリカ人が出会った場合、同じアフリカ人どうしとして「われわれ意識」をもつと同時に、異なる民族や国籍による「他者意識」ももつ。場面によってこのふたつのバランスがどちらかに傾き、アイデンティティもアフリカ人となったりギニア人となったりするのだが、日本人との対立においてはアフリカ人としての意識が前面にでてくるような気がする。ただし、これはあくまでも私の印象なので、けっして学術的な定説だと思ったりしないように。

二〇〇九年一月、バラク・オバマ氏がアメリカ合衆国大統領に就任。はじめての黒人大統領だ。そのニュースを見たニャマいわく、「彼は私たち黒人の誇りよ!」

アフリカ系の黒人はアフリカ大陸のみならず、一六世紀から一九世紀までつづいた奴隷貿易を通して新世界に広がっていった(一四九二年のコロンブスによるアメリカ大

陸「発見」以降、ヨーロッパ＝「旧世界」「旧大陸」、アメリカ＝「新世界」「新大陸」という呼称が普及した。もちろん、これはヨーロッパ人の視点に立ったもので、アメリカ先住民の視点からすれば、「発見」でも「新世界」でもない）。その子孫が現在のアメリカ、ジャマイカ、ブラジル等の黒人である（なお、オバマ大統領の父親はケニア人、つまり「アフリカの黒人」。母親がアメリカの白人なので、アメリカ人として育ったわけである）。アフリカの人々は同じ黒人として彼らを同胞ととらえ、オリンピックやサッカーのワールド・カップでは国籍に関係なく黒人選手を応援する。アフリカ人を超えたところで、「黒人」としてのアイデンティティが存在するのだ。いっぽう新世界の黒人には、アフリカを母なる大地、父なる祖国ととらえて親近感を抱く者もいれば（その代表がジャマイカのラスタ）、「野蛮」の象徴として恥じる者もいて、一様ではない。マイケル・ジャクソンは黒人アイドルとして絶大な人気を誇るが、彼の白い肌に戸惑うアフリカの人々の顔を、私は忘れることができない。

図1　ニャマのエスニック・バウンダリー

　このように民族、民族グループの上に、ア

フリカ人、黒人というカテゴリーが存在し、さらに民族の下には親族、その下には家族がつづく（図1）。このようにニャマ個人を中心として複数のカテゴリーが重なり、場面によって彼女はエスニック・バウンダリーを伸縮させ、それにあわせて自己のアイデンティティも変動するのである〈9〉。

さて、あなたのまわりにはいくつのカテゴリーが重なりあっているだろう。どんな場面で、どんなふうにバウンダリーが変動するのだろう。自分のアイデンティティはどう変化してゆくだろう。誰が仲間となり、誰が他者となるだろう。

善きサマリア人

いきなり、キリスト教の話をひとつ〈10〉。

「ある律法の専門家が立ちあがり、イエスを試そうとして言った。」

イエスとはキリストの本名。彼はイスラエルにあるナザレという町の大工の息子として生まれたユダヤ人である。キリストとはギリシア語で「救世主」を意味する。これは新約聖書がギリシア語で書かれたためで、ユダヤ人の言葉であるヘブライ語で救世主を意味する言葉はメシアである。

「先生、なにをしたら、永遠の命を受け継ぐことができるでしょうか。」

「永遠の命を受け継ぐ」をキリスト教教理に沿って厳密に説明するのは大変なので、ここでは「神の前で正しい者となる」というふうに理解してもらいたい。

イエスが答える。

「律法にはなんと書いてあるか。あなたはそれをどう読んでいるか。」

ユダヤ教は一神教であり、民族宗教である。ユダヤ人は人類の歴史においてはじめて「神はひとつ」という発想にいたり、しかも自分たちこそが神に選ばれた民族であると考えた。彼らはユダヤ教を神とユダヤ人とのあいだの契約ととらえ、神から与えられた戒律、つまり律法を守ることで神への信仰を示し、神はそれに応えて自分たちを祝福してくださる、とした。律法の遵守が最高の宗教的行為とされてきたのである。ところが今から二〇〇〇年ほどまえのこと、イエスという男が現れた。彼は、もっとも大切なのは「愛」であって、やみくもに律法を守ることだけが正しい信仰ではない、と言いはじめたのだ。これを聞いて、ユダヤ教の祭司や律法学者たちは激怒した。なんとしてもイエスの正体を暴きだしてやろう。彼らはイエスの説教に潜りこみ、議論をふっかけて揚げ足をとろうとした（この場合の「説教」は、うるさい親や学校の先生の言う小言ではなく、宗教的な教えを述べ伝える、という意味なので、勘違いをしないように）。

律法学者はイエスの質問に、「隣人を自分のように愛しなさい、とあります」と答えた。「そのとおりにしなさい」と言うイエスに対して、彼は「では、私の隣人とは誰ですか」とつづけた。この質問に、イエスはあるたとえ話をもって答えた。

ある人が追いはぎに襲われ、半殺しの状態で道ばたに放置された。

ひとりの祭司が道を通ったが、彼に手を差しのべず、いってしまった。

次にきたレビ人も、見て見ぬふりをして、いってしまった。

だが次にきたサマリア人は彼を哀れに思い、手当てを施し、自分のロバに乗せて宿屋に連れてゆき、一晩介抱した翌朝、宿屋の主人に金を渡してこう言った。「この人を介抱してください。費用がもっとかかったら、帰りがけに払います。」

さて、この三人のなかで、誰が追いはぎに襲われた人の隣人になったと思うか。

律法学者は答える。「その人を助けた人です。」

そこでイエスは言った。「いって、あなたも同じようにしなさい。」

なんという当たり前の答えであろう。誰がどう考えても、三人目が隣人になるに決まっているではないか。だが、次の事実を知ると、このたとえ話の本当の意味がわかってくる。

被害者はユダヤ人であった。最初に通った祭司もユダヤ人。次に通ったレビ人とは、ユダヤ人のなかでもとくに神殿における宗教的な仕事に携わっている人々のことである。ユダヤ教は民族宗教なので、ユダヤ人はすべからくユダヤ教徒となる。よってこの三人とも、ユダヤ教徒である。ところが最後に通ったサマリア人は異教徒であった。

サマリア人はもともとユダヤ人と同じ民族だったが、彼らの住む地域がかつてアッシリアという大国に支配されたために異民族との混血がすすみ、宗教も変質して正統的なユダヤ教とはかけ離れたものとなってしまった。やがて、正統派ユダヤ人＝ユダヤ教徒から、異民族、異教徒として蔑《さげす》まれるようになったのである。

ユダヤ教の考えにしたがえば、神に選ばれたのはユダヤ人であり、ユダヤ人のみが正しい信仰をもつことができる。ユダヤ人＝ユダヤ教徒が民族的・宗教的カテゴリーであり、その内部の人間が「われわれ意識」を共有する仲間である。従来のユダヤ教的思考では、これが「隣人」ということになろう。ところがイエスは、このようなカテゴリー優位の思考を許さなかった。大切なのは生まれや身分ではなく、その人の行為であり、その行為を裏付ける精神、つまり愛である。この場合の「愛」とは男女間の愛ではなく、神への愛、人類への愛、のことだ。この愛をもって人と接する者こそ、隣人に他ならない。追いはぎに襲われた「ユダヤ人」の隣人が、善き心をもった「サマリア人」であった、というたとえ話は、大切なのはカテゴリーではなく、精神と行為である、というイエスの考えを伝えているのだ。イエスの教えが既成のカテゴリーを乗りこえたとき、ユダヤ教という民族宗教から、キリスト教という普遍宗教が誕生したのである。

イエスは言った。「いって、あなたも同じようにしなさい。」はたしてわれわれは、カテゴリーにとらわれずに、柔軟な態度で生きてゆくことができるだろうか。自分の属するカテゴリーを、つねに見つめなおす目をもつことができるだろうか。

〈1〉日本の民族問題についててっとりばやく概観したい人には、宮本勝・清水芳見（編）『文化人類学講義』（一九九九年、八千代出版）の第Ⅴ章がおすすめ。第1節（本のなかではsection 1となっている）において日本の民族問題を概観したあと、つづく第2〜4節においてそれぞれ在日韓国朝鮮人、アイヌ、沖縄の問題が簡潔に説明されている。また日本の単一民族思想の系譜を徹底的に知りたい人には、小熊英二『単一民族神話の起源』（一九九五年、新曜社）という分厚い本がある。

〈2〉コートジボワールの民族については、原口武彦『部族と国家』（一九九六年、アジア経済研究所）がくわしい。発行元のアジア経済研究所とは独立行政法人日本貿易振興機構（略称「JETRO（ジェトロ）」）の附置研究機関で、研究者のあいだでは「アジ研（あじけん）」の通称で知られている。開発途上地域の研究を、経済・政治方面からすすめていて、アジア、中近東、ラテンアメリカと並んで、アフリカ研究も充実している。日本でアフリカ研究を集中しておこなっている機関としては、他に東京外国語大学に附置されているアジア・アフリカ言語文化研究所（略して「ＡＡ研（えーえーけん）」）、京都大学大学院アジア・アフリカ地域研究研究科、大阪の万博記念公園にある国立民族学博物館（略して「民博（みんぱく）」。民博は世界中の民族文化を扱っていて、アフリカ研究も充実）があり、文化人類学、自然人類学、言語学などの研究をおこなっている。アフリカ研究者の集まりである日本アフリカ学会は毎年五月末に学術大会を開催し、そこにおいて二日間にわたって最先端の研究成果が発表される。

これらに興味のある人は、今すぐインターネットで検索してみよう。各機関のホームページがあるので、それらを眺めることで、アフリカを「学問する」とはどういうことか、が見えてくるかもしれない。

〈3〉他民族によって変形させられた呼称が、行政や学術分野を通して普及・定着してゆくというのは不思議な気もするが、よくあるパターンである。「日本／ジャパン」の関係を考えると、実感できるだろう（ジャパンという呼称の起源については、有名だから自分で調べてみて）。なお、マンデング、マレンケともに地域によってマンディング、マリンケと発音され、日本語の研究書でもこちらが使用されている。だがフランス語圏では前者が使用されていることがおおく、ニャマもマンデング、マレンケと発音するので、本書ではこちらを採用する。

〈4〉商人を意味するジュラが民族名となった過程については、説明が複雑になるからここでは省略する。どうしても知りたい人は、坂井信三『イスラームと商業の歴史人類学』（二〇〇三年、世界思想社）の第1章第3節を参照のこと。これはマンデングについて詳述した唯一の日本語文献だが、もとが博士論文なため内容が高度なうえに、なによりも分厚い。上級者向けである。

〈5〉今どき、「性別」などというあいまいな言い方をすると、怒られてしまうだろうか。読者のなかには「ジェンダー」という言葉を耳にしていながら、意味がよくわかっていないという人もおおいことだろう。生物学的な「性別」（オス、メス、のこと）をセックスといい、社会的・文化的につくられた「性差」をジェンダーという。いわゆる「男らしさ、女らしさ」のことだと思ってもらいたい。くわしく知りたい人には、入門書として伏見憲明『〈性〉のミステリー』（一九九七年、講談社現代新書）を推薦しておく。なんと伏見君は、私の大学の同級生だった。文化人類学とジェンダー研究との関係を知りたい人は、田中雅一・中谷文美（編）『ジェンダーで学ぶ文化人類学』（二〇〇五年、世界思想社）のイントロ（第0章）がおすすめ。東アフリカの牧畜民ヌエルの有名な結婚形態（女性婚、死霊婚）と日本の少女漫画をネタにしながら、文化人類学におけるジェンダー研究の必要性・必然性がおもしろく、わかりやすく、熱く語られている。つづく一五の章では、さまざまな研究者による具体的な事例・研究について知ることができる。

〈6〉もちろんアジア人は人種ではないが、アジア人＝黄色人種（モンゴロイド）というのが、一般的な日本人の実感であろう。人種とはなにか、というのは重要な問題である。それは、人種は生物学的分類、民族は文化的分類、というような単純な問題ではない。人種という概念は、身体的特徴を利用しながら、じつはヨーロッパ人の文化的・政治的偏見の上に形成されてきたものである。本書では扱わないが、興味のある人には川田順造・福井勝義（編）『民族とは何か』（一九八八年、岩波書店）に収められた香原志勢「人間、この感性的なるもの――人種の問題」をおすすめしたい。人種的特徴とされるものを次々と挙げ、その妥当性と疑問点を指摘し、人種概念の問題点をあきらかにする。著者のリズミカルで歯切れのいい文章を読むうちに、結局人種という概念がかなりあいまいなものであり、「〜人種は知的だ、勤勉だ、能天気だ」などと安易に口走ってはいけない、ということがわかってくるだろう。

〈7〉本書では民族名を「――族」と表記している。ただ最近のトレンドとして、「――族」には侮蔑《ぶべつ》的な響きがあるという理由で「――人」と表記する場合がおおいようである。しかしこれでは国民としての「――人」と区別できないため、本書では民族名を「――族」、国民を「――人」と統一して表記している。

〈8〉民族について説明している本は星の数ほどあるが、『世界民族問題事典』（一九九五年、平凡社）がとりあえずの決定版である。これは民族問題について正面から取り組んだ事典で、各分野・各地域において第一線で活躍している学者が編集・執筆を担当している気合いのはいった一冊。その分厚さゆえか、あるいはあまり売れなくて発行部数が少ないからか、値段が高い（発行当時二万二三三〇円税別）のが玉に瑕《きず》である。また『世界民族百科事典』（二〇一四年、丸善出版）はアップ・ツー・デートな話題を盛りこんだ良書であるが、やはり値段が高い（二万円税別）。入門編としては、なだいなだ『民族という名の宗教』（一九九二年、岩波新書）がいいだろう。対話形式で民族の諸相をわかりやすく説明している。一九八四年から三年間にわたって国立民族学博物館で「民族とは何か」というテーマでおこなわれた共同研究の成果をまとめた川田順造・福井勝義（編）『民族とは何か』（一九八八年、岩波書店）は、民族概念の検討を打ちだした先駆的な本で、文化人類学を中心としながら、自然人類学、民俗学、歴史学、言語学、政治学を含む学際的なメンバーが執筆している。

〈9〉ここでは民族を中心としたエスニック・バウンダリーのみを提示したが、実際には村落、地域、都市、国家などの地縁的・行政的枠組みが並存する。あるいはアフリカ内でも、西アフリカ／東アフリカなどの地域やフランス語圏／英語圏など旧植民地宗主国による区分も自己をアイデンティファイするカテゴリーとして存在する。

〈10〉以下は新共同訳聖書『ルカによる福音書』一〇章25—37節をもとにしている。なお、ここで紹介するのはあくまでも私の解釈であり、けっしてキリスト教神学の定説ではないので、そのつもりで理解していただきたい。

第三章

声の文化、音の文化

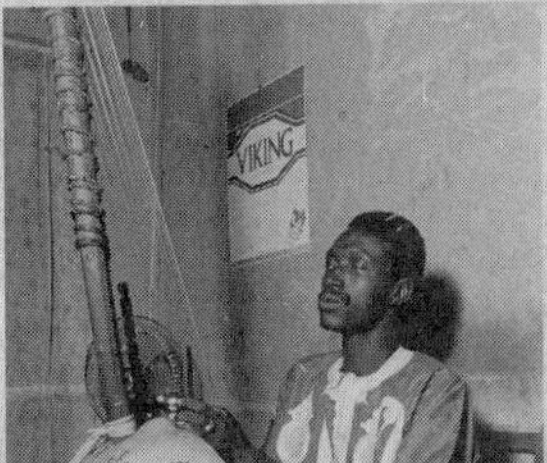

楽器コラを弾くマンデのグリオ

一　豊かな音の世界

アフリカ人は音楽的か？

この世には、定番となっているステレオタイプがある。ステレオタイプとは世間一般に普及している画一的なイメージのこと。食通のフランス人、好色なイタリア人、情熱的なスペイン人、真面目なドイツ人、自分勝手なアメリカ人、陽気なブラジル人、そして、歌って踊れるアフリカ人。どれも、なんとなく私たちのイメージする国民性であるが、はたして本当だろうか（アフリカというのは国ではないので、アフリカ人の気質を国民性と呼ぶのは正しくない。本来ならギニア人とかコートジボワール人が国民性の対象となるべきだが、アフリカの国々についての知識をほとんどもちあわせていない一般の日本人の認識レベルにあわせて、ここではアフリカ人を他の国民と同列に並べさせてもらう）。

火のないところに煙は立たず、というとおり、おそらくなんらかの根拠があってこうしたステレオタイプがつくられているのだろう。だがいっぽう、これらを共有する人々には、実際に欧米、ブラジル、アフリカに行ったことがない者も多いだろうから、彼らは誰かが流す情報を真に受けて、あるいは無意識のうちに情報を頭のなかに刷りこまれて、画一的なイメージをもたされている、ということになる。実際に現地に行けばさまざまな人がいるわけで、味音痴のフランス人もいれば、内気なイタリア人もいる。冷静なスペイン人もいれば、不真面目なドイツ人もいる。他人を思いやる優しいアメリカ人もいれば、根暗のブラジル人もいる。まさに人間いろいろ、人生いろいろ、である。こういった現実があっても、なおかつ国民性に関するステレオタイプになんとなく説得力があるのは不思議なことである[1]。では、歌って踊れるアフリカ人、というのはどうであろう。事実か、あるいは偏見か。なんらかの根拠があるのか、あるいはたんなるデマなのか。

日本でアフリカに対するイメージのベスト3といえば、動物、貧困、音楽、ということになるだろう。ゾウも、ライオンも、キリンも、シマウマも、カバも、サイも、ゴリラも、チンパンジーも、みんなアフリカにいる。すごい。すごすぎる。まさに野生の王国。もしアフリカが存在しなかったら、テレビの動物番組など放映時間が半分以下になってしまうのではないだろうか。動物バンザイ。

動物の次にテレビに映しだされるアフリカといえば、飢饉《ききん》、内戦、エイズといったネガティヴなものばかり。難民キャンプに向かう人の群れ、充血した目がいかにも凶暴そうな兵士たち、やせ細って死を待つばかりのエイズ患者。ほとんど解決不能とも思える貧困、政治的混乱、衛生状況。ああ、苦悩するアフリカ。

日本のアフリカ研究者のおおくがマスメディアに対して抱く不満に、こういうものがある。「彼らはアフリカの動物と貧困にしか興味がない。」メディア情報の内容も需要と供給の関係で決まるのであろうから、視聴率がとれる話題に偏るのは致し方ないのだろう。その偏った情報を摂取した大衆のアフリカに対する興味もさらに偏り、その需要を満たすべく情報の偏りはいっそうひどくなる。これを私は「アフリカ情報のスパイラル現象」と呼んでいる。日本のマスメディアにおいて、ただでさえアフリカに振りわけられるスペースは小さいのだが、その内部はスパイラル現象によって動物ネタと貧困ネタで埋めつくされ、他の話題がはいりこむ余地はなくなってしまう。だがそんななかでも、比較的とおりやすいのが音楽ネタである。

楽しく歌う能天気なアフリカ人。

激しく太鼓をたたく野性的なアフリカ人。

からだ全体をうち震わせて踊る聖なる「野蛮人」。

そこに遅れた「未開」を見るのか、あるいは文明人の失った「聖性」を見るのか、いずれにしても「歌って踊れるアフリカ人」というステレオタイプが共有されているおかげで、日本のマスメディアはアフリカ音楽の情報に食いついてくれる。これはありがたいことなのか、憂うべき事態なのか……。

ここで、みなさんはこう考えるだろう。「じゃあ、アフリカ文化の専門家である人類学者の目から見て、アフリカ人は本当に音楽的なの？」その答えはイエスであり、ノーである。

ノーの理由。たしかにアフリカ人は音楽的だが、それは彼らが能天気だからでも、野性的だからでもない。つまり、われわれが彼らを音楽的であると考える根拠は否定されるべきものである。

イエスの理由。たしかにアフリカ社会では、昔も今も音楽が重要な役割を果たしている。そこでは音楽はたんなる遊びでもないし、かしこまった芸術でもない。社会生活のなかでもっと日常的なものであり、また根元的なものである。

無文字社会の効用

アフリカには文字の読めない人々がたくさんいる。

私がアビジャンの日本大使館で働きはじめた頃のこと、館内の清掃を担当している男がいた。小柄で、内気で、優しい青年だった。派遣員の日本人に、遊びでよくコブラツイストをかけられていたのが懐かしく思いだされる。さて、彼が文字を読めないと知ったとき、私は少なからずショックを受けた。一人前の大人が、文字が読めない。でも言葉はしゃべっている。言葉と文字がセットであるのが当たり前の世界で二〇年以上生きてきた私には、文字を知らずに生きる、という感覚がどうしても実感できなかった。

だが考えてみれば、文字は言葉のあとにやってくるものである。人類は長いあいだ、文字なしで暮らしてきた。日本も中国から漢字を輸入するまで文字をもたなかった。幼児はまず言葉を覚え、小学校にはいる頃になって文字を学びはじめる。文字がなくても人間は生存することができる。だが文字を主要なコミュニケーション手段として社会が成りたっているため、そのなかで生活するわれわれは文字を学習し活用しなければ生きてゆくことができないのだ。

アフリカのほとんどの社会は文字をもたなかった。アラブ人が人口の大半を占める北アフリカ諸国ではアラビア文字を使うが、サハラ砂漠以南の黒人の国々、通称「ブラック・アフリカ」においては、エチオピアのアムハラ社会のような一部の例外をのぞき、その歴史において固有の文字をもつことはなかった。このような社会を「無文字社会」(「むもんじしゃかい」と発音)と呼ぶ。アフリカでは植民地化の過程でフランス語や英語を通してアルファベットが普及し、独立後もおおくの国では旧宗主国の言葉を公用語としたため、公文書、新聞、雑誌などでフランス語や英語が使用されている。タンザニアではアフリカの言語であるスワヒリ語を公用語としたが、その文字はローマ字表記とならざるをえない。だが、こうした変化は一九世紀末からはじまったこと、つまりここ百年ちょっとの話である。それ以前、人類の誕生から（人類はアフリカで誕生した！）植民地化のはじまる一九世紀にいたるまで、アフリカでは文字をコミュニケーションの道具として使用してこなかったのである。こうした伝統社会の成りたち方と、政府による就学率向上政策が思うようにはかどっていないという現状とが相まって、アフリカには文字の読めない人々が大勢いるのだ。

アフリカは無文字社会であると聞いて、文字がなくては困るだろう、と思う人が読者のなかにはたくさんいることだろう。たとえば、メールが打てない。一昔前であれば、手紙が書けない、というべきところか。近くにいれば、声が届く。でも遠くにいれば、もう話は通じない。アフリカのコミュニケーションとは、かくも近距離限定なのか。かわいそうに……。でも同情するにはおよばない。アフリカのおおくの社会では、この困難を克服するために、おおきな音をだすある道具を活用してきた。それが太鼓である。

アフリカでは太鼓がしゃべる。といっても、本当に口があって言葉をしゃべるわけではない。ああ、ではモールス信号のように、特定のリズムのパターンと音声とを一対一で対応させ、その組み合わせでメッセージを組みたてるのか。それも違う。では、どうするか。

アフリカのおおくの言語には「音調」がある。音調とは簡単に言えば音の高低のつけ方のことで、単語や文章をつくる際に、音の発音だけでなく、その音が高いか低いかが区別されるような言語を音調言語という。日本語でも、箸《はし》と橋、神と紙などでイントネーションが違うが、日本語の場合はこのような単語がいくつかあるという程度で、音調言語ではない。音調言語とは、たとえば中国語のように、その言語全般において音の高低の区別がなされる言語のことである。

アフリカのおおくの社会では（全部ではない）、この音調を利用して太鼓にしゃべらせているのだ。言葉にかならず音調があるのであれば、あるフレーズから発音部分を抜きとっても音調は残る。その音調を、音の高低のみならず、その抑揚、各音の強弱まで含めて太鼓でまねてやれば、その音調の組み合わせを逆にたどっていくことでもとの言語音を想起することができる、という発想である。音の高低の種類は言語によって異なり、ふたつ（高－低）の場合もあれば、三つ（高－中－低）、あるいはそれ以上の場合もある。一般に小さな太鼓は高い音、大きな太鼓は低い音がでるのだから、高低の数にあわせた太鼓を用意し、音調をまねてやればよいのである。ナイジェリアのヨルバ族の場合は、太鼓の革の張力を変化させることで、ひとつの太鼓から複数の音をだすことを可能にした。また木の内部をわざと不均等にくり抜くことで、たたく場所によって異なる音程をだすソリッド・ドラム（革を張っていない太鼓）を使用する民族もいる。こうした太鼓を一般に「トーキング・ドラム」と呼んでいる。これは英語の「話す太鼓　talking drum」のカタカナ表記である。もちろんトーキング・ドラムを使用する各民族はそれぞれ独自の呼称をもっているのだが、英語でも日本語でもこの呼び方が一般化している。

トーキング・ドラムを使えば、メッセージは隣村まで届く。実際にその太鼓言語を理解できるのは訓練を受けた人が中心で、すべての人ではない。だが確かなのは、彼らにとって太鼓の音は「音以上」のものであるということ。ひとつひとつの音の表情が異なり、ときには言語的な意味を担うこともできる。われわれがたくさんの文字を共有し、活用しているように、彼らは打楽器の豊かな音を共有し、その異なるニュアンスを聴きわけ、ときにそれを道具として使用しているのだ。

歴史を語り継ぐ人々

もうひとつ、文字がなくて困ることがある。歴史の伝承だ。

か。

　私たちは知っている。源義経を（牛若丸です）、徳川家康を、武田信玄を、その他諸々《もろもろ》の歴史上の人物を。ところで、こうした偉人たちの存在証明はなんであろう。なにを根拠に、われわれ日本人は彼らがいたことを確信しているのだろう。誰も会ったことはない。話したこともない。写真もない。本当にこんな人々が実在したのだろうか。

　彼らの存在の根拠となるのは、文字資料であろう。歴史書、日記、手紙といった古文書から、その存在が今に伝えられる。もちろん、肖像画もいくつか存在するが、なんといっても文字がおおくの情報を伝えてくれる。こうした文字情報を整理・解釈した文献が出版され、さらに作家たちがそれら文献を資料としながら、歴史小説、歴史ドキュメンタリーの分野でおおくの作品を世に送りだし、古文書に縁のない一般の人々に、その偉人がまるで親戚《しんせき》のひとりででもあるかのような親近感を抱かせる。そんなことはない、私は文字は嫌いなので、もっぱら映画や大河ドラマで歴史に触れている、などと反論する人は、役者のしゃべるセリフは台本に書かれた文字であり、台本はさまざまな文字資料をもとに脚本家が書いている、ということに思いを馳《は》せていただきたい。

　ことほど左様に、歴史は文字によって伝えられるのだ。ということは、無文字社会のアフリカにおいて歴史は伝承されないのだろうか。だって、文字がないのだから。

かつてヨーロッパ人がアフリカを侵略した際に、こう考えた。アフリカには文字がない、文字がなければ歴史が伝えられない、だからアフリカの人々は自分たちの歴史を知らない野生児で、アフリカは歴史のない暗黒大陸だ、と。いくらなんでも「暗黒大陸」とは、失礼な話である。だが心配無用。手紙のかわりにトーキング・ドラムを編みだした人々をナメてはいけない。彼らの社会には、歴史を伝える方法がしっかりと根づいている。文字がなければ、人が脳みそで記憶すればいいのである〈2〉。

アフリカのおおくの社会において、人が歴史を記憶し、語り伝えてきた。なにも全員が民族の歴史を覚える必要はない。記憶力のいい人に覚えてもらい、必要なときに語ってもらえばいいのだ。このように歴史や物語を記憶し、語り伝える人のことを「語り部」と呼ぶ。これはアフリカにかぎらず、さまざまな無文字社会に存在しており、かつての日本にもおおくの語り部がいたことであろう。えっ、日本は無文字社会ではないって？　そのとおり。だが、現在のように識字率がほぼ百になったのは日本の長い歴史から見ればつい最近のこと。そのまえは農民をはじめとして、無文字世界に生きる者が人口のおおくを占めていたのだ。

さて、語り部が語る際に、大学の授業のようにだらだらと話していたのでは、いくらそれが自分たちの歴史や物語だとしても、聴き手は退屈な授業を受ける学生のように眠りこけてしまうだろう。そこでおおくの場合、語り部は言葉に節をつけ、楽器の伴奏をともないながら、語り、歌ってゆく。そう、まさに『平家物語』を語る琵琶《びわ》法師のイメージである。アフリカにおいてこうした「語りの音楽化」への志向は非常に強く、おおくの場合、語り部は歌手であり、楽器を演奏する楽師でもある。このように歴史や物語を記憶し、それを楽器の伴奏にあわせて語り歌うアフリカの語り部を〈グリオ〉と呼ぶ。この言葉の語源については諸説あってはっきりしないが、アフリカ起源あるいはヨーロッパ起源のなんらかの単語が長いあいだに変形され、一七世紀以降、ヨーロッパ人の文献において使用されるようになったと考えられている。この聞き慣れない単語をアフリカの言葉だと思っている人がおおいが、むしろヨーロッパ人（とくにフランス人）によって普及させられた呼び方で、グリオが存在する各民族ではそれぞれ独自の呼称をもっている。グリオは主に西アフリカのサバンナ地域に居住する民族におおく見られるが、そのなかでも代表的なのがマンデ系諸民族である。彼らは、マリ帝国の系譜を伝える、という明確な目的をもっていたため、おそらくアフリカでもっともはやくグリオを生みだし、もっとも豊かなグリオの文化を育《はぐく》んできた。次節では、マンデのグリオについてくわしく紹介することにしよう。

あっ、そのまえに。アフリカ人が音楽的である理由について、まだ答えていなかった。鋭敏な読者であれば、もうお気づきのことだろう。そう、無文字社会だからである。文字がないゆえに、メッセージの伝達手段として太鼓の音を、歴史を伝承する手段として語り部の声や楽器の音を発達させてきたのである。欧米や日本の社会においては「音楽」としてくくられるこうした音や声は、アフリカにあっては自分たちの生活を根本から支える文化的な要素なのである。彼らの音と声は、情報伝達や歴史伝承以外においても生活のさまざまな分野で活躍し、われわれの社会における音楽的領域に収まりきるものではない。そこでは、音楽と非音楽を明確に区別することなどできはしない。川田順造（本章注〈2〉参照）は、アフリカにおける言葉遊び、手拍子からダンス、歌、楽器演奏にいたるさまざまな音に関する事象を〈音文化〉（「おんぶんか」と発音）として総合的にとらえる視点を提唱している。これは西洋的視点ではなく、アフリカ社会からの視点に立ったときに自然と立ち現れた発想である。

アフリカにおける音文化の成りたちに、無文字社会であるという前提条件がおおきな意味をもっていることが理解してもらえたと思うが、アフリカ音楽のさまざまな特徴については本書では紹介しきれないので、興味のある人は注で紹介している本などを参考にしながら、さらに学んでいってもらいたい〈3〉。

二　マンデのグリオ〈4〉

マンデの身分制度

「天は人の上に人を造らず人の下に人を造らず」とは、福沢諭吉の有名な言葉である。福沢諭吉は慶應義塾大学の創立者として有名だが、最近では「一万円札のおじさん」と言った方がとおりがいいかもしれない。諭吉は侍であったが学問に志して洋学を学び、ついには学者・思想家として身を立てるにいたった。彼が活躍したのは江戸末期から明治初期にかけてのこと。江戸時代といえば「士農工商」という身分制度の世界。諭吉が著書『学問のすすめ』の冒頭に掲げた先の言葉は、この身分制度を否定した人間平等宣言であり、近代化をめざす日本人への呼びかけであった。

それから一四〇年以上がたち、近代化を成し遂げ、世界有数の経済大国へと成長した日本。ところが、二〇〇三年にハリウッドで『ラスト・サムライ』などという映画

ホロン	自由民（王族、貴族、農民、商人など）
ニャマカラ	職人 ｛ヌム（鍛冶） ガランケ（皮細工） ジェリ（語り、歌、楽器）＝グリオ
ジョン	奴隷

表3　マンデ社会の身分制度

がつくられ、それを見た日本人が感動して涙するとは、いったいどうしたことか。ワールド・ベースボール・クラシックの日本代表を「侍ジャパン」と呼んだり、FIFAワールド・カップで日本代表のユニフォームの色を「サムライ・ブルー」などと呼んだりするとは、どういうつもりなのか。人類は平等だ、人権尊重などと叫びながら、古き身分制度の象徴である侍を主人公とするテレビドラマが人気を博すとは、なんたることか。われわれ日本人は、本当に平等になりたいのだろうか。あるいは侍の時代に戻りたいのだろうか。

ともあれ、今は人類みな平等の時代。現実はともかく、建前としては個人の自由を制限する身分などというものはあってはならないのである。ところが、現代の日本人が誇る侍は身分制度から生まれたもの。そしてグリオも、マンデの身分制度の産物なのである。

一三世紀に成立したマリ帝国の系譜を引くマンデ社会は、独特の身分制度を発達させてきた。それはホロン、ニャマカラ、ジョンという三つの身分から構成される（表3）。

〈ホロン〉は「自由民」であり、マリ帝国の支配階層の子孫である王族・貴族から、一般の農民や商人まで含まれる。マンデの人々は優れた戦士であり、商人であった。スンジャタのもとで形成されたマリ帝国は、その後、戦争という「剛」の部分と商業という「柔」の部分を車の両輪としながら勢力範囲を拡大していった。その過程で、第二章一―3で触れたジュラ族のような民族が誕生していったのである。さて、戦争が起きればそこには勝者と敗者が生まれる。負けた者は〈ホロンヤ〉（自由な状態、自由身分）を失った。この自由を失った者が〈ジョン〉、つまり「奴隷」となった。奴隷となる契機は戦争の他に、懲罰として、負債が返せなくて、あるいは奴隷狩りにあって、などのケースがあった。ホロンは社会的状況によってはジョンに降格される可能性があり、逆にジョンの側にも数世代を経ることでホロンの身分を回復する可能性が開けていた。要するに、このふたつの身分は流動的なものであった。ちなみに、すべてのアフリカ人が近代化をめざす国民国家に組みこまれ、人権を侵害するような伝統的慣習を極力廃止しようとする現在では、ホロンとジョンの表面的区別は消滅し、すべての人がホロンを自称するようになっている（隠れたところで、「あそこはジョンの筋だ」などと揶揄《やゆ》することはあるかもしれないが）。

〈ニャマカラ〉はいわゆる「職人階級」のことで、鉄を扱う〈ヌム〉（鍛冶屋《かじや》）、皮を扱う〈ガランケ〉（皮細工職人）、言葉を扱う〈ジェリ〉（グリオ）が含まれる。言葉が鉄や皮という素材と同列に並べられ、その専門家であるグリオが芸術家ではなく職人として位置づけられていることに注目していただきたい。言葉という素材を音楽化しながら扱うグリオは、われわれの社会における音楽家とは似て非なるものなのである。

ニャマカラはホロンやジョンと違い、父方の系譜を通して継承される固定的な世襲身分である。マンデ社会には、ニャマカラとホロンは婚姻関係を結ばない、ニャマカラはニャマカラどうしで結婚する、という伝統的規範が存在する。このように集団内部で結婚することが規範化されている集団を〈内婚集団〉、その制度を〈内婚制〉という（反対は〈外婚集団〉〈外婚制〉）。現実的にはジェリはジェリどうしで結婚し、生まれてくる子供もジェリとなる。「蛙の子は蛙」というわけである。このようなシステムがあるからこそ、マリ帝国が成立した一三世紀から今日にいたるまでの七五〇年以上、マンデのジェリ、つまりグリオはたえず再生産されつづけてきたのである。ただ、実際にはジェリとホロンが結婚するケースは伝統社会においても存在し、伝統的慣習が崩れつつある現代にいたっては、ジェリと異民族の結婚も増えている。ニャマと私の結婚は、その最たる例といえよう。

マンデ社会において、グリオは恐れられ、かつ愛されている。

なぜ、恐れられるのか？　それはグリオが「自由」だからである。この自由は、ホロンの自由とは異なる。ホロンは自由民という身分だが、その社会的条件として独立心、勇敢さ、寛容さなどが求められる。ある種の高貴さを身につけることで、自分が身分相応の人格であることを他者に示すことが期待されているのだ。この点はイギリスのジェントルマンや日本の武士に通じるところがある。ホロンは自分の身分に拘束されている。いっぽうひとつの職能に特化しているニャマカラは、ホロンに従属する一種の「劣等民」である。それゆえに、ホロンに対して金、財産、服、食事、寝場所などをねだる権利をもち、パトロンであるホロンはそれに気前よく応《こた》えねばならないとされる。ニャマカラは、人目をはばからず、直接ホロンに話しかけ、冗談を言い、欲しいものを要求する。とりわけおおきな声で言葉を操るジェリは、がめつい。貧乏なホロンは彼らの声を聞くと、家の扉を閉ざして居留守を使う。

そのいっぽうで、グリオは愛されている。その理由は、彼らが言葉の達人だからである。無文字社会において言葉とは、すべからく口から発せられるもの。文字によって固定されない言葉は、生きている。まさに、生ものだ。それは危険な代物。使い方を間違えれば、いさかいを生みだす。下手をすれば戦争だ。同時に、それは魅惑的なもの。魂に直接働きかけ、涙を誘う。人の心に安らぎを与え、争いを終結させる。言葉の力を理解しているがゆえに、マンデの人々はその扱いをグリオに一任するのである。

かつて、王は側近のグリオに小声で話し、その言葉をグリオが表現豊かに民に伝えていった。まるで王の言葉を効果的に増幅させるアンプのように。

かつて、戦争の際にはグリオが前線に立ち、大声で叫びながら戦士たちの志気を高めていった。まるで人の心を操る催眠術師のように。

結婚の申し込みにはかならずグリオが前面に立ち、言葉を選びながら両家の縁をとりもつ。まるで幸運を運ぶ天使のように。

喧嘩《けんか》や離婚騒ぎなどがあればグリオが仲介し、故事やことわざを用いながら当事者の怒りを静めてゆく。まるで悟りを開いた賢人のように。

彼らは社会のさまざまな場面において言葉の交通整理をし、コミュニケーションの円滑化を図る。まさにマンデ社会における言葉の番人である。そしてこの番人の仕事のなかでもっとも重要なのが、各家の系譜を記憶して伝えること、そしてマリ帝国の歴史を伝承することなのである。

スンジャタ叙事詩

グリオの伝えるマリ帝国の歴史とは、すなわち英雄スンジャタによる建国史である。それは口頭伝承であるため、地域によりいくつもの異なるヴァージョンが存在している。そんなことでは文字によって書かれた歴史書に比べて信用できない、などと考えてはいけない。たしかに文字は情報を固定化するが、書かれた内容が真実かどうかを保証するものではない。そこには執筆者の視点、あるいはそのときの政治体制などが反映され、歴史は一定の価値観の上につくりあげられることになる。異なる視点から眺めたとき、歴史はつねに別の姿を現すものなのだ。複数のヴァージョンが同時に存在するというのは、歴史にとって健全な姿なのかもしれない。

とはいえ、ここですべてのヴァージョンを紹介することはできないので、ギニアの歴史家ニアヌがグリオの伝承を文章化した叙事詩をもとに、そのあらすじを紹介しよう。〈5〉グリオのなかでもスンジャタの叙事詩を語り伝えることができるのは限られた者だけで、ニアヌはそのなかのひとりであるジェリ・ママドゥ・クヤテの語りを採録している。

時は一三世紀。所は西アフリカのサバンナ地帯。いくつもの国々が群雄割拠していた。

ドという国で王が死んだ。息子が跡を継いであたらしい王になったが、娘には女であるという理由でなにも与えられなかった。ないがしろにされたこの王女は、あまりの怒りのために野牛に姿を変え、自分の兄弟が治める国の住民を毎日殺していった。何人もの狩人《かりゅうど》がこの野牛を仕留めようとしたが、みな返り討ちにあって殺されていった。

この噂を聞きつけたふたりの兄弟がいた。彼らは隣の国マンデの狩人である。ふたりが野牛を退治しようと歩いていると、道ばたに腹を空《す》かせたひとりの老婆が座っていた。かわいそうに思ったふたりが食べ物を与えると、老婆はその親切に感激し、じつは自分が例の野牛であることを打ちあけた。そして自分の退治の仕方を教えたあと、こう言った。「ドの王は褒美として、自分の娘から嫁としてひとり選べ、と言うだろう。そのときに、いちばん醜い娘を選ぶのだ。いいかい。」

こうしてふたりの狩人は野牛を仕留め、その黄金の尻尾《しっぽ》をドの王に差しだした。満足した王は自分の娘たちをずらりと並べ、ひとり選ぶように言った。ふたりがもっとも醜い娘を選ぶと、みなびっくりし、大笑いしたという。この娘の名はソゴロン・コンデ（コンデが姓）。その容姿は見るも恐ろしく、体中がハリネズミのように硬い毛で覆われていた。

ふたりの狩人は自分の国マンデに帰り、ナレ・マガン王にソゴロンを差しだした。王にはサスマ・ベレテ（ベレテが姓）という美しい妃《きさき》がいたが、この不思議な経緯でやってきたソゴロンを第二夫人として迎えることとなった。やがてソゴロンは男の子を産んだ。この王子がスンジャタである。だが幼少期のスンジャタから、その後の英雄の姿を想像するのは難しい。彼は足が萎《な》えていて立つことができず、さらに異常な大食漢であった。地面を這《は》いずりまわり、食べ物ばかり探しているスンジャタを人々はあざ笑った。

スンジャタが七歳になると、ナレ・マガン王は彼を呼び、こう言った。「もうすぐ、わしは死ぬ。後継者はおまえだ。その証《あかし》として、わしのグリオであるニャンクマン・ドゥアの息子、バラ・ファセケをおまえのグリオとしてとらせよう。」だがしばらくして王が死ぬと、第一夫人サスマの策略により、彼女の長男ダンカラン・トゥマが王位を継いだ。

ある日のこと、ソゴロンは料理をしていたが、具材として使うバオバブの木の葉がないことに気づいた。そこでサスマに木の葉を分けてもらおうとしたところ、「おまえの息子はバオバブの木の葉も採りにいけないのか」と嘲笑《ちょうしょう》された。そこでソゴロンはわが身の不幸を嘆き悲しんだが、そんな母親を見てスンジャタは奮いたった。鍛冶屋に六人がかりでやっと運べるような巨大な鉄棒をつくらせると、それを杖《つえ》にしてとうとう立ちあがった。自分の両足で歩くようになったスンジャタは、バオバブの巨木を一本引き抜くと、母親の家の前まで運んできた。

その後スンジャタは勇敢な若者として育ち、狩人としての腕もあげ、人気者となっていった。いっぽう、王となったダンカラン・トゥマは無能だったため、スンジャタとの差が目立つばかりであった。このままでは息子の王位が奪われるのでは、と心配したサスマはスンジャタを暗殺しようとするが失敗。さらなる暗殺計画を知ったスンジャタは、母、妹、弟らを連れて亡命の旅にでた。スンジャタ一行はいくつかの国を経て、マンデの地から遠く離れたメマという街のトゥンカラ王のもとに身を寄せた。

この頃、ソソという国のスマオロ・カンテ王（カンテが姓）が勢力を伸ばしていた。彼は呪術《じゅじゅつ》に長《た》けた強力な王で、次々と近隣の国々を征服し、いよいよマンデまでその支配下にいれようとしてきた。恐れをなしたダンカラン・トゥマ王は人質として妹ナナ・トリバンを差しだすことを提案し、本来はスンジャタのグリオであるバラ・ファセケを付き添いとしてソソの国に送りこんだ。ナナ・トリバンの美しさに満足したスマオロ王は彼女を自分の妻とし、バラ・ファセケは王宮のなかで囚《とら》われの身となってしまった。

ある日、バラ・ファセケは偶然にもスマオロの秘密の部屋にはいりこんでしまう。そこにはスマオロの力の源泉であるおおくの呪物とともに、おおきな木琴が収められていた。優れた演奏家でもあるバラ・ファセケが木琴を奏ではじめると、それに気づいた怒り心頭のスマオロが秘密の部屋に戻ってきた。スマオロ以外はけっして手を触れてはならないとされる魔法の木琴であったが、バラ・ファセケの演奏があまりにすばらしかったため、スマオロは彼を自分のグリオとして側におくことにした。

さて、マンデではスマオロに恐れをなしたダンカラン・トゥマ王が国を捨てて逃亡してしまった。そこで国の重臣たちは、スンジャタに王位に就いてもらい、国を建てなおしてスマオロと戦おうと考える。七年間もの長きにわたって亡命中のスンジャタを捜すために代表団が派遣され、とうとうメマに住むスンジャタを見つけた。事情を了解したスンジャタは、まずは年老いて亡くなった母をメマの地に埋葬したのち、メマの軍隊の半数を引き連れて帰国の途に就いた。その途上、かつて亡命の旅の際に友情を交わした国々からも多数の応援が合流し、軍の規模はおおきくなっていった。またすでにマンデ側に寝返っていたスマオロ軍の勇猛な将軍ファコリ・コロマ（コロマが姓）の軍も控えていた。ファコリはスマオロの甥《おい》であるが、女好きのスマオロ（妻が三〇〇人いたと伝えられている）はこともあろうにファコリの美しい妻に目をつけ、とりあげてしまったのだ。そこで激怒したファコリが反旗を翻したのである。こうして、スンジャタ率いる連合軍とスマオロ軍との戦いがはじまった。

戦いの最中、スマオロのもとに人質にとられていたナナ・トリバンとバラ・ファセケが逃げ戻ってきた。ナナ・トリバンは巧みにスマオロにとりいってお気に入りの妻となり、彼の弱点を聞きだすことに成功した。スマオロは、真っ白な鶏の蹴爪《けづめ》に刺されると力を失うというのである。その後、スマオロの目を盗んでふたりは王宮を抜けだし、スンジャタのもとをめざしたのであった。

やがてクリナの地で最後の合戦がはじまった。スンジャタが白い鶏の蹴爪でつくった弓矢をスマオロめがけて射ると、肩に命中した。力を失ったスマオロは馬に乗って逃亡。スンジャタも馬に乗って追いかけるが、スマオロはニジェール川沿いのクリコロの地で洞窟《どうくつ》のなかに逃げこみ、そのまま消え去ってしまった。こうして王を失ったソソ国は滅亡した。

スマオロを破ったスンジャタ軍は一帯を平定し、すべての国々はスンジャタに忠誠を誓い、スンジャタ・ケイタ（ケイタが姓）を皇帝とする連合国家を形成した。これがマリ帝国である。

以上はあらすじだが、実際にグリオの語る叙事詩はさまざまなエピソードに彩られ、その長さは単行本一冊分にも相当するだろう。それを記憶し、歌い、語るマンデのグリオの技芸には、ただただ脱帽するのみである。

誉める技芸

ニャマと知りあってからしばらくのあいだ、私は彼女のダンスを見るためにマンデ（アビジャンでは「ジュラ」と呼ばれる）の祭りに出かけることがおおくなった。マンデでは結婚式や子供の命名式のようなおめでたい機会に、親戚や友人を集めてお祝いの祭りを催す。色とりどりの伝統衣装で着飾った女たちが集まり、ジェンベ（太鼓）にあわせて踊り、グリオがマイクを握りながら歌う。第一章の冒頭に書いたように、私がニャマと出会ったのはこうした祭りのひとつにおいてであった。

ニャマは父方、母方ともに、ギニアの由緒正しいグリオの家系である。一族からは有名な歌手、木琴奏者が数多く輩出している。グリオは身分であるが、その家に生まれた者すべてがグリオとして生計を立てるわけではない。グリオといえども十人十色、向き不向きがある。言葉を操る才能があるか、歌ったり楽器を演奏したりする音楽的才能があるか、人前で恥ずかしがらずに金や物を要求する根性があるか、など、グリ

歌うグリオ

オに必要とされる資質の有無により、ある者は歴史を語り伝え、ある者は歌い、ある者は楽器を演奏し（ここまではグリオの仕事）、ある者は自動車修理工になり、ある者は美容師になり、ある者は弁護士になる（つまり、グリオ以外の仕事に就く）。逆に、いくらしゃべる才能があっても、あるいは音楽的才能が豊かでも、グリオ以外の者がグリオの役に就くことは許されない。グリオの「血」は父から子へと伝えられるものなのだ。

グリオの家に生を受けたニャマが選んだのはダンスであった。幼い頃からダンスに抜群の才能を示し、祭りで踊るその姿は群を抜いていた。生まれ故郷のギニアからアビジャンに移住したのちにはプロのダンサーとしてマンデの結婚式などで踊るようになり、いつしかアビジャンのマンデ社会（「ジュラ」社会）におけるナンバーワン・ダンサーとして知られるようになっていった。私と出会った当時、彼女はアビジャンでもっとも有名な女性グリオと行動をともにし、この女性グリオが招かれた祭りで踊っていた。

さて、こうした祭りに私がやってくると、とにかく目立った。たったひとりの「白人」である（アフリカではアジア人も白人に分類される）。だがけっして嫌がられることはなく、むしろ喜ばれた。問題はグリオである。彼女（あるいは彼）がかならず私の目の前にきて、大声で歌うのだ。なにを言っているのかわからないが、「スズキー」という私の名前を叫んでいるようである。なにも理解できず、ただただジャパニーズ・スマイルで応える私。すると、「まあ、こんなものか」といった顔をして歌を終える。祭りの参加者たちはというと、「まあ、白人だからしょうがないか」とあきれ顔。いったいなにが起きているのか。そんなある日、ニャマが言った。「スズキ、グリオが名前を歌ったら、お金を渡さなければいけないのよ。」そう、これがマンデ社会の掟《おきて》である。グリオが名前を歌ったら、歌われた人はかならずお金を渡す。なぜ？

マンデ社会において、名前は〈トゴ〉と呼ばれる個人名と、〈ジャム〉と呼ばれる名字から構成される。ニャマ・カンテの場合、ニャマがトゴ、カンテがジャムである。ところで日本と比べると、マンデのジャム、つまり名字の数はじつに少ない（韓国な

グリオにご祝儀を渡す人々

ども限られた数の名字しかないから、日本の名字がおおすぎるのかもしれない)。そして、そのおおくがスンジャタ叙事詩に登場している。たとえば、英雄スンジャタは「ケイタ」、スンジャタの母ソゴロンは「コンデ」、悪者スマオロは「カンテ」、勇将ファコリは「コロマ」、先のあらすじには書かなかったが、スンジャタのグリオ、バラ・ファセケは「クヤテ」である。クヤテはすべてのグリオの始祖として尊敬を集めている。また、最初に登場する兄弟狩人は「トラオレ」だが、実際に野牛を仕留めたのは弟の方で、その際に兄が弟を称《たた》える歌を即興で歌ったところ、弟が「兄よ、もしあなたがグリオであったなら、誰にも負けはしないだろう」と言った言葉の一部が変形して

「ジャバテ」となり、それ以来、兄の子孫はグリオとなって「ジャバテ」姓を名のるようになった。この他にも、あらすじでは紹介しきれなかったエピソードに登場する名字がいくつもある。グリオは祭りの出席者を誉《ほ》める歌を歌う。その人の人格、社会的地位、財力などについて、即興の歌によって誉めまくるのだ。これを「誉め歌」と呼ぶことにしよう。誉め歌が歌われる際に、その焦点はジャム（名字）に当てられる。さて、自分のジャムがスンジャタ叙事詩に登場するのであれば、自分の祖先がそこで活躍していた、ということになる。つまり誉められた個人は、ジャムを通してマンデ文化の中核ともいえるスンジャタ叙事詩とつながることになるのだ。グリオは巧みな言葉と歌により、スンジャタ叙事詩の登場人物と目の前にいる個人とを結びつけ、マリ帝国の栄光のなかにその者を位置づける。グリオの誉め歌を通して、ある者はスンジャタの子孫として、ある者はソゴロンの子孫として、みずからのアイデンティティを確認するのだ。その際、名を歌われた者は、自分がグリオの誉め歌を受けるに値する価値があることを示すため、気前よくお金を（あるいは他の財を）差しださねばならない。もしそれができなければ、その者は誉め歌にふさわしくない輩《やから》であり、ジャムを通したスンジャタ叙事詩とのつながりを人前で示すに値しない者となってしまう。これはマンデの人々にとって、もっとも恥ずべきこととされる。

ジャムが同じだからといって、本当にその人がスンジャタ叙事詩の登場人物の子孫であるわけではない。たしかにスンジャタ直系の家系は存在するが、七五〇年以上にわたる系譜を実際にたどれるわけがない。グリオによる誉め歌は、あくまでもマンデの人々がジャムを通してみずからのアイデンティティを再確認する儀礼的行為であると理解すべきだろう。

ところで、ニャマのジャムはカンテ、つまり彼女はスマオロ・カンテの子孫となる。スマオロといえばスンジャタに退治された悪者ではないか。しかし不思議なことに、マンデ社会においてスマオロは嫌われ者ではない。むしろ、スンジャタを苦しめた猛《も》者《さ》、あるいは呪術を自由に操る強者《つわもの》として尊敬されている。その子孫であるカンテはニャマカラに属し、ヌム（鍛冶屋）の家系とされる。昔から世界各地において、硬い鉄をつくりだす鍛冶屋は超自然的な力をもつ者として特別視されてきた。呪術師スマオロの子孫にはぴったりではないか。さらに、スマオロが魔法の木琴を弾きこなしていたことも忘れてはならない。そこから、カンテにはジェリ（グリオ）の家系も存在するようになった。ニャマはこちらの家系に属している。

さて、グリオの誉め歌の意味を理解した私は、祭りで誉められた際にお金を渡すようになった。グリオが目の前でひとしきり誉め歌を歌うと、私はおもむろに立ちあがり、札を一枚一枚もったいぶった態度で渡してゆく。するとグリオの歌声によりいっそうの熱気がこもり、会場からおおきな歓声があがる。たしかにこれは快感である。

懐は寂しくなるが、虚栄心は満たされる。ところでスズキという名字はスンジャタ叙事詩には登場しないが、いいのだろうか。どうやらなにごとにも例外は存在するようだ。マンデのジャムの存在を前提とする誉め歌であるが、グリオたちは即興の才でもって遠い極東の国からきた肌の白い異国人を言葉巧みに誉めたたえ、その手から大量の札束をむしりとるのであった。

〈1〉文化人類学の歴史のなかで、国民性が組織的かつ大々的に研究されたことがあった。第二次世界大戦中のアメリカにおいて、戦争遂行上の目的から敵国の国民性を、また味方の協力体制をスムーズにつくりあげるために同盟国およびアメリカ人自身の国民性を、文化人類学者が調査していったのである。政府後援のもと、コロンビア大学に国際関係研究所がつくられ、当時著名だった人類学者ベネディクトをリーダーとするグループが国民性研究に従事した。

その成果としてもっとも有名なのが、ベネディクトが日本の国民性について書いた民族誌『菊と刀』(一九六七年、現代教養文庫)である。民族誌といっても、当時敵国であった日本においてフィールドワークをすることができなかったので、日本に関するさまざまな文献や映像を活用するとともに、アメリカに住んでいる日本人移民への調査をおこなうことで資料を収集していった。その不十分な研究手続きと分析方法に対する批判はおおいものの、本書は日本人の目から見てもよく書けている日本文化論である。戦時中に調査がはじまり、戦後すぐの一九四六年に出版された本なので、そこに描かれているのは、今となっては古きよき時代の日本人の精神であり、なんとなく懐かしくなるような内容となっている。「菊」と「刀」は、日本人の「おとなしい／喧嘩好き」、「耽美《たんび》的／軍国主義的」、「礼儀正しい／不遜《ふそん》」、「臆病《おくびょう》／勇敢」、「あたらしもの好き／保守的」といった両極端な性格を象徴しており、これをタイトルに選んだという事実は、ひとつの国民のなかにこうした気質が同居することがアメリカ人の目にいかに「矛盾」に満ちたものとして映っているかを表している。

〈2〉

アフリカにおいて、なんと太鼓で歴史を伝える人々がいる。コートジボワールの北に位置するブルキナファソのモシ族である。この地では一五世紀後半頃からモシ諸王国が成立し、国民国家に組みこまれた現在でも各王国の王が存在している。これら王朝の系譜を、ベンダと呼ばれる専門の楽師がベンドレという大型のヒョウタンに革を張った太鼓の音によって伝承しているという。

モシ族については著名な人類学者である川田順造がはやくから詳細な調査をおこなっている。代表作『無文字社会の歴史』（一九七六年、岩波書店）はモシ族の事例を中心とした無文字社会の歴史についての論考で、初学者には少々難しいかもしれないが、第二章に笑えるエピソードが書かれている。著者が調査をはじめたばかりの頃、宮廷においてベンダが王の系譜を朗唱するというので録音にでかけた。すると太鼓をたたきはじめたので前奏かと思って録音しなかったところ、四〇分ほどすると太鼓演奏が終了し、ベンダたちは帰ってしまった。ひとりとり残された著者は、そこではじめて、モシ族においては声ではなく太鼓の音だけで歴代の王の系譜とそれぞれの王への賛美を表す、ということを知ったという。

川田には、他にアフリカ、日本、ヨーロッパの豊富な事例を通して声の文化の諸相を考察した学術的エッセイ『聲』（一九八八年、筑摩書房）、音、声、語りについての論考を集めた論集で、モシ族の事例を中心としながら、日本の落語などもとりあげている『口頭伝承論』（一九九二年、河出書房新社）などおおくの著作があるが、初心者向けとしては、西アフリカのサバンナ地域の歴史を物語風に描いた『サバンナの手帖』（一九八一年、新潮選書）と、調査時の体験を動植物、食べ物、道具や技術に焦点を当ててつづった『サバンナの博物誌』（一九七九年、新潮選書）がいいだろう。どちらにも、著者の奥様による魅力的な挿画が多数添えられている。

〈3〉文化人類学は人間を総合的に理解することを目的とする、というのがいちおうの建前であるが、人類の多様性、文化の複雑さを目の当たりにして、この建前は有名無実化している。人類学者も生身の人間であるから、ひとりですべてを調査・分析できるわけもなく、各人が得意の領域で活躍する、別の言い方をすれば、専門分野に閉じこもることになる。このことを反映して、文化人類学は宗教人類学、都市人類学、生態人類学などに枝分かれする傾向にある。そんななか、音楽を中心に据えているのが音楽人類学である。これは音楽学のように音楽そのものの研究を目的とするのではなく、音楽を通して社会や文化を理解しよう、というものである。

幸いにもこの分野では、メリアム『音楽人類学』(一九八〇年、音楽之友社)とブラッキング『人間の音楽性』(一九七八年、岩波現代選書)という古典ともいえる二冊が邦訳されている。一九六四年に出版された前者は音楽人類学という言葉をはじめてタイトルに使用したもので、事実上メリアムがこの分野を認知させたといえる。後者はアフリカ南部に居住するヴェンダ族の音楽に関するフィールドデータに基づいて、音楽と社会・文化の関係について考察したもの。この二冊は、いわば音楽人類学創成期を代表する著作であるが、その後、この分野も発展・定着し、研究者も増えてきた。そんななかから有名な一冊が、これまた幸いにも邦訳されている。パプア・ニューギニアのカルリ社会を事例にした音の民族誌、フェルド『鳥になった少年』(一九八八年、平凡社)である。音楽に興味のある人はこれらの本にアタックしてみてもいいが、あくまでも学術書であり、難しい言葉を使った理論的考察がおおくの部分を占めるので、かなりの確率でガッカリすることだろう。

文章に「ノリ」を求めたい人には、むしろターンブル『森の民』(一九七六年、筑摩書房)をおすすめしたい。形式的にはベルギー領コンゴ(現コンゴ民主共和国)の森に住むピグミーについての民族誌ということになっているが、実質的にはピグミーに「恋した」人類学者ターンブルが、彼らと過ごした体験を愛情たっぷりにつづった民族誌風ルポである。このなかで著者が体験したピグミーの音楽やダンスが臨場感あふれる文体で描かれており、理論が苦手な音楽好きにもきっと満足してもらえるだろう。他にわかりやすい本としては、私自身がアビジャンのストリート音楽について書いた『ストリートの歌』（二〇〇〇年、世界思想社）、日本人の音楽人類学者である塚田健一がフィールドワークでの体験をもとにアフリカ音楽の諸相を紹介した『アフリカの音の世界』（二〇〇〇年、新書館）がある。塚田は「音楽学」的素養を本格的に身につけたアフリカ音楽研究者で、より詳細な民族誌『アフリカ音楽学の挑戦』（二〇一四年、世界思想社）を出版している。またガーナの有名な音楽学者ンケティアの『アフリカ音楽』（一九八九年、晶文社）はアフリカ音楽の特徴を音楽学的に整理して紹介したものだが、抽象的な理論に走ることなく具体例を並べるというスタイルのため、興味さえあれば一般人でもストレスなく読みすすめることができるだろう。なお、音楽人類学と似ている学問に民族音楽学があるが、両者の違いを知るには根岸一美・三浦信一郎（編）『音楽学を学ぶ人のために』（二〇〇四年、世界思想社）のⅢ―1「音楽人類学試論」（櫻井哲男）がわかりやすい。

〈4〉　マンデのグリオについて日本語で書かれた文献としては、成澤玲子『グリオの音楽と文化』（一九九七年、勁草書房）がある。これはグリオに魅せられた音楽評論家である著者が、さまざまな文献、レコードの解説書、来日ミュージシャンへのインタビューを総動員してグリオの音楽と文化を紹介した本。著者は実際にアフリカに行ったことがなく、集めた情報を手探りで整理しながら「がんばっている」感じが伝わってくる。現場感覚がないのが欠点だが、内容豊富でわかりやすい本である。

反対に、現地への綿密な取材をもとに書かれたのが、リー『アフリカン・ロッカーズ』（一九九二年、JICC出版局）。フランスの女性ジャーナリストである著者は私の友人で、この本も私が翻訳している。サリフ・ケイタ、モリ・カンテ、ベンベヤ・ジャズ、アルファ・ブロンディなど、マンデのポピュラー音楽をとりあげたルポルタージュだが、グリオの文化についてもくわしく紹介している。

いわゆる学術分野においてはまとまった著作は出版されていないが、論文としては川田順造（編）『ニジェール川大湾曲部の自然と文化』（一九九七年、東京大学出版会）の「13　白人のためのタリク──あるマンデ口承史の終り」（中村雄祐）の前半部分でマンデのグリオについての簡潔な説明を読むことができる。

〈5〉　ニアヌ&シュレンカー（編）『アフリカ昔話叢書　マンディングとテムネの昔話』（一九八三年、同朋舎出版）のなかで、ギニアの歴史家ニアヌがフランス語で書いた有名なスンジャタ叙事詩が邦訳されており、文学作品にかたちを変えたグリオの叙事詩に触れることができる。

第四章

時代は変わる
——国家の内と外

ニャマの父（左）とホロヤ・バンドの元メンバー

一　国家のなかで――ナショナリズム

ニャマは語る（その1）[1]

――みなさん、はじめまして。私がニャマです。うちの夫がお世話になってます。ここですこし、私の生いたちについてしゃべりたいんだけど、いいかしら。

私が生まれたのは一九七四年のこと。場所はギニアの北東部にあるカンカンっていう街。カンカンは首都コナクリに次ぐ街だから、日本でいえば大阪みたいなものかしら。ギニアのマンデのなかでは最大の街よ。マンデについてはうちの夫が説明してくれたと思うけど、私たちはとっても誇り高き民なの。古くからイスラム教徒だし、商売の才能もあるし、なんといってもマリ帝国の末裔《まつえい》なんだから。

私はグリオ。パパもママもグリオ。パパの名前はカマン・カンテ。カンカンから自動車で一時間くらい南にいったところにあるトクヌの出身。マンデの地にはどこにいってもグリオが大勢いるけど、パパはトクヌにいるカンテ一族のグリオなの。スマオロ・カンテの末裔ね。ママはカンカンのジャバテ一族のグリオで、名前はサラン・ジャバテ。カンカンにはたくさんのグリオの一族がいるけど、このジャバテ一族はそのなかでも一、二を争う名門なの。

パパは若い頃からカンカンにきて、ママのお父さん、つまり私のおじいちゃんのところに入りびたっていたそうよ。おじいちゃん（母方祖父）の名前はシディ・ママディ・ジャバテ。バラフォン（マンデの木琴）の名手で、その腕はギニアで一番といわれていたわ。有名なグリオだったおじいちゃんのもとには大勢の若いグリオが集まってきたけど、パパもそのひとりだったのね。パパはとっても気に入られて、あるときおじいちゃんから、自分の娘をひとり嫁にやるから、好きなのを選べ、っていわれたの。そこでママを選んだってわけ。当時、ママはカンカンではいい女でとおっていたそうよ。普通、結婚するときは男の人がお金や服や家畜なんかを差しだすんだけど、おじいちゃんはなにも要求しなかったわ。

ふたりはおじいちゃんの家に住んで、やがて男の子を出産。私の兄ね。名前はアビブ。これはパパのお父さん（父方祖父）の名前をもらったの。マンデでは日本みたいにたくさん名前はなくて、家族の誰かの名前をもらうのが一般的。すると、名前を通しておじいちゃんと孫のあいだに特別な絆《きずな》ができるでしょ。なんといっても、大切なのは人間どうしのつながりよね。さて、次に生まれたのが私。ニャマ・カンテは私のおばあちゃんの名前だけど、これにはちょっと説明が必要ね。私たちイスラム教徒は一夫多妻なの。いちおう四人まで許されてるけど、ちゃんと夫が奥さんたちを平等に扱えば、という条件つきよ。だから実際に四人もらう人は、よっぽどの金持ちか、あるいはたんなる無責任な好色オヤジか、ってところになるわね。で、敬虔《けいけん》なイスラム教徒だったおじいちゃん（母方祖父）は三人の奥さんをもらったの。私のママはその第二夫人の長女。第三夫人がとても歌のうまい人で、おじいちゃんのバラフォンにあわせて歌う彼女のすばらしさは、今では伝説と化しているわ。彼女の名前がニャマ・カンテ。そう、私はこの偉大なるおばあちゃんの名前をもらったっていうわけ。その後、妹が三人、弟がひとり生まれたけど、いちばん上の妹は残念ながら病気で死んでしまったわ。でも他の三人はみな元気よ。

おじいちゃんはとっても優しくて、私をよく膝《ひざ》の上に乗せてくれたわ。困っている人がいると、お金でも食べ物でもどんどんあげちゃうの。ときどき自分たちの分まであげてしまうんで家族一同困ってしまうんだけど、そんなときは「なに、神様が手を差しのべてくださる」って涼しい顔をしていうの。するとタイミングよく、誰かがお金や食べ物を持って現れたりするからビックリ。グリオはいろんなところでしゃべったり演奏したりするから、その恩恵を受けた人がお礼を持ってきてくれることがあるの。

　私たちが住んでいた場所は〈シディドゥ〉って呼ばれているけど、これはマンデ語で「シディの地」という意味。おじいちゃんのお父さん、つまり私の曾《ひい》おじいさんがシディ・ジャバテという名で、この人がまたおじいちゃんに輪をかけて偉大なグリオだったそうなの。シディとその一族が居住する地、という意味でシディドゥと呼ばれるようになったのね。カンカンのシディドゥっていえば、今でもギニアにおけるトップクラスのグリオの家として知られてるわ。私たちはこの曾おじいちゃんを、「私の祖父、祖先」を意味する「ンベンバ」をつけて、ンベンバ・シディって呼んでいるの。

ンベンバ・シディ（左）とシディ・ママディ（写真提供：シディドゥ一族）

　ンベンバ・シディも例によって一夫多妻だったけど、その三人目の妻の長男がおじいちゃんのシディ・ママディ。そして次男はシディ・カラモ、三男はシディ・ムサで、この三人は「シディドゥの三兄弟」って呼ばれていたの。三人ともすばらしいバラフォン奏者で、ンベンバ・シディの後継者と見なされていたわけ。長男は最高のバラフォン独奏者、次男は優秀な作曲家、三男は言葉の達人としてギニア中に名を轟《とどろ》かせていたけど、ンベンバ・シディはこの三人の才能をすべて合わせもっていたっていうから、開いた口がふさがらないわ。

昔の人はすごかったわね。

ンベンバ・シディと「三兄弟」が活躍したのは植民地時代のこと。ギニアがフランスに植民地化されたのはいつかしら。えっ、一八九五年。うちの夫がそういっているわ。私はあんまり数字を覚えるのが得意じゃないの。面倒くさいでしょ。それでギニアが独立するまではマンデの結婚式やお祭りでバラフォンを演奏して、シディドゥの女グリオたちが歌っていたの。一九三〇年代には三兄弟が〈ママヤ〉っていう名のリズムをつくりだして、このリズムにあわせて歌って踊るのがカンカンの若者のあいだで流行したそうよ。みんなで輪になって、すごくエレガントな踊りをするの。私たちはダンスが大好きだから、ことあるごとに集まって踊っているわ。ジェンベにあわせて、あるいはバラフォンにあわせて踊るのって、それはもう、最高の気分よ。

ギニアの独立は、えーと……そう、一九五八年。ンベンバ・シディはその直後に亡くなったの。偉大な時代の終わりね。でもそれはあたらしい時代のはじまりでもあったわけ。私たちはマンデの民。ギニアではマニンカ族って呼ばれているわ。ところが独立したら、今度はみんながギニア人になっちゃったの。お隣のフルベ族も、コナクリの方に住んでいるスス族も、森のなかに住むゲルゼ族も、他のいろんな人々も、全部同じだっていうのよ。本当は違うのにねえ。

シディドゥの三兄弟（前列左からシディ・ママディ、シディ・カラモ、シディ・ムサ。後列はシディドゥの女性グリオたち）（写真撮影：Gilbert Rouget）

独立からしばらくすると、首都のコナクリから役人がやってきて、すべての優秀なグリオを集めてカンカン伝統音楽合奏団をつくるように通達してきたの。みんなで協力して演奏して、新生ギニアを、セク・トゥレ大統領を称《たた》えてくれって。人を誉《ほ》めたたえるのは、グリオの得意技だものね。でもグリオはおたがいにライバルだから、親《しん》戚《せき》筋だったり気のあった仲間じゃないといっしょに演奏しないの。それなのにカンカン中のグリオを集めて合奏させるなんて、国家の力ってたいしたものよね。そこでシディドゥの三兄弟はリーダー格として活躍して、とくにおじいちゃんのシディ・ママディはバラフォンの独奏者として、弟のシディ・カラモは作曲・編曲者として、なくてはならない存在だったの。彼らの妻や娘も歌と踊りで参加して、もちろん私のママも大活躍よ。ママの古きよき時代ね。

もうひとつ、やっぱり中央からの通達で、カンカンにポピュラー音楽のバンドをつくることになったの。伝統音楽合奏団ではバラフォン、コラ（大型ヒョウタンのボディに長い竿《さお》をとりつけ、二一弦を張った独特の弦楽器）、ンゴニ（三味線のような弦楽器で、バンジョーの祖先ともいわれる）なんかの、いわゆるグリオの楽器を演奏するんだけど、バンドの場合はモダンなエレキ楽器なの。それとコンガやボンゴのようなラテン・パーカッション。パパやママの青春時代に流行《はや》っていたのはキューバ音楽で、ルンバとかチャチャチャなんかを踊ってたみたい。アフリカのサバンナの田舎町で、月明かりのもと、男女が手を組みながらルンバを踊るなんて、ちょっと素敵じゃない。独立後の若者たちは、みなバンドに夢中。で、カンカンで最初に結成されたバンドが〈ホロヤ・バンド〉、そのベースを弾いていたのが私のパパなの。当時、国民芸術文化祭っていうのがあって、各地のバンドが参加して最優秀バンドを決めるんだけど、ホロヤ・バンドはそこで何度も優勝して、最終的には首都のコナクリに本拠地を移すことになったの。もちろん私たち家族もコナクリに移って、セク・トゥレ大統領のお膝元で暮らすようになったわけ。——

ギニアの国家建設

一九六〇年を「アフリカの年」と呼んでいる。この年にアフリカで一七ヵ国が独立を果たしたからだ。一九世紀に奴隷貿易を廃止したヨーロッパ諸国は、それといれかわるようにしてアフリカを植民地化し、今度は直接的にアフリカを搾りあげはじめた。それから一世紀近くにわたって搾取されてきたアフリカの人々が「ノー」と叫びながら独立運動を展開し、一九五〇年代になってまずは北アフリカの国々から独立がはじまった。「ブラック・アフリカ」のなかで最初に独立を勝ちとったのはガーナで、一九五七年のこと。翌五八年にギニアが独立。その二年後の六〇年に一七ヵ国が独立した。一九六〇年以降も次々と独立国が増え、二〇二三年現在で大陸および周辺の島々を含む「アフリカ」には五五の国と地域が存在する。

第二章で述べたように、アフリカの国々は多民族国家である。それはひとつの箱のなかに色とりどりの粘土が詰まっているようなものである。美術作品なら、「まあ、きれいでカワイイわね」ということになるが、国家の場合はそうはいかない。粘土を混ぜあわせて、あらたに一色に染まった粘土をつくりあげる必要がある。このあたらしい粘土が国民である。

現代の世界はヨーロッパ型の国家システムを採用している(このシステムがどのようにしてヨーロッパで形成されたか、なぜこのシステムが世界に広がっていったか、については、文化人類学というよりも政治学あるいは歴史学の問題なので、各自がんばって勉強してください)。つまり、国境で囲まれた領土があり、そこに暮らす国民がいて、彼らを統治するための権力機構(政府、警察、軍など)がある。そこでは、ひとつの国家を構成する国民はなるべく似た者どうしなのがよいとされる。アフリカのように異なる民族が入り乱れていたのでは、まとまるものもまとまらない。粘土を混ぜあわせて、単一の色を見つけなければ。このように、「ひとつの国家」に「ひとつの国民」の存在を想定する国家を国民国家という。英語で「ネイション nation」というと「国民」と「国民国家」の双方を指し、国家を単一の国民で統一しようとする思想や運動を

「ナショナリズム nationalism」と呼ぶ〈2〉。独立後、各国政府はいかにして異なる諸民族を国民としてまとめあげるかに頭を悩ませた。そんななか、ギニアのセク・トゥレ大統領がたいへんユニークな政策を思いついた。

ギニアは「ブラック・アフリカ」のフランス植民地のなかで、いちはやく独立を果たした。独立運動をリードしていったのは、植民地時代に高等教育を受けたエリートたち。「隷属のなかの豊かさよりも、貧困のなかの自由を」と叫びながら、一九五八年に独立したギニア共和国の大統領となったセク・トゥレは、エリート指導者のなかでも過激なことで知られていた。その彼が国家建設（これをカタカナ日本語で、ネイションビルディングという）のためにとった手法も、また過激であった。

領土。これは植民地時代の国境をそのまま引き継がざるをえなかった。

権力機構。できたてホヤホヤの国家に、民主主義などありえない。本来バラバラな民族の寄せ集めなのだから、律儀にみなの意見など聞いていたら国までがバラバラになってしまう。ここはひとつ強硬手段として独裁体制をしくに限る。すべての権力を大統領に集中し、たてつく者は容赦なく粛清する。社会主義体制をとって、密告を奨励し、裏切り者は人民の名において公開で処刑する。最初はおそらく国家を機能的に統治する目的であった独裁体制が、やがて権力の独占そのものを目的としながら人々を苦しめていったのは言うまでもない。

国民。ギニア共和国にはギニア国民と、すべての国民に共有される国民文化が必要だ。でもつい昨日まで異なる民族に属してきた人々を、どうやってひとつにまとめられるか。彼らのほとんどは字も読めないではないか。学校をつくって文字を使った教育を普及させるとしても、とても間に合いそうにない。歌って踊ってばかりいる彼らに、どうやってギニア国民としての自覚を植えつけたらいいのか。いや、待てよ。歌と踊りを使えばいいのか。音楽によるコミュニケーションなら、彼らの得意技ではないか。そのコミュニケーションの輪を、民族の垣根を越えたレベル、つまり国家のレベルでつくりあげ、そこに政治的なメッセージを流してやれば、ギニア人としての意識が生まれ、あたらしいギニア国民が誕生するはずだ。ナイス・アイデア。こうしてセク・トゥレ大統領主導のもと、ギニアの文化政策が次のような手順を踏んではじまった。

(1)柱となる三つの音楽ジャンルの形成。ひとつは欧米から輸入したエレキ楽器、ドラムス、ラテン・パーカッションで演奏する「ポピュラー音楽バンド」。もうひとつは、グリオを中心として伝統楽器を使用しながら各地の伝統音楽を演奏する「伝統音楽合奏団」。そして各地の伝統ダンスを太鼓のリズムにあわせて踊る「舞踊団」。

(2)手本となる国立グループの結成。ギニア国内から優秀な歌手、演奏者、踊り手を集め、首都コナクリに三つのジャンルにおける国立グループをひとつずつ結成させる。彼らの地位は国家公務員とし、国から給与・配給を受けると同時に、歌詞や演奏の内容について政府のチェックを受ける。

(3)各県（当時は連邦と呼んだ）に同様のグループを結成させる。ギニア国内では原則として外国音楽が禁止され、各グループは各地の伝統音楽をアレンジして演奏しなければならない。その際、ギニア国民としての自覚を促すような政治的メッセージを盛りこまなければいけない。「ギニア最高！」「大統領バンザイ！」

(4)隔年で「国民芸術文化祭」を開催。トーナメント方式で、地方（県内）↓県↓地域（国内を四地域に分ける）と予選がおこなわれ、勝ち残った四地域の代表と国立グループが首都コナクリで決勝戦に参加する。

(5)優勝チームはラジオ局でレコーディングをおこない、その曲がラジオで流される。その一部はレコード化され、近隣諸国やヨーロッパにも配給される。また、優勝の栄冠に三回輝いたグループは国立へと昇格し、コナクリに活動拠点を移す（前述のホロヤ・バンドはこのケース）。

この政策は大成功を収めた。ギニアに住む全員が国民芸術文化祭に参加し、人々は歌詞を通してギニア国民としての自覚を深めていった。国は貧しく、学校教育も思うようには普及しなかったが、ギニアとセク・トゥレ大統領を称える歌だけは絶えることがなかった。かつて「隷属のなかの豊かさよりも、貧困のなかの自由を」といって独立したギニア。ナショナリズムの実現に邁進《まいしん》したこの国はたしかに貧困のなかにいつづけたが、そのなかで生きる人々はいったいどんな自由を獲得したのだろう〈3〉。

消えた精霊

カンカン。私はこの街が大好きだ。

サバンナの乾いた風が家々のあいだを吹きぬけてゆく。円柱形の泥壁の上に円錐形《えんすいけい》の茅葺《かやぶ》き屋根を載せた伝統的な家屋が、コンクリート製の近代建築に混《こん》じって街のあちこちで見かけられる。女たちの立ち居振る舞いは優雅で、こちらが焦れったくなるくらいゆっくりと歩いてゆく。男たちはみな頑固なくらい誇り高く、カンカンこそはギニアのマンデのなかでもっとも洗練された古都であり、イスラム教の中心地であることを自負してやまない。そんな彼らが敬意を払うグリオの住みか、それがシディドゥである。

私はシディドゥを三度訪ねたことがある。一度目はまだニャマと結婚するまえのこと。ニャマと彼女の母親を連れ、アビジャンから空路でギニアのコナクリにはいり、そこから長距離バスでカンカンに向かった。当時、ニャマの父親がシディドゥに滞在していたが、なんの予告もなくいきなり現れたわれわれを見て、ビックリしたと同時にたいそう満足げな笑顔を見せていたのが今でも思いだされる。このとき私は、近い将来ニャマと結婚したい旨を父親に告げ、快諾されたのだった。

二度目はアビジャンで結婚式を挙げた直後、結婚の報告をすべくニャマと両親、それに妹をひとり連れて空路カンカンをめざした。前回はニャマの「彼氏」だったが、今回は「夫」である。目の前にはたくさんの親戚がいて、大歓迎された。とくに老婆たちが私を「わが夫」と叫びながら追いかけてきたのでビックリしたが、その理由については第七章で解説しよう。

三度目は娘の沙羅を連れ、日本からパリ、コナクリを経由してカンカンにはいった。今回、私は「父親」である。一歳の娘を親戚に紹介し、娘にもシディドゥの地を体験させることが旅の目的だった。彼女の血の四分の一はシディドゥの筋である。この頃のシディドゥは、おおくの者がコナクリ、アビジャン、あるいはパリなどにでてしまっていて閑散としていたが、われわれの滞在によってかつての活気をとり戻したかのようだった。

この滞在は一ヵ月近くにおよんだが、そこで私はンベンバ・シディと三兄弟について、老婆たちからさまざまな話を聞くことができた。当時は三兄弟の寡婦たちの他、ンベンバ・シディの寡婦もひとり残っていた（ンベンバ・シディはギニアの独立直後、三兄弟は八〇年代前半につづけざまに亡くなっている）。ンベンバ・シディがいかにいい男であり優れたグリオであったか、彼の奏でるバラフォンがいかにすばらしいものであったか、彼の才能とカリスマのどの部分が三兄弟の誰に継承されていったか……ときにかつての伴侶《はんりょ》の顔を思い起こして目を潤ませながら、ときに遠い記憶をたぐるために目を細めながら、老婆たちは私の前で思い出話に花を咲かせた。そして、すべての老婆が口をそろえてこう言うのである。「ンベンバ・シディのもとには、精霊たちがやってきた。」

ンベンバ・シディはしばしば夜中にひとり中庭にでて、バラフォンを奏でていた。そんなとき、〈コモクドゥニン〉と呼ばれる精霊たちがバラフォンの音色を聴くために大勢集まってきたという。コモクドゥニンは森に棲《す》む精霊で、幼子のように背が低く髪が長い。その姿はンベンバ・シディにしか見えなかった。寝床で中庭から流れてくるバラフォンの音色を耳にする家族の者は、たしかに精霊の気配を感じたが、けっしてその姿を目にすることはなかった。またンベンバ・シディはバラフォンを持ってひとりきりで森のなかにはいり、しばらくするとすばらしい曲を携えて森から帰ってきたという。その曲が森に棲むコモクドゥニンから授かったものなのか、あるいは精霊たちからインスピレーションを受けて自分自身で作曲したものなのか、家族の者にはわからなかった。精霊の存在について、彼はおおくを語らなかったという。

コモクドゥニンの他、〈ソロ〉と呼ばれる精霊もいた。これは細身で背が高く、空中を飛行しながら移動する。コモクドゥニンのようにたくさんいるのではなく、たったひとりでよくシディドゥの中庭の木に寄りかかっていたという。といっても、その姿はやはりンベンバ・シディにしか見ることはできなかった。だが、ソロが空を飛ぶ際にあげる鋭い鳴き声は、実際におおくの者が耳にしている。さらに不思議な蛇がシディドゥの便所に棲みつき、ンベンバ・シディと神秘的な関係をもっていたという。その内容がどのようなものかはわからないが、ンベンバ・シディと蛇とのあいだに霊的なコミュニケーションが成立していたと考えられている。

「なぜ、精霊や蛇がやってきたのだろう」という私の質問に対し、老婆たちは

バラフォンを演奏するグリオ

口をそろえてこう言った。「それは、彼らがンベンバ・シディのバラフォンが好きだったからじゃよ。彼の奏でるバラフォンの音色は、それはもうウットリするほど素敵なものだったのさ。」ンベンバ・シディの死後、精霊たちは三兄弟に継承されたといわれている。ソロはシディ・ママディに、蛇はシディ・カラモに、大勢いるコモクドゥニンは三人全員に引き継がれた。精霊と蛇は、ギニアで一番と謳《うた》われた三兄弟のバラフォン演奏に酔いしれたことだろう。

ところが、精霊たちがシディドゥを去る日がやってくることになる。セク・トゥレ大統領がナショナリズムを推進した時代、グリオたちの技芸は伝統音楽合奏団のなかで生きつづけた。だが若者たちの心をとらえたのはポピュラー音楽バンドであった。彼らはバラフォンやコラよりもエレキ・ギターやエレキ・ベースを好み、あたらしいギニア・ポップスの創造に熱中した。偉大なる音楽的伝統を受け継ぐグリオの若者たちのおおくはポップスの分野で、歌手として、ギタリストとして活躍したのである。シディドゥにおいても、バラフォンが楽器の中心であったのは三兄弟の世代までで、その子供たちの世代ではギターやベースがそれにとって代わった。おおくの子供たちが最初はバラフォンの手ほどきを受けるのだが、強制はされなかった。またエレキ楽器の普及にともない、結婚式などにおけるグリオの演奏もバンド形式のものが増えていった。気がつくと、シディドゥでバラフォンを受け継ぐ者はひとりもいなくなって

シディドゥのニャマと愛娘《まなむすめ》 沙羅

しまった。そして三兄弟がこの世を去ると同時に、精霊も、蛇も、シディドゥを去ってしまったという。「バラフォンの音色が聞こえなくなったシディドゥに、もう精霊たちはきてくれないのさ。」老婆たちは寂しげにそう結論づけるのであった。

さて、文化人類学の調査において超自然的な言動に出会うことは日常茶飯事である。現地の人々は精霊や悪霊などについて、実在するものとして語る。いっぽう、われわれ人類学者はそれらが実在するとは考えず、現地の人々がどんな宗教観念をもっているのか、それをどう表現しているのか、それが社会的にどのような意味をもっているのか、などについて考察する。文化人類学は、西洋が近代化を果たしたのちに誕生した学問である。近代化とは、すなわち合理化。科学は呪術《じゅじゅつ》を追いだしてすべてを説明しつくそうとする。科学で説明できないことは非合理的というレッテルを貼られ、迷信、蒙昧《もうまい》などと蔑《さげす》んだ名で呼ばれる。文化人類学は西洋的合理性の枠からはみでている民族の文化を扱い、そこに西洋のそれとは違ったかたちではあるが、一貫性をもった論理があることを指摘してきた。たしかにこれは、この学問のポジティヴな功績である。[4]

だが、本当に「存在しない」のだろうか。フィールドワークの最中、現地にドップりとつかり、なんとなく人々と波長が重なりあい、感覚が同調してきたとき、ふと思う。本当に私の五感だけで、この世のすべてを感知できているのだろうか。もしかしたら、私の感覚が鈍っているだけで、それは「存在する」のかもしれない。哀れなのは、「非合理的」な観念をもっている彼らではなく、それを感じとる感覚を失ってしまった私なのかもしれない。文化人類学は現地の超自然的な観念をわれわれの論理的な思考で解釈し、秩序だった言葉で説明しようとするが、それで本当に対象を正しくとらえることができているのだろうか。

シディドゥ滞在中のある夜、私は部屋をでてひとりバルコニーに立っていた。真夜中、外は雨。みな寝静まり、雨音だけが響きわたる。かつてここにンベンバ・シディが、三兄弟がいて、精霊たちと交歓していたという。過ぎ去った日々。いや、もしかしたらまだいるのではないか。暗闇に目を凝らしてみる。中庭の中央におおきなアカシアの木が生えている。あの下か。あるいは奥の井戸のあたりか。反対側の便所の方か。だが、なにも見えない、なにも感じない。あきらめた私はそっと扉を開けて部屋にはいる。ランプの細い火が眠っている妻と娘を照らしだす。シディドゥで生を受けた妻、その血を引く幼い娘。このふたりは精霊の存在を感じとることができるのだろうか。もしかしたら、たった今、夢のなかで精霊たちと戯れているのかもしれない。

二　国家の外で――グローバル化

ニャマは語る（その2）

――みなさん、またお会いしましたね。

先ほどは、私の生まれ故郷の紹介、母方の一族の歴史、私たちの家族が首都のコナクリに移り住むまでの経緯を話したわね。ここでは、そのつづきを話してゆきましょう。

私のパパはホロヤ・バンドのベーシストとして、ダンシング・バーでの定期的な演奏、国家行事での演奏、海外ツアーと、忙しく活動していたの。当時ギニアのポピュラー音楽は、まさに飛ぶ鳥を落とす勢い。近隣諸国の音楽にもおおきな影響を与えていたわ。でも、いつまでたっても生活は楽にならないし、社会主義的な締めつけが息苦しいし、情報統制で外国の文化に触れられないし……結局みんな疲れてきたのね。

独立直後の熱気や希望が失われていって、人々の生活も単調なものとなって、やがて音楽からも勢いが失われていったの。だって音楽は、社会を映しだす鏡でしょ。

その頃、好景気に沸いていたのがお隣のコートジボワール。なんでも、コーヒーとカカオの売りあげが好調で、しかも大統領がフランスと仲よくする政策をとっていたから、首都のアビジャン〈5〉にはお金が溢《あふ》れ、人々は自由な雰囲気を謳歌《おうか》していたの。そんな風だったから、近隣の貧しい国々からたくさんの人々が出稼ぎにきていたのね。そのなかには、ギニアやマリからきたマンデの人々もたくさんいたわ。コートジボワールではなぜか「ジュラ」と呼ばれていたけど。マンデの集まるところ、かならず音楽あり。結婚式や子供の命名式にはグリオの歌が欠かせないし、週末にはみなダンシング・バーに集まってきて、バンドの演奏にあわせて踊りまくるの。だからマンデの移民のなかにはかならずグリオやミュージシャンが混じっているわ。

そんななか、一九七八年にマリの首都バマコから〈アンバサドゥール〉っていうバンドが移り住んできたの。これはバマコの人気バンドで、〈レイル・バンド〉っていうもうひとつの名門バンドと人気を二分していたの。でもマリも貧しい国だから、いくら有名になっても豊かな暮らしはできないのね。だったらみんなでアビジャンに引っ越そう、ということになったわけ。このアンバサドゥールで歌っていたのがサリフ・ケイタ。今ではアフリカを代表するスーパースターになっているわ。そしてバンド・リーダーでありリード・ギタリストだったのがカンテ・マンフィラ。彼はギニア出身で、うちのパパの親戚なの。ちなみに同じ年にレイル・バンドの歌手だったモリ・カンテがアビジャンに移り住んできたけど、彼もやはりギニアのカンテ一族で、うちのパパとは親戚筋になるの。のちに彼らみんながパリに移住して、そこでマンデ音楽の世界的普及に貢献することになるんだけど、その話は別の機会にしましょうね。

アンバサドゥールがアビジャンにきてから一年くらいは、苦労の連続だったそうよ。バマコでは有名でも、アビジャンでは無名の存在。マンデの人々が集まるバーで歌って食いつないでいたらしいわ。やがてヒット曲もでて、有名になり、お金にも不自由しないようになった頃、そう、一九八〇年くらいかしら、カンテ・マンフィラが私のパパをアビジャンに呼びよせたの。当時、ホロヤ・バンドに在籍して優秀なベーシストとして知られていたパパ。カンテ・マンフィラはそれを引き抜いて、アンバサドゥールで演奏させようと思ったのね。その栄光に陰りを見せはじめていたギニアの音楽シーンに身をおいていたパパは、これを機に活気溢れるアビジャンに移り住もうと決心したの。

パパはまずひとりでアビジャンにやってきて、アンバサドゥールをはじめ、他のマンデ系ミュージシャンたちと演奏をはじめたわ。やがて生活のめどが立つようになると、ママを呼びよせたの。ママは生まれたばかりのいちばん下の妹を連れて、アビジ

アビジャンのバーで演奏するニャマの父親（右端）

ャンに旅立っていったわ。私たち子供はというと、それぞれ親戚の家に預けられたの。アフリカの大家族において、実の子でない親戚の子の面倒を見るのは普通のこと。甥《おい》っ子が一銭も持たずにいきなり田舎からやってきて、二、三ヵ月滞在するなんて日常茶飯事よ。なかには田舎に帰らずに、いつのまにか居着いちゃう奴もいたりして。まあ、もちつもたれつっていうことね。もちろん親戚のなかには優しい人も意地悪な人もいるから、運がよければそこの家の子同然に大切にしてもらえるけど、意地悪な家庭に身を寄せるハメになった子供はひどい目にあうわね。私の場合、良いことも悪いこともあったけど、今となってはみな思い出の一部。時の流れって不思議なものね。

さて、私がアビジャンに移り住んだのは一九八二年くらいのこと。まだ七歳か八歳だったかしら。下から二番目の妹の手を引いた私は、ママの妹であるマワおばさんについてカンカンからバスに乗りこんだの。当時、カンカンからアビジャンまでバスで五日間ぐらい。途中でエンストしたりすると、乗客みんなが降りてバスを押さなきゃいけないから大変。私たちは三人連れだったけど、ふたり分のチケットしか買えなかったから、旅のあいだじゅう妹は私の膝の上に座りっぱなし。アビジャンに着いたときには、脚がパンパンに腫《は》れていたわ。

その頃、アンバサドゥールの歌手サリフ・ケイタとリーダーのカンテ・マンフィラとのあいだで仲違《なかたが》いがはじまって、とうとうバンドはふたつに分裂してしまったの。私のパパはもちろんカンテ・マンフィラ側についたんだけど、分裂によってバンドの勢いはなくなっていって、仕事も減っていって、住む家もだんだん貧弱になっていって、下町の奥へ奥へと引っ越しを重ねていって……でも人間は、ご飯を食べて、服を着て、屋根の下で暮らさなければならないでしょう。パパやママの収入が減った分、私たち子供ががんばらなくちゃ。

私はジュラの結婚式やお祭りに出かけていって、踊りまくったわ。もちろん一般の出席者としてではなく、プロの踊り手としてよ。だって私はグリオなんだから。自分で言うのもなんだけど、私のダンスは当時アビジャンのジュラ社会でナンバー・ワンだったから、私が踊ると、とにかく会場が沸いて、みなたくさんのお金をくれるの。マンデではグリオの誉め歌だけじゃなく、ダンスや太鼓にもご祝儀を渡すことになっているから。当時私は〈ジナ・デニン〉、つまり「精霊の子」と呼ばれていたんだけど、まあ、「ミラクル・ガール」みたいなニュアンスかしら。一流のグリオたちと組んで、アビジャンのみならずコートジボワール各地で踊って、たくさんのお金を稼いだわ。ダンスがないときは、ママの知りあいの美容院で髪結いをしてたわ。ダンスだけじゃなくおしゃれにも興味があったから、妹や友達の髪を結ったりエクステンションをつけたりしていたんだけど、その腕がけっこういいんで、家計の足しにするために週に何日か働いてたわけ。

そんな日々を過ごしていたある日のこと、劇団〈コテバ〉があたらしいメンバーを募集中で、その公開オーディションをおこなうというアナウンスがテレビやラジオから流れてきたの。コテバはその高い芸術性、一流のユーモア感覚、そしてなによりもハイレベルのダンスと太鼓演奏で欧米でも高い評価を得ている、西アフリカを代表する超一流ミュージカル劇団。日本でいえば、劇団四季みたいなものかしら。これはチャンスとばかり、私は友達や妹たちと連れだって、オーディションに押しかけたの。私は劇団長のスレイマン・コリィ氏やその後同僚となる先輩ダンサーたちが見つめるなか、長年ジュラの祭りで鍛えあげてきたさまざまなダンスを「獣」のように踊ったわ。舞台の端から端まで飛びまわる私のダンスに圧倒されたスレイマン・コリィは、舞台の上に円を描いて、今度はその円からはみでないように踊ってみろっていうの。でも太鼓が鳴りだすと体が勝手に反応しちゃって、ついつい円からはみでちゃうのね。結局このとき採用されたのは私ひとりで、その後、舞台上で自分の動きをコントロールする技術を学びながら、コテバの主要メンバーとして活躍するようになっていったの。

スズキと出会ったのは、コテバのオーディションを受ける直前だったと思うわ。当時私は週の半分以上は結婚式やお祭りで踊っていたんだけど、ある日のこと、日本人が五、六人見物にきたの。本当は、これが中国人なのか日本人なのかも知らなかったけど。とにかくそのなかでいちばん若くてカッコよかったのがスズキだったの。もちろん、まさか彼とつきあって、結婚することになるなんて、当時一六歳くらいだった私には思いもよらなかったわ。コテバに入団したあとも、私はしばらくお祭りでのダンスをつづけていたの。だって生活費に充てる現金収入が必要でしょ。コテバで練習に参加しても、交通費くらいしかもらえないんだから。ジュラの祭りに出かけるために、病気だとか、親戚に不幸があったとか嘘をついて練習を休んだこともあるわ。その頃、アビジャンでのお祭りにはかならずスズキがきて、おおきなカメラを抱えながらたくさんの写真を撮るの。ときどきスズキがグリオに引っ張りだされて踊らされると、会場は大盛りあがりよ。まあ、踊りは不格好だったけど。やがて、スズキがグリオや太鼓奏者とファミリーのような関係になっていくなかで、私たちのつきあいがはじまるのね。

コテバの方の練習が厳しくなっていって、実際に公演がはじまるようになると、いよいよ二足のわらじを履いている余裕がなくなって、私はジュラの祭りから遠ざかるようになっていったわ。アビジャンでの公演にはよくスズキが写真を撮りにきたけど、

レ・ゴー・ドゥ・コテバのCD（左からニャマ、マテ、アワ）

私たちの仲は完全な秘密。私の家族以外、誰にも知られないようにしたわ。理由？まあ、照れくさかったってことと、口うるさい連中に割りこんできてほしくなかったからかな。コテバは海外公演もおおくて、アフリカ諸国、ヨーロッパ、アメリカ、カナダと旅行することもあったけど、そんなときはしばしのお別れね。

一九九二年頃になると、劇団長のスレイマン・コリィが三人組の女性コーラス・グループの結成を思いついて、私も

メンバーとして選ばれたの。グループの名前は〈レ・ゴー・ドゥ・コテバ Les Go de Koteba〉(以下「レ・ゴー」と表記)。〈ゴー〉というのは英語のガール girl が訛《なま》ったものので、アビジャンのストリートのスラングで「若い女の子」を意味するの。だから「コテバの若い女の子たち」っていうのがグループ名の意味ね。劇団のなかの主要メンバーから選ばれた私たちは、ポップ・グループとしてアルバムをだし、プロモーション・ビデオをテレビで流し、国内・海外公演をおこなって、急速に人気アイドルとなっていったの。スズキにいわせると、「アフリカのキャンディーズ」だそうよ。国際的なフェスティバルにも出演して人気絶頂だったときに、突然発表されたのが私とスズキとの結婚。この結婚式には数千人の人が集まって、当時の芸能ネタのトップ・ニュースとしてたくさんの新聞・雑誌の紙面を飾ったの。この結婚式については、うちの夫がくわしく説明してくれることでしょう。では、私はこの辺で……。——

国境を越えて生きる

「未開」社会を研究することから誕生した文化人類学は、文明から隔絶した社会を静的なものとして描きだしてきた。かつてそうであり、これからもそうであるような停滞した社会。地理的に孤立した共同体。先祖伝来の慣習に縛られて生きる人々。人類学者は彼らと生活をともにし、フィールドワークのあいだに観察し聞き知ったことを整理し、分析し、民族誌として書きつづった。そこからマリノフスキーの『西太平洋の遠洋航海者』やエヴァンス＝プリチャードの『ヌアー族』などの名著が生まれてきたのである。だがこれらの民族誌を読んで、そこに描かれていることが未来永劫《えいごう》ずっとつづくなどと考えてはいけない。時代が変われば社会も変わる。人々の生活も文化も変化してゆく（ベネディクトの『菊と刀』に描かれた日本と、現代の日本とを比べてみよう）。たしかに、かつて文化人類学が生まれたての頃には、比較的孤立して生活を営んでいた共同体がおおかったのであろう。だが現代はグローバル化の時代。変化の時代だ。文化人類学もそれにあわせて研究対象を変え、方法論を開発しなければならない。そこには村を越え、地域を越え、民族の境界を越え、国境を越えて生きる人々の現実がある。

国家があるから国境がある。現代社会においては、個人は原則としてひとつの国家に属し、その国境の内側で生活を営むこととなっている。だが諸々《もろもろ》の事情から、国境を越えて外国で暮らす人々がいる。彼らは外国人、異邦人、異人、「ガイジン」などと呼ばれる。

国家の命を受けて大使館に赴任する外交官、海外支店で最大の利益をあげるべく奮闘するビジネスマン、奨学金を得て、あるいは親のスネをかじって勉強する留学生、バイトで貯めた金を食いつぶしながら気軽な旅をつづける貧乏旅行者、そして、よりよき生活を求めて故国を離れた移民の群れ、群れ、群れ……。

国境を越える人間のなかで、移民はその規模において圧倒的におおきく、世代を超えて継続して定着するケースがおおい。移民の文化はホスト国の文化と接触することで変化し、移民のコミュニティのなかであたらしい文化が誕生する。かつて日本が貧しかった時代、たくさんの日本人が移民として故国を離れていった。ブラジルに、ドミニカに、そしてアメリカに。そこで彼らは生活の基盤を築き、ホスト社会の生活習慣に適応し、同時に日本文化を継承していった。だがそれは世代を経るごとに変化し、日本文化とは異なる「日系文化」となっている。[6]

アフリカでも、おおくの人々が移民として国境を越えて生きている。貧しい祖国を後にして豊かな欧米諸国に移り住むのは、おおくのアフリカ人（とりわけ若者）にとって最大の夢であろう。この「南から北へ」という国際移民の流れは、アフリカのみならず、アジア諸国から日本、メキシコからアメリカなど、世界各地に存在し、移住希望者の数が受けいれ国のキャパシティを大幅に超えることにより、あちこちで不法入国者、不法滞在者の問題を生みだしている。だが彼らを犯罪者として頭ごなしに批判することはつつしもう。合法的な入国を拒否された彼らが、違法者として逮捕される危険を冒してまで国境を越えようとするその気持ちに思いを馳せることが、「思いやり」をもった人間がまずやるべきことではないだろうか。移民を批判するのか、あるいは彼らを受けいれない先進国を批判するのかを決めるのは、それからでも遅くはあるまい。

アフリカではこのような「対先進国」移住の他、「アフリカ間」移住も盛んである。とくに、第二章で説明したようにコートジボワールは近隣諸国からおおくの移民を受けいれてきた。その移住の流れのなかにギニアやマリからより豊かなアビジャンに移り住んだマンデ系移民たちも含まれ、そこにニャマの家族がいたのである。彼らは言語や生活習慣を同じくする村落や地域共同体を離れ、国家の保護と抑圧のおよぶ領土を後にして、異郷の地でその生を営むことを選択したのだ。そんな彼らの生活を「伝統的」な文化人類学の分析枠組みで把握し分析することは不可能である。あらたな状況には、それに対応したあたらしい道具が必要になる。われわれ人類学者にとってもっとも大切な道具は、ペンでも、ノートでも、カメラでもなく、この「分析枠組み」（あるいは分析概念）というものなのだ。

かつて人類学者たちがいわゆる「未開」社会を調査したとき、そこでの人間関係は親族間のつながりによって組織化され、人々の生存は伝統的な生業によって支えられ、彼らの精神にはカミや精霊が息づいていた。その現実をより正確に把握し分析するために、われわれの先達たちは親族、生業、宗教などの領域におけるさまざまな分析枠組みをつくりだし、彼らの後輩である私たちはそれを身につけることで、調査地でなにが起きているのかを容易に理解することが可能となるのである。この社会は父系制なのか母系制なのか、その親族システムが村の家の配置にどう反映しているのか、農作物と祭りがどうつながっているのか、祭りに登場する仮面はどんな精霊なのか、精霊信仰と村の社会組織にはいかなるつながりがあるのか……こうして一般の人々の目にはたんなる風景としか映らない生活場面が、さまざまな「人類学的事実」に満たされた情報源として立ち現れるのだ。

だが、もしこうした分析枠組みが現実の社会変化に対して時代遅れとなってしまったら、文化人類学の社会的意義などなくなってしまうだろう。そんなことはわれわれ人類学者だってちゃんとわかっている。「地上から未開社会が消滅したなら、文化人類学も消えさる運命にある」などと揶揄《やゆ》されないよう、人類学者も絶えざる社会変化に対応すべく努力を重ねているのだ。その結果、あたらしい分析枠組みが次々と編みだされている。[7] ここではそんな「現代的」分析枠組みのなかから、〈エスニシティ〉と〈トランスナショナリズム〉のふたつを紹介することにしよう。

さて、ある村人が都会に引っ越してきたら、彼／彼女の生活様式はどう変化するだろう。自分が今まで当たり前だと思ってきたさまざまなことが、じつは都会では当たり前ではないことに気づくだろう。言葉の訛りを珍しがられ、服のセンスを嘲笑《ちょうしょう》され、人混みのなかで右往左往しながら、田舎の常識が都会の常識ではないことを痛感するに違いない。ただ日本の場合、マスメディアの発達によって中央の情報が地方の津々浦々にゆきわたっているので、そのギャップもたいしたことはない。だがアフリカの場合、事態はもっと深刻になる。

多民族社会アフリカにおいて、地方の常識とはすなわち民族文化である。村はある民族に属し、そこの生活はその民族文化に規定されたものとなるだろう。地方都市においては複数の民族が共存することがおおいが、その共存の仕方は比較的安定していて、それぞれが自分の生活習慣を守りながら、たがいの領域を侵すことなく生きているだろう。だがそこの住民がアビジャンのような大都会に越してきたら、彼／彼女はワンダーランドに迷いこんだアリスのようになってしまうことだろう。そこにいるのは、フランス語を自由に操る都会的に洗練された人々や、地方からやってきて、自分とはまったく違う言葉をしゃべり、生活習慣を異にする人々。まるでハンプティ・ダンプティやトランプの兵隊に出会ったアリスの気分だ。では、アビジャンのアリスたちはどうなってゆくのだろう。

かつて人類学者たちは、地方から都市部にやってきた人々は次第に「都市化」されてゆき、「都市民」になるであろうと考えた。その生活様式は都市的状況にあわせて近代化され、民族的なレベルを脱却して近代的な姿に変貌《へんぼう》してゆく、というのだ。あるいは田舎に帰ったときは民族文化にしたがって行動し、都市に戻ると同時に都市文化に生活を規定される都市民に変身する、と。だがアフリカの諸都市で実際に起きたことは、このような一方向的な変化ではなく、より複雑なものであった。

アフリカの都市には、多かれ少なかれ西洋化された都市文化に染まった都市民がいると同時に、民族文化をより強調し、同郷者どうしのネットワークを強めながら自分たちの独自性を明確にしようとする人々が数多く存在する。アフリカの都市空間では、西洋化=都市化に向かうベクトルと民族化=伝統化に向かうベクトルが絡みあいながら、より複雑な現実が形づくられてゆくのだ。このような現代的な都市空間において生成される「民族性」「民族らしさ」を〈エスニシティ〉と呼ぶのである。

自分と異なる人々に出会った者は、「彼らは誰、私は誰」とつぶやきながら、その心のなかで自分探しの旅にでる。もしその社会が多民族的で、民族的カテゴリーがつねに人々の意識に根を下ろしているのであれば、おおくの者が民族的なものにアイデンティティを求めるであろう。そして「私は～族だ」という意識が強く働き、民族的カテゴリーにしたがって社会関係を形成し、独自の文化を身につけてゆくだろう。

第二章でニャマが状況に応じて複数の民族名称を使いわけていたことを思い返してみよう。ギニアの田舎に帰れば確固とした血縁（親族関係）と地縁（村）でつながった共同体が存在し、「マニンカ」と自称するが、アビジャンでは他民族から「ジュラ」と呼ばれ、その名のもとにそれまで会ったこともなかったコートジボワールやマリのマンデ系諸民族と結びつく。するとジュラとしての人間関係が形成され、ジュラ語と呼ばれるアビジャン訛りのマンデ語をしゃべるようになり、都会的に洗練されたジュラ文化を身につけてゆく。このように民族的カテゴリーに基づいて、いっけん古いようでいて、じつはあたらしい社会関係が結ばれたとき、そのなかで生成される民族文化や民族性もじつはあたらしいのである。それを見かけに惑わされて、「伝統文化の再現」としてかつての分析枠組みだけで理解しようとしたら、都市の現実をとり逃がしてしまう。だがこれらを〈エスニシティ〉というあたらしい用語で把握することで、あらたな分析のまな板に載せることが可能となるのである。

たとえばアメリカの黒人は「アフリカ系」というアイデンティティをもち、その文化や歴史についての独自性を主張しているが、奴隷貿易によってアフリカから現実に引き離された彼らのアフリカ性は、実際にアフリカに住む人々のそれとは異なる。だがこれを現代複合社会におけるエスニシティとしてとらえたなら、「他民族（あるいは人種）との相互作用↓民族的アイデンティティの生成↓独自の文化・歴史意識の共有↓社会・政治レベルにおける集団的独自性の主張」というプロセスはアメリカの黒人の場合もアビジャンのジュラの場合も同様であることが理解されるのだ。〈8〉

もうひとつの「現代的」分析枠組みである〈トランスナショナリズム〉とは、いかなるものであろうか。「トランス trans」とは、英語で「越えて、横切って、貫いて」を意味する接頭辞だ。なにを越えるのか。国境である。つまり〈トランスナショナリズム〉とは「越境するナショナリズム」のことである〈9〉。

われわれ日本人は、ひとりの人間はひとつの国家に属すのであるから、国民としての帰属意識もひとつであるのが普通だ、と思いがちである。だが本当であろうか。人間はそんなに単純な生き物なのであろうか。それはたんに、そういう社会的状況におかれた結果なのではないだろうか。もっと移動性の高い人生を送っている人は、それとは異なる帰属意識をもつのではないだろうか。

ニャマはギニアで生まれ幼年時代を過ごすが、その後はコートジボワールで育った。彼女にとってはアビジャンで過ごした時間の方が人生の大半を占め、そこで人間関係を形成し、文化を身につけてきた。だが同時に自分の国籍はギニアであり、大家族がギニアに住み、幼き日のギニアにおける記憶も鮮明に思いだすことができる。ギニアの親戚が遊びにくることもあれば、音楽の仕事で自分がギニアに出向くこともある。どちらかといえば、より長い時間を過ごし、おおくの友人がいるコートジボワールに精神的な帰属意識をもつが、ギニアがルーツであることを忘れたことはない。彼女は、その心も体も越境している。両国のあいだをまたがる生活世界を築き、同時にふたつの国に帰属意識をもっているのだ。これこそまさにトランスナショナリズムである。国家も国籍も、人類が誕生したあとに生まれたものである（あまりにも当然すぎる指摘か……）。個人がひとつの国家（あるいは民族）に一元的かつ永続的に帰属するなどというのは、たんなる思いこみなのかもしれない。それは近代における国民国家形成にともなう政治的要請によって流布された幻想なのかもしれない。人間の精神とは、本来もっと自由でファジーなのではないだろうか。

現在ニャマは日本に居住し、ある程度まで日本語でコミュニケーションをとり、さらに永住権を保持している。日本の生活になじみ、「もうアフリカでは生活できないわ」などとうそぶいている。彼女のトランスナショナリズムに、ギニア、コートジボワールに次いで日本が加わったわけだ。日本は重国籍を認めていないので、日本国籍をとるためにはギニア国籍を放棄しなければならないが、そんな国の決めた法律とは関係なく、自由な精神は何重もの国籍のあいだを行き来することができるのだ。

パスポートにビザを

パスポート。和名、旅券。政府が、その持ち主が自国民であることを認める証明書。これがないと国境を通過することができない。つまり海外旅行ができないのだ。親戚も友人もいない外国にたったひとりで放りだされたときに頼りになる唯一のものが、自分が日本国民であることを証明してくれるこの小冊子だ。なにかあったとき、このパスポートを持って日本大使館か領事館に駆けこめば、保護してもらえることになっている。

ビザ。和名、査証。旅行先の政府から与えられる入国許可証。クレジットカードのことではない。通例、パスポートの空いたページに必要事項の書きこまれたスタンプを押されるか、シールを貼られる。到着した空港での入国審査の際、係官によってビザの有無がチェックされ、ない者は入国を拒否される。

パスポート、ビザ、それに航空券（エア・チケット）こそ、海外旅行の三種の神器である。これさえそろえば、世界中どこにでもゆける（もちろん、お金は必要だが）。

えっ、ビザってなに？　私そんなもの知らない。そういう声が聞こえてきそうである。たしかに、日本人が欧米やアジアの国々を旅行する際、一定期間内であればビザ取得が免除される。だから、アメリカに観光にいっても、韓国にキムチを食べにいっても、フランスにブランド品を買いにいっても、サイパンにダイビングにいっても、ビザの必要はないのだ。ではなぜビザが免除されるのか。それは日本人が「良い」国民だからである。彼らならわが国に入国しても犯罪に手を染めないし、暴れまわらないし、逆にたくさん土産物を買ってくれてわが国の利益になる。ビザ取得などと面倒くさいことをやらせては、うちにきてくれなくなってしまうではないか。

いっぽう「悪い」国民もいて、彼らにはビザ取得を義務化し、その手続きを煩雑にすることによって入国を困難にする。「悪い」国民とは、一言でいえば貧しい国々の国民で、入国させたが最後、無許可で働いたり、治安を乱したり、自国の文化をもちこんで地元住民とトラブルを起こしそうな人々のことである。ビザとは、こうした自国にとって脅威となる人々の入国を体よく断るための政治的システムなのだ。この「脅威度」は、ビザ申請者が属す国の貧困の度合いと、肌の色の濃度が増すにつれて増大するようである。

私はおおくの国にビザなしで出かけることができる。コートジボワールやギニアにゆくときにはビザが必要だが、日本にある当該国の大使館で申請すればほぼ問題なく取得できる。なんといっても、日本人は「良い」国民なのだから。ところがニャマといっしょに旅行すると、状況は一変する。彼女の国籍はギニアだ。西アフリカの近隣諸国においては協定によりビザは必要ないが、そのエリアを一歩でた瞬間からビザ地獄がはじまる。

結婚後にフランス経由で日本にきたときのこと。アビジャンのフランス大使館でビザ申請の窓口に連なる長蛇の列に並ぶ。コートジボワールにかぎらず、アフリカ諸国には自分の国を見かぎって欧米に脱出しようとする人々が大勢いる。未来の見えない母国にいるよりは、もしかしたらチャンスをつかめる白人の国に行った方がいい。彼らは職員による侮蔑《ぶべつ》的な態度を我慢しながら、祈るような気持ちでビザを申請する。

パリの空港での入国審査。日本国籍の私はほとんど素通りだが、ニャマはかならず足止めをくい、たとえビザがあったとしても、日本までの航空券、パリでのホテル予約証などをチェックされ、果ては私との結婚証明書まで要求される。こうなると、ほとんど嫌がらせである。

パリに数日滞在したのち、いよいよ日本に入国。成田空港では、職員の対応はていねいだ。彼女の場合、私の配偶者の資格でビザをとってあるから、大丈夫。外国人が、日本に入国するのにいちばんてっとりばやい方法は、日本人と結婚すること。次に大学などに留学するか、企業などに就職するのがいい。観光ビザもあるが、旅行者の本国における経済状況がしっかりしていて、なおかつ日本国内に住む知人に招待状を書いてもらわねばならない。はじめて観光にゆく国に、どうして知りあいなどいるだろうか。「悪い」国民にとって、日本はトップレベルの狭き門を誇っているのだ。かつて成田空港の入国審査で、偽のパスポートかビザが見破られて別室に連れてゆかれる東南アジア系旅行者のグループを見たことがある。

日本の冬は寒い。アフリカ人のニャマにとってはつらい季節である。じゃあ、暖かい東南アジアの国にでも出かけようか。私は直行できるが、ニャマにはビザが必要だ。

結局、面倒くさいから沖縄にしよう、ということになる（ちなみに、ニャマは沖縄が大好きである）。

私の兄がグアムで結婚式を挙げるという。日本人にとってグアムは裏庭のようなものだが、ニャマにとってはまたまたビザの問題だ。グアムのビザはアメリカ政府が発給する。朝はやくからアメリカ大使館に並び、やっと順番がまわってきたところで面接官が私に一言。「彼女があなたの配偶者であることをビザに明記しておきます。いっしょに出入国してください。」そこまで人が信用できないのですか、あなたたちは。発給されたビザの期間は、三泊四日の旅程とまったく同じであった。一週間くらいにオマケしてくれてもよさそうなものを。事故にでも遭って滞在期間が延びたら、どうしろというのだろう。

ニャマのビザ問題を通して、私はひとつのことを学んだ。人は肉体をもち、肉体には魂が宿り、心を通して喜びや悲しみを感じる。このレベルにおいてすべての人は平等である。いっぽう現代の世界においてすべての人は原則としてひとつの国家に属すが、すべての国家は平等ではない。富や権力は先進国と呼ばれる一部の国々に偏っている。ビザの問題はこの不平等な上下関係を反映しているのだ。「上」対「上」では、たがいにビザは免除される。「上」から「下」へは、ビザは免除されるか、あっても簡単に取得できる。ところが「下」の人間が「上」の国家に入ろうとすると、ビザの壁が立ちはだかる。「人類」は平等とされるが、国家間の不平等を反映する「諸国民」はけっして平等ではない。

今日も、地球のどこかから、ビザ申請の長い列に並ぶ人々の溜息《ためいき》が聞こえてくる。

〈1〉「二—1　ニャマは語る（その1）」および一三八ページ以下の「二—1　ニャマは語る（その2）」は、著者がニャマ・カンテにインタビューした内容を、一人称で書き記したものである。

〈2〉ナショナリズムは重要なテーマであり、政治学、歴史学、社会学、言語学、文学、哲学など多分野において研究されている。ここではごく簡単な説明にとどめているが、興味のある人は独自にリサーチされたし。ナショナリズム研究の多様性を知るには、大澤真幸（編）『ナショナリズム論の名著50』（二〇〇二年、平凡社）がおすすめ。ナショナリズムに関する研究書を五〇冊ピックアップし、その分野の専門家が内容を批判的に紹介しているとても便利な本である。内容は文字どおり百花繚乱《りょうらん》。それぞれの著作が異なるナショナリズム観を示しているため、読むほどにナショナリズム研究の迷路に迷いこんでいってしまうことだろう。

理論的考察はともあれ、アフリカの多民族国家のなかで具体的になにが起きているかを知りたい人は、アフリカにおける民族的事象を国家との関わりから研究した文化人類学の論集、和田正平（編）『現代アフリカの民族関係』（二〇〇一年、明石書店）を参照されたい。一九九四年四月から一九九八年三月までおこなわれた国立民族学博物館の共同研究「独立後のアフリカにおける国家政治と民族関係の総合的研究――共存の伝統とネオ・エスノセントリズムの関係」の成果をまとめたもので、民族紛争から民族の共存やあたらしい文化の生成にいたるまで、一五ヵ国にわたる事例が二一の論文に収められている。また飯島茂（編）『せめぎあう「民族」と国家』（一九九三年、アカデミア出版会）には、アジア諸国の事例を中心に、アフリカ、カナダ、日本を含め、各地域における国家と民族をテーマとした人類学的考察が収められている。

さて、人類学者が特定の民族を調査して民族誌を書くことは第一章で説明したが、今日のアフリカにおいて国家を対象にして「国家誌」を書くことを提唱しているのが小川了『可能性としての国家誌』（一九九八年、世界思想社）である。独立当初はヨーロッパからの借り物であった国家という枠組みも、独立後四〇年近くを経るなかで独自性をもつにいたったとして、セネガルを例に国家という枠組みにあわせて人々がどのように生きているかを、宗教と経済活動に焦点をあわせて記述している。

〈3〉ギニアにおけるセク・トゥレの文化政策については、リー『アフリカン・ロッカーズ』（一九九二年、JICC出版局）がくわしい。著者は現地への取材をもとに第四章から第七章までの四章を割いて、セク・トゥレ時代のギニア音楽についてライブ感覚豊かにレポートしている。また池谷和信・佐藤廉也・武内進一（編）『朝倉世界地理講座　大地と人間の物語11　アフリカⅠ』（二〇〇七年、朝倉書店）の「7―3　ギニアの国家建設」（鈴木裕之）で、私が本節の内容をさらにくわしく紹介している。

〈4〉　宗教研究は親族研究と並んで文化人類学における最大関心事のひとつであった。その証拠といってはなんだが、進化論人類学の二冊の古典、フレーザーの『金枝篇』とモーガンの『古代社会』は、それぞれ宗教と親族関係を扱っている。宗教人類学と呼ばれることもおおいこの分野だが、アフリカに関しては超有名な二冊の古典が翻訳されている。イギリスの人類学者、エヴァンス＝プリチャードの書いた『アザンデ人の世界』（二〇〇一年、みすず書房）と『ヌアー族の宗教』（一九八二年、岩波書店）である。エヴァンス＝プリチャードは一九二〇年代後半にスーダンのアザンデ族のもとで、三〇年代初めから半ばにかけて同じくスーダンの牧畜民ヌエル族（ヌアー族よりも、こちらの方が本当の発音に近いそうだ）のもとでフィールドワークをおこない、数々の論文を発表している。『アザンデ人の世界』は彼らの宗教に焦点を当てた民族誌だが、その中身は妖術《ようじゅつ》・呪術信仰の記述と分析である。とてつもなく分厚い本だが、具体的な事例と抽象的すぎない分析が明晰《めいせき》な文体でつづられており、根気さえあれば読破できるだろう。ヌエル族については「三部作」と呼ばれる民族誌を発表しているが、すべて翻訳されている。社会組織を扱った『ヌアー族』（一九七八年、岩波書店）、宗教を扱った『ヌアー族の宗教』、婚姻制度を扱った『ヌアー族の親族と結婚』（一九八五年、岩波書店）だ。どれも函《はこ》入りだが、表紙は上品な肌色で、手触りも柔らかく、スベスベしていて気持ちいい。この三部作は残念ながらすべて絶版だが、民族誌の「鑑」と称される傑作なので古本屋で見つけたら即買いである（『ヌアー族』と『ヌアー族の宗教』は平凡社ライブラリーから再版されたが、その手触りにおいては岩波版の足元にも及ばない）。

だが、さすがにこれら本格的な民族誌は初心者にはいささか敷居が高すぎるだろう。そこでおすすめしたいのは、上田紀行『スリランカの悪魔祓い』（一九九〇年、徳間書店）である。スリランカで悪魔祓《ばら》いの調査をした若き人類学者が、その現場にいたるまでの苦労話、儀式の過程などを、みずからの喜怒哀楽も含め、平易かつヴィヴィッドな文体で記述している。本の後半では心理療法分野での成果を援用しながら悪魔とはなにかをあきらかにしてゆくのだが、その「正体」については読んでからのお楽しみ。

もうひとつのおすすめは、小説との「併せ読み」というテクニックである。たとえば中島らも『ガダラの豚』（一九九三年、実業之日本社）は、アフリカ呪術研究の権威でありアルコール依存症でもある日本人の大学教授を主人公にした一種の推理サスペンス冒険活劇だが、そのなかでアフリカの呪術が重要な役割を果たしている。そしてそのネタ本として活用されたのが長島信弘『テソ民族誌』（一九七二年、中公新書）および『死と病いの民族誌』（一九八七年、岩波書店）だ。前者はウガンダのテソ族の呪術を中心とした世界観について一般読者向けに書かれたもの、後者は同様のテーマについてくわしい調査データを提示しながら分析した本格的学術書である。小説でアフリカの呪術に興味が湧いたところで学術書を読めば、初心者にとって多少は退屈な文章にも集中できるし（長島先生、ごめんなさい）、また小説の理解度もアップすることだろう。けっしてその逆の順序で読まないように。なお長島氏は『ガダラの豚』が文庫化された際に、短いが楽しくてためになる解説を寄せている。

日本を舞台としたものでは坂東眞砂子『狗神』（一九九三年、角川書店）がある。日本には古くからイヌガミ憑《つ》きの信仰があるが、高知でイヌガミ筋とされる一族のある中年女性の身に起きた怪奇現象を描いたこの小説は、天海祐希主演で映画化もされている。これとセットで読んでほしいのは吉田禎吾『日本の憑きもの』（一九七二年、中公新書）だ。キツネ、イヌガミ、オサキなど日本各地に存在する憑きものについてさまざまな事例を紹介し、社会組織との関係から分析したもの。イヌガミというキーワードを介して、小説家のファンタジー志向と人類学者の実証志向とを比べてみるとおもしろい。なお、吉田禎吾先生は私の大学院修士課程の指導教官で、いわゆる恩師である。

〈5〉アビジャンは植民地時代の一九三四年七月一日にフランス領コートジボワールの首都となり、一九六〇年八月七日の独立を経て、一九八三年三月二一日に初代大統領ウフエ・ボワニの故郷ヤムスクロに遷都されるまでは、コートジボワール共和国の首都であった。ヤムスクロへの遷都後も政治・経済の中心はアビジャンにおかれており、実質的な首都として機能している。

〈6〉日系ブラジル移民を扱った文学作品として、石川達三の『蒼氓』（「そうぼう」と読む）という超有名な小説がある。実際に読むに越したことはないが、栄えある第一回芥川賞の受賞作なので、雑学的知識として知っていても損はないだろう。細川周平『サンバの国に演歌は流れる』（一九九五年、中公新書）は日系ブラジル移民の音楽文化の変遷を、戦前＝演芸会の時代、終戦から八〇年代＝のど自慢の時代、その後＝カラオケの時代、の三つに分けて記述・分析した研究書。新書版であることからわかるように、その分量も難易度も一般向けとなっているので、興味のある人は参照されたい。

〈7〉ここで述べられている「分析枠組み」の意味が今ひとつピンとこない人は、山下晋司・船曳建夫（編）『文化人類学キーワード』（一九九七年、有斐閣）を参照されたい。文化人類学を理解するために必要と思われる一〇〇のキーワードをピックアップし、それぞれを見開き二ページで解説しているのだが、そのおおくが私がここで述べる分析枠組みに相当するものである。人類学者が具体的な現象に直面した際に、それらを理解しようと分析枠組みを編みだし、そのなかで定着したものが文化人類学を構成する要素となり、キーワードとして共有されるのだ。この本は五章から構成され、第1章で文化人類学の方法と学説について、つづく第2章から第4章で「人間」「文化」「社会」という文化人類学にとって定番と化したもっとも重要なテーマについてのキーワードがとりあげられ、最後の第5章「現代の民族誌」で従来の文化人類学ではとりあげられることの少なかったキーワードが紹介されている。この最後の部分が、あたらしい社会変化に対応した分析枠組みに他ならない。みんな、がんばっているのだ。

〈8〉実際、エスニシティは一九六〇年代のアメリカにおけるアフリカ系アメリカ人や先住民の自己覚醒《かくせい》と権利主張をきっかけとして、社会科学の分野で広く使用されるようになった。その後、世界各地の民族問題に対する分析枠組みとして普及していったが、各地域の民族問題の複雑さや多様性を反映してエスニシティの概念やニュアンスも多様である。ここで私はアビジャンの事例に引きつけて「ひとつ」の説明を試みたが、エスニシティの含む問題領域はより広く、その概念もより複雑なものである。
その全体像に触れてみたい人には、マルティニエッロ『エスニシティの社会学』（二〇〇二年、文庫クセジュ）をすすめたい。フランスの大学生向け新書〈クセジュ文庫〉からの翻訳だが、専門用語がおおく、けっして初心者向けとはいえない。だがエスニシティという用語の歴史からエスニシティ概念の多様性までを包括的に説明しようという誠意が感じられる良書である。また綾部恒雄『現代世界とエスニシティ』（一九九三年、弘文堂）の第I章「エスニシティとは何か」においてもエスニシティの包括的解説を読むことができる。青柳まちこ（編・監訳）『「エスニック」とは何か』（一九九六年、新泉社）は、著名なアメリカ系学者による有名なエスニシティに関する論文を五本集めたもので、エスニシティ研究には必読の書であろう。もっと楽に簡単に、という人には、綾部恒雄（編）『文化人類学20の理論』（二〇〇六年、弘文堂）の「11　エスニシティ論」がいいだろう。

〈9〉トランスナショナリズムは、もともとは南米・カリブ海諸国からアメリカへの移民研究から生まれた概念である。一九九〇年代のグローバル化の進展にともない、国境を越えた移動が容易になり、異民族間の通婚も増えるなか、ひとりの人間が複数の国や民族に同時に帰属する状況が世界中で見られるようになってきた。ところがエスニシティ論では人と帰属集団の関係が一対一に想定されているため、この状況には対応しきれず、かわって注目されたのがトランスナショナリズムという概念であった。現在、文化人類学や社会学の分野で多用されている。日本文化人類学会（編）『文化人類学事典』（二〇〇九年、丸善出版）の「トランスナショナリズム」（一一〇—一一一頁）参照。

第五章

結婚の申し込み
——女性の交換？

この娘《こ》と結婚します!

一　結婚式にいたる道

結婚しようよ

べつに結婚を前提につきあっていたわけではない。知りあったのは私が二四歳、彼女は一〇代後半という若さだ。ただただいっしょにいるのが楽しく、ともに過ごす時間が充実していただけのこと。知りあってすぐ、彼女はミュージカル劇団〈コテバ〉の団員となり、やがてアイドル・グループ〈レ・ゴー〉の一員として歌手デビュー。私たちのつきあいは秘密裏につづき（知っていたのは、彼女の家族だけ）、その期間は七年にもおよんだ。

当時アビジャンのストリート文化の研究をしていた私は、ノート、ペン、カメラ、録音ウォークマンをいれたバッグを引っさげて、危険なゲットーの奥、ミュージシャンがたむろするレコーディング・スタジオ、ショウ・ビジネスの中心地たるテレビ局など、文字どおりアビジャンの端から端まで駆けずりまわっていた。いっぽう彼女は、劇団の練習、公演、コンサートで多忙の日々。公演旅行で海外にでることもおおく、近隣の西アフリカはもとより、中部、東部、南部を含むアフリカ諸国、フランスをはじめとするヨーロッパ諸国、さらにカナダやアメリカにも出かけ、アメリカでは黒人プロモーターのはからいでマルコムXとキング牧師の墓前で歌ったというから、うらやましいかぎりである。私たちはたがいに忙しいながらも、それぞれ時間を調整し、可能なかぎり逢《あ》いつづけていたのである。

そろそろ結婚しなければ、と思ったのはいつのことだろう。それまで、私は結婚したいなどと思ったことは一度もなかった。一生独身でいようと思っていた。学生時代に貧乏旅行をしていた頃から、好きなときに好きなところにゆける独り身の気楽さが性にあっていた。貧乏旅行の延長線上に文化人類学をはじめてからも、その考えは変わらなかった。責任なきところに苦労なし。家庭なきところに面倒なし。自分で稼いだ分は自分で使って、太く短く生きようではないか。では、彼女はどうするのか？

人間は社会的動物である。この世に生を受けるとは、社会のなかに生まれ落ちるということに他ならない。人と人との関係は社会的なもの。当人たちの意志とは関係のないところで、家族が、友人が、知人が巻きこまれ、人間関係に介入してくる。そしてそこには、社会的通念という圧力がつねに存在する。であるから、私とニャマがこのままの状態で歳を重ねながらつきあってゆく、などということはありえない。ましてや彼女の家族は男女関係に厳しいイスラム教徒である。愛しあった男と女が社会に認められながら末永くいっしょにいる方法はただひとつ。結婚である。

「大人になる」とは、個人的欲求を社会的枠組みに適応させてゆくこと、いいかえれば社会のしきたりを受けいれてゆくということだろう。私も大人になったのかもしれない。独り身の気楽さより、ニャマとともに生きてゆくこと、それも社会的に認められながらふたりで人生を歩んでゆくことが、心のおおきな部分を占めるようになっていった。こうして私の頭のなかに「結婚」という言葉が浮かんでは消えてゆくようになり、やがてこの二文字が点滅するのをやめて常時点灯するようになったとき、私はニャマとの結婚を決意したのである。

スズキ一族の結成

私が大学院博士課程を終えて大学の教員となったのは一九九五年のこと。その年の夏休みにアビジャンに二ヵ月の日程で調査旅行に出かけた際、ニャマの父親に「就職して給料がもらえるようになった。来年の夏休みには結婚式を挙げにくるから、ヨロシク」と伝え、「いいとも」という返事をもらった。私も、外国人の嫁さんをもらうのであれば定収入がなくてはならない、くらいの社会的常識は備えていたのである。

　翌九六年の夏休み、ふたたび二ヵ月の日程でアビジャンに出かける。空港に出発する直前、大事なことを思いだし、あわてて電話をかけた。「(プルルーッ、プルルーッ……)もしもし、親父？　またアビジャンにいってくるから。あっ、それと、今回、結婚してくるから、ヨロシク。(ガチャ……)」私がしょっちゅうアフリカに出かけるのに慣れていた父親ではあったが、いきなり電話口で結婚を予告され、しかも相手がアフリカ人女性とあっては、さしもの親父さんも二の句が継げない様子であった。

　さて、アビジャンに到着した私は、いつも世話になっているモリ・トラオレ氏を訪ねた。彼はいわゆる文化人で、演劇、映画の分野で役者として、監督として活躍してきた。七〇年代には日本に約五年間滞在し、在日アフリカ人留学生の苦悩をテーマにした映画『車に轢かれた犬』を撮影している。日本通の彼とは私が一九八九年にはじめてアビジャンに足を踏みいれたときからのつきあいであり、アビジャンの「家族」と言っても過言ではない関係にある。私のアビジャン滞在は、彼の家を訪問するところからはじまるのであった。だが今回の訪問はいつもとすこし違っていた。特別な報告があるのだ。

「じつは、今回、ニャマと結婚式を挙げるんだ。」

　そう言った私に対して返ってきた反応は、

「えっ、本当に？　それは一大事だ。」

たしかに一大事ではあるが、そんなに驚かなくてもいいではないか。ただ内々で結婚式を挙げて、その後二年間ほどは超遠距離結婚生活をしながら彼女を日本に連れてくる準備をすすめるつもりであったから、当面の生活はそのまま継続するのだ。だが、問題はそんなことではなかった。

「結婚」は文化人類学の一大テーマだ。この学問ができてからというもの、おおくの人類学者がこのテーマに取り組んできた。だが私の専門はアフリカの音楽。同じ学問をしていても、異なる専門分野のことは思った以上に知らないものである。他の分野の人類学者が音楽のことを知らないのと同じく、私の方は結婚についての人類学的知識はあまりもちあわせていなかった。私の結婚についての「人類学的経験」は、まさにこの日、モリ・トラオレ宅ではじまったのである。

ちょうどそのとき、彼の学生時代からの友人であるコネ氏が遊びにきていた。モリ氏は彼となにやら真剣な面持ちで話しはじめた。彼らの会話の様子から、私の結婚に関する「なにか」が次々と決定されてゆくのが感じとられる。詳細はわからないのだが、たしかに私を置いてけぼりにしながら、段取りがすすんでゆくようだ。コネ氏の妹が呼びだされ、その他にも数人の人が集まってきた。私の結婚式なのに、なぜ私の知らない人が集まるのか……まったくもって、意味不明であった。このとき彼らはなにをしていたのか。なんと、スズキ一族を結成していたのだ。

アフリカの伝統社会において、結婚は個人的事柄ではない。それはふたつの家族のあいだに生起する社会的事柄である。いや、さらに広い範囲の親族を巻きこんだ一大イベントなのだ。もちろん、日本においても基本的な事情は同じであろう。だが近代化の果てに、少なくとも法的には個人の意志だけで結婚をすることが可能となっている。いっぽう伝統に則《のっと》った慣習が人々の生活のおおくの側面を規制するアフリカ社会にあっては、たとえ近代法が婚姻の自由を保障したとしても、優先されるのは伝統的な方式なのである。

運のいいことには、モリ・トラオレ氏も、その友人も、ニャマと同じマンデ民族、つまりジュラであった。マンデ民族にあっては、人生最大のイベントは結婚式であり、そこにはさまざまな手続きが存在する。その手続きをひとつひとつ遵守してゆかなければ、結婚が成就することはない。そしてその手続きは花嫁側の一族と花婿側の一族のあいだですすめられる。であるから、私ひとりでは相手にしてもらえないわけで、まっ先にしなければならないのはスズキ一族の結成であった。

モリ・トラオレ夫妻（奥さんは日本人）が私の両親となり、コネ氏とその妹がオジ・オバとなり……というふうに私の家族が増えてゆき、さらに私の結婚式のためにわざわざ日本から飛んできたコートジボワール研究の大先輩であるアジ研の原口夫妻

（アジ研については第二章注〈2〉参照）と、カメルーンでフィールドワークをしていた後輩の人類学者である野元美佐さんが加わり、ここにめでたく「アビジャン版」スズキ一族が誕生したのであった。

結婚の申し込み

スズキ一族が誕生したところで、いよいよ正式な結婚の申し込みがおこなわれる。すでにニャマの父親からの内諾をもらってはいるのだが、彼ひとりが結婚を許可する権限をもっているわけではない。結婚は一族全体の問題なのだ。今回の申し込みが、結婚の一連のプロセスの正式な開始を告げることになるのである。ここで当時のフィールド・ノート（人類学者が調査時に使用するメモ用のノート）をもとに、申し込みの経過をまとめてみよう。

七月三〇日　最初の申し込み

スズキ一族の長老がニャマの家に出向く。長老とは私の父親（モリ氏）とオジ（コネ氏）。さらにモリ氏の仕事上の助手であるユースフが付きそう（彼はその後、結婚式のビデオ撮影を担当してくれた）。

約束は午後四時。スズキ一族はいったんモリ宅に集合。だがコネ氏が到着しない。午後六時まで待っても現れないので（アフリカン・タイムである）、彼抜きで出発。通常、花婿である私は同行しないが、人類学的興味もあって、申し込みのあいだ一言もしゃべらないという条件でついていった。

ニャマ宅に着くと、ニャマの両親の他にふたりの長老が待ち受けていた。モリ氏が「うちの息子がおたくの娘を嫁にしたいのだが……」と切りだすと、先方の長老のひとりが「スズキはこれまでニャマの家族にじつによくしてくれた。だから……」と申し込みを快諾。もちろんこれは、ニャマとその両親によってすでに根回しずみのことである。

この日はコネ氏が欠席なので、この前口上だけで引き揚げたかったのだが、先方が話を先にすすめはじめた。「結婚をすすめるにあたって、これこれのための金を準備して、支払ってくれ。」その言葉を聞いて、「えっ、支払う？　買い物じゃないんだぜ」などと驚いた私は、今思うと人類学者として未熟であった。これはいわゆる〈花嫁代償〉あるいは〈婚資〉と呼ばれるもので、さまざまな民族の結婚につきものの習慣である。今日の日本では結納金がこれにあたる。表4は、この日カンテ一族（ニャマの一族）から提示された花嫁代償のリストである。

各項目の右側の数字はそれに相当する代金で、基本的に花婿側は現金を支払い、花

最初のコーラ	12,500
2番目のコーラ	35,000
羊2頭	80,000
米2袋（計100キロ）	40,000
ニャマへの衣装12着	255,000
スーツケース	1個
食器類	50,000
スカーフ4枚	10,000
靴4足	30,000
アクセサリー類	100,000
父親への衣装代	50,000
母親への衣装代	30,000
兄弟姉妹・他の家族への支払い	100,000

（＊セーファ・フランは旧フランス植民地である西・中部アフリカ14ヵ国から構成される〈アフリカ金融共同体（CFA）〉で流通する通貨。フランス・フランと連動する固定相場制で、当時1フランス・フラン＝100セーファ・フラン、1円＝約5セーファ・フランであった。現在はユーロと連動し、2024年現在で1ユーロ＝656セーファ・フランである。）

表4　カンテ一族から提示された花嫁代償
（単位：セーファ・フラン*）

嫁側がそれをもって品物を購入することになる。羊と米は結婚式のあいだの食費、次のグループはニャマの嫁入り道具、最後は両親その他の家族への支払いである。両親の衣装代とは、結婚式のためにあらたにあつらえる民族衣装の布代および裁縫代である。

ここで「コーラ」についての説明をしておこう。コーラは熱帯アフリカ原産の木の実。色は赤紫がかっており、クルミほどのおおきさ。カフェインを含むため、嗜好品《しこうひん》として男性に愛好されている。コーラをかじると独特の渋みが口のなかに広がり、しばらくかみつづけるうちにカフェインが体に効いてくる。かつては清涼飲料の原料として欧米に輸出され、あのコカ・コーラにも使われていたという。そう、あの名前の後半こそがこの「コーラ」のことなのだ（前半は、なんと「コカイン」のことである）。

西アフリカにおいて南側の熱帯雨林で栽培されるコーラは、北側の乾燥地帯との重要な交易品であったが、その交易を担っていたのがマンデ商人であった。それゆえコーラはマンデ文化のなかに定着し、嗜好品として消費される他、さまざまな場面における儀礼的な挨拶《あいさつ》の際に使用されるようになった（日本の儀礼で米や酒が使われるのに似ているかもしれない）。結婚の挨拶はそのもっとも代表的なものである。

最初の結婚の申し込みの際に夫側が持参するのが「最初のコーラ」、回答を求めての二回目の訪問の際に妻側に渡されるのが「二番目のコーラ」、ここですぐ回答が得られるわけでなく、最終的な回答を求めての三回目の訪問で渡されるのが「三番目のコーラ」と呼ばれる。各回、コーラ一山（通例一〇個）と現金がセットとして渡される。また手続きを簡略化して、二番目と三番目をまとめてしまうこともおおく、われわれの場合もそのパターンを踏んでいる。なお、「コーラ」による申し込みは、順序を踏んで段階的に渡されることもあるが、ここでは花嫁代償の一覧にリストアップされ、後に他の項目といっしょに一括して支払われる方式がとられている。

ユースフがこれらをメモし、われわれが出発しようとすると、それまで端っこでお

スズキ一族の長老とニャマ（左からコネ氏、フォファナ氏、ニャマ、モリ・トラオレ氏）

となくしていたニャマの父親が口を開いた。「スズキはもう家族の一員も同然だから、こんな支払いはなしで娘をあげたいくらいだ。でも結婚は親族全体の問題だから、伝統にしたがった手続きを踏まざるをえない。私の一存でどうなるものでもないんだ。」

七月三一日　値段交渉

花嫁代償の提示を受けて、われらが長老たちは結婚式の「交渉人」の必要性を痛感した。マンデの結婚式は交渉事である。つまり花嫁代償は値切られるものなのだ。なぜ値切られるかというと、あらかじめふっかけてくるからだ。花嫁代償を水増しして要求するなんて、なんて不謹慎な、などと腹を立てるにはおよばない。先方も値切られることを前提にふっかけてくるのだから。そして、この「ふっかけ↔値切り」のやりとりが両親族間に重要なコミュニケーション回路をつくりだすのである。

　忘れてはならないのは、先方はグリオの一族だということ。結婚の交渉はグリオの仕事のひとつであり、彼らは言葉巧みに自分たちに有利な条件をつくりだしてゆく。それに対抗するには、やはり結婚のしきたりに精通し、芯《しん》の強い交渉人が必要になる。幸いにもコネ氏の知りあいでモスクで働く老人、フォファナ氏がこの任を引き受けてくれた。数々の結婚式を経験してきた彼は、モスクで鍛えられた声を武器にグリオと同等の、ときにそれ以上の話術で交渉をすすめてゆくのであった。

最初のコーラ	10,000
2番目のコーラ	15,000
羊2頭	60,000
米2袋（計100キロ）	30,000
ニャマへの衣装6着	138,000
スーツケース	1個
食器類	35,000
スカーフ2枚	6,000
靴2足	12,000
アクセサリー類	100,000
父親の衣装代	14,000
母親の衣装代	28,000
兄弟姉妹・他の家族への支払い	60,000

表5　最終的に決定された花嫁代償
（単位：セーファ・フラン）

　ということで、この日はフォファナ氏を先頭に、モリ氏、コネ氏、それにユースフがスズキ一族の代表としてニャマの家を再度訪ね、花嫁代償についての交渉をおこなった。私はついてゆかなかった。

　この日は表4のリストのうち、最初と二番目のコーラの値段についての交渉がもたれ、見事に最初のコーラを一万二五〇〇フランから一万フランへ、二番目のコーラを三万五〇〇〇フランから一万五〇〇〇フランにまけさせた。さすが、われらがフォファナ氏である。その後、日を改めて数度の交渉がもたれ、八月八日までに最終的な花嫁代償の額が表5のように決定された。

なおニャマの家族の名誉のためにいっておくと、彼らは私とのこれまでのつきあいをかんがみて、「ふっかけ率」をかなり低く抑えてきた。それは交渉の達人であるフォファナ氏による「値引き率」がそれほど驚くべきものでなく、むしろ想定の範囲内であることからもわかる。その気になれば、この数倍の花嫁代償を要求することだって十分ありえるのだ。

とにもかくにも一週間以上におよぶ値段交渉を経て花嫁代償の額が決定し、やっと結婚の申し込みが正式に受諾されたのである。

八月一一日　親族訪問

次にしなければならないのは、いわゆる「挨拶まわり」である。カンテ一族と血縁関係にある主だった年長者の家々をまわり、結婚式の報告をしてゆくのだ。これを怠ると、あとでひどい目に遭うことになる。

マンデの人々にとって結婚は社会生活における最重要事項だ。その可否を決めるのは結婚する当人でもなく、その家族でもない。彼らとある程度の深さで血縁関係にある親族全体で決めるのである。そして決定の原則は合議制。つまり誰かひとりでも反対者がいれば、その者を説得する必要があるのだ。

マンデ社会ではお金も重要だが、それ以上にメンツが重んじられる。結婚のような重要な機会に自分が無視されたりしたら、メンツが潰《つぶ》されたと感じて反対されること必至である。逆にあらかじめ挨拶にいって結婚に対する了承を得ておけば、心強い味方となってくれるであろう。マンデ社会ではこのような「仁義」の体系が定着しており、その手続きを怠らない者が社会的信頼を獲得することができるのだ。

この日、スズキ一族とカンテ一族の長老グループが仲よく連れだって一〇軒の家をまわった。その都度、結婚申し込みから承諾へいたるまでの経緯を説明し、各人の了承を得てゆく。挨拶を受けた男たちはみな一様に満足し、グループの末席に着いていた私に祝福の言葉を述べるのであった。ひとしきり儀礼的な挨拶がつづいたあとで、最後に結婚式の日程が告げられる。それは八月一九日の月曜日にはじまり、八月二六日の月曜日に終わる。なんと八日間もつづくのだ。この日程を聞いた一族の男たちは、みな当たり前のようにうなずくのであった。

二　社会システムとしての結婚

交換とはコミュニケーションなり

「婚姻とは女性の交換である。」

これは文化人類学史上、婚姻について語られたもっとも有名な言葉である。はじめてこの言葉を聞いたときのショックは、今でも思いだすことができる。女性の交換？　なんと失礼な。女をバカにするな。この人でなし……。学者の言葉はしばしば世間を激怒させてきた。「それでも地球はまわる」(ガリレオ)、「ヒトはサルから進化した」(ダーウィン)……。

ここで忘れてはならないのは、学問の言葉と日常の言葉は違うということ。学者はひとつの言葉にたったひとつの意味をもたせ、概念を正確に表現しようと努力するが、世間の人々はひとつの言葉におおくの意味を付与し、さまざまなニュアンスで生活空間を満たしてゆく。その結果、人々のコミュニケーションにはかならず勘違いの部分が含まれ、勘違いが勘違いを生んで、社会生活は混乱の極みとなる。学問はクリアな音をめざし、人々はノイズのなかで右往左往する。これが現実だ。であるから、学問から発せられた言葉を自分たちの言語感覚で批判するのは公平ではない。まずは、その言葉の意味を理解しようと努めようではないか。

では、最初の言葉に戻ろう。

「婚姻とは女性の交換である。」

いったい、誰がこんなことを言ったのか。彼の名は、レヴィ＝ストロース。男性。フランス人。文化人類学史上、もっとも有名で、もっとも重要で、もっとも天才的な人物だ。

では、どこでこんなことを言ったのか。『親族の基本構造』という本のなかである。文化人類学の最重要文献のひとつとして誉れ高い本であるが、その分厚さから、その難解さから、じつは勉強熱心な世の人類学者たちのなかでさえ完全に読みこなせた者は少ない、という不幸を抱えている。この本に書かれている理論は非常に有名かつ重要であるが、ほとんどの人類学者はレヴィ＝ストロース「専門家」による解説書を通してその内容を知ることになる、というのが実状である〈1〉。じつは私もそうした「なまくら人類学者」のひとりであったが、今回本書を執筆するにあたって、とうとうあの分厚い本に立ち向かわざるをえなくなってしまった。なんといっても、「結婚」が本書のメイン・テーマなのだから。

『親族の基本構造』の扉をあらためて（というか、はじめて）開いてみて気づいたのは、もしかしてこれは探偵小説に近いのでは、ということである。べつに、ふざけているわけではない。優秀な探偵がある謎を解明するためにさまざまな証拠を集め、いっけんバラバラに見える事象のあいだの関係を推論しながら、ついに謎の答えを見つけだす。そこにあるのは、シャーロック・ホームズのようにさまざまな証拠を集める行動力、エルキュール・ポワロのように証拠のあいだの隠れたつながりを理解する明《めい》晰《せき》な頭脳、刑事コロンボのように最後まであきらめないねばり強さ……。

名探偵レヴィ＝ストロースはある難題に直面していた。「自然状態と社会状態の区別」（五九頁）[2]はどこにあるのか。いきなりなんのことかと面食らう読者もおおいと思うが、これは「自然と文化の対立」という文化人類学の古典的課題を意味している。「一個の生物であり、同時に一個の社会的個体」（五九頁）である人間は、自然に属すと同時に文化をつくりだしている。文化人類学の研究対象は文化であるから、両者の区別、つまり「どこで自然は終わり、どこで文化は始まるか」（六〇頁）を見極めなければならない。単純に考えれば、生物学的遺伝によって規定される領域が「自然」であり、それ以外の、人類の手によってつくられてきた社会的規則が「文化」ということになろう。もし、地球上のすべての人類が共有する普遍的な行動様式があったなら、それは遺伝によって伝えられるものであり、自然の次元に属している。いっぽう地域や民族によって異なる行動様式は、それぞれ個別的に形成されてきた社会的規範であり、文化の次元に属す。ところがこのいっけん明快に見える「自然／文化」の区別を乱す怪盗が出現した。その名は〈インセスト禁忌〉。この怪盗をやっつけた暁には、「自然事象と文化事象のあいだの移行地点」（六六頁）をあきらかにし、「それら事象の結節の仕組み」（六六頁）を解明することが可能になるに違いない。

怪盗〈インセスト禁忌〉、またの名を〈近親婚のタブー〉。父と娘、母と息子、兄と妹、姉と弟、等々……これらのあいだで結婚してはならない、という規則のことだ。当たり前だ、などと怒ってはいけない。そう怒鳴りたくなるほどこれは自明の理であり、人類全体が共有する禁止事項なのである。ということは、これは自然の領域に属す本能なのであろうか。ところが禁忌の対象になる「近親」の範囲は、社会によって異なるのである。たとえばある男性から見て、両親を同じくする姉妹との結婚は許されないが、異父姉妹、あるいは異母姉妹ならば許されるという社会や、母親とは結婚してはいけないが、姉妹となら結婚可能という社会が歴史上存在したという。そこまで極端ではないにせよ、イトコや甥《おい》っ子、姪《めい》っ子との結婚可能な範囲は社会によってさまざまであり、インセスト禁忌が人間のつくりだした社会的制度としての側面をもつことが理解される。さて、この怪盗の正体、名探偵レヴィ＝ストロースはどうやって見抜くのだろう。

インセスト禁忌について、ある者は、血が濃くなって障害者が生まれるのを避けるための自然の摂理さ（生物学的解釈）と言い、またある者は、あまり近しい肉親には性欲を感じないだけさ（心理的・生理的解釈）と言い、別の者は外婚規制という社会制度の一側面であると説明した（社会学的解釈。これは複雑になるので省略する）。だがレヴィ＝ストロース探偵、どうも納得できない。そこで古今東西、さまざまな地域、さまざまな民族の婚姻に関する膨大な資料を集め、それらを丹念に吟味してみた。そこで彼はあるひとつの手がかりをつかんだ。〈交叉《こうさ》イトコ婚〉である。

イトコとは父母の兄弟姉妹の子供のこと。自分の父の兄弟は父方オジ、父の姉妹は父方オバ、母の兄弟は母方オジ、母の姉妹は母方オバ、そしてこのオジ、オバたちの子供が自分のイトコたちである。現代の日本ではイトコどうしの結婚なんて、たとえ法的には可能であっても、生活感覚としてあまりにも「近親すぎて」考えにくいかもしれない。だが地球上のあちこちでイトコ婚、つまりイトコどうしの結婚は普通におこなわれている。

さて、文化人類学は親族研究が得意なので、その分野におけるさまざまな分析用語を発達させてきた。イトコといってもじつはいろいろあるので、われわれはそれらを整理して次のような用語で指し示すことにしている。

父方イトコ＝父の兄弟姉妹の子供

母方イトコ＝母の兄弟姉妹の子供

これは問題なく理解してもらえるだろう。

では、次。

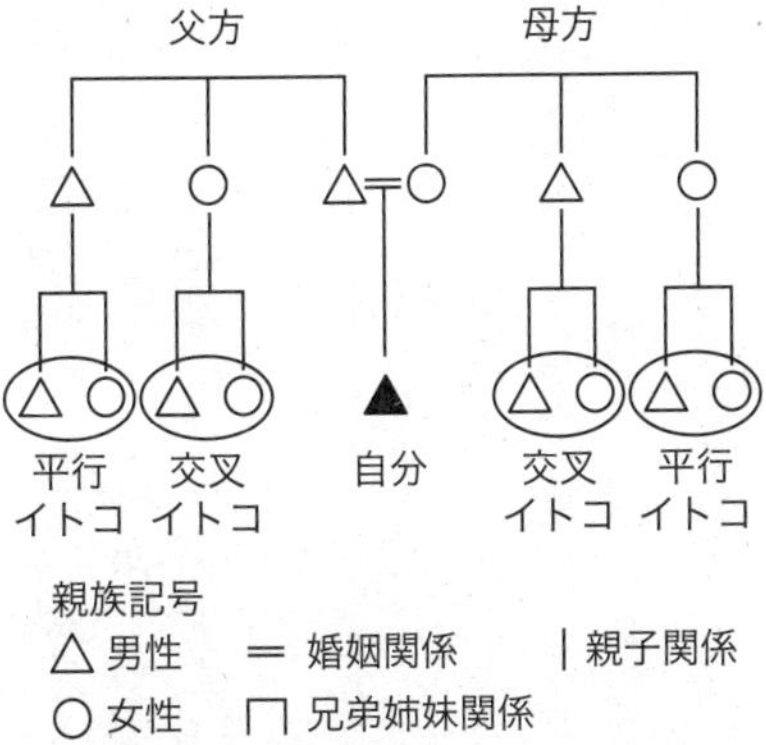

図2　平行イトコと交叉イトコ

平行イトコ＝父の兄弟、あるいは母の姉妹の子供

交叉イトコ＝父の姉妹、あるいは母の兄弟の子供

前者は自分の親と相手（イトコ）の親が同性なので〈平行〉、後者は親どうしが異性なので〈交叉〉となる（図2）。「なんじゃ、そりゃ」という声が聞こえてきそうである。「平行と交叉だって。いったい、なんのためにそんなもん区別すんの？」たしかに日本では意味のない区別かもしれないが、この区別が結婚の際に非常に重要な意

味をもつ民族もおおいのだ。そしてレヴィ＝ストロース探偵が目をつけたのが、平行イトコ婚は禁止し、同時に交叉イトコ婚を義務づける、あるいは推奨する社会が数多く存在するということであった。とりわけ〈母方交叉イトコ婚〉、つまり自分が男だとして、母の兄弟の娘との結婚を理想とするケースが多々見られるのである。〈3〉これはいかなることか？

単純に考えればわかることだが、平行イトコも交叉イトコも、自分からの生物学的距離は等しい。それなのに一方との結婚は禁止され、もう一方との結婚が推奨されるとは。もし、「血が濃くなる」といった生物学的理由でインセスト禁忌が存在するのだとしたら、これはおかしいではないか。つまり、インセスト禁忌は生物学的根拠に基づかないのだ。「生物学的根拠でないなら、ではいかなる根拠か」（二四九頁）。悩める名探偵。そんな彼におおきなヒントを与えてくれたのが、大先輩である探偵マルセル・モース（その実体は、フランスの社会学者）であった。モース探偵は以前、「贈り物の謎」という難事件を解決し、その報告書『贈与論』を執筆していた。〈4〉

モース探偵が直面した謎とは、おおくの社会において贈り物がなされるが、受けとった贈り物の返礼が義務づけられるのはなぜか、というものである。なにをつまらないことで悩んでいるのか、などと揶揄《やゆ》してはいけない。じつはこのことが、人間はいかにして社会を形成したのか、という大問題を解く鍵《かぎ》となるのだ。

私たちの社会にはじつにさまざまな贈り物がある。お中元、お歳暮、誕生日、バレンタイン・デー……これらの機会に贈り物をすることは、自発的というより、人間関係によってむしろ「強制」されていると感じられたことはないだろうか。会社の上司へのお歳暮やバレンタイン・デーでの義理チョコなどはその典型だろう。さらに贈り物を受けとった人はお返しをしなくてはならない、というのが暗黙の了解である。お返しをしなかった場合、なぜか相手に対して負い目を感じるというのが人の情というものであろう。

なぜさまざまな社会において、この「贈る義務＝返礼する義務」が存在するのか。モース探偵はポリネシア（贈り物に憑《つ》いたハウという霊が返礼を強制する）、メラネシア（マリノフスキー『西太平洋の遠洋航海者』の事例が含まれる）、アメリカ先住民（ポトラッチと呼ばれる消費と破壊をともなう贈与形式が有名）、古代ローマ法やヒンズー法などを調べ、ある結論に達した。

これらの贈与はたんなる経済的制度ではなく、「全体的社会現象」である。「給付」（贈る行為）に対しては「反対給付」（返す行為）が義務づけられ、これらは「交換」の制度をなす。大切なのは贈られる物よりも、「贈る＝返礼する」という交換の相互行為なのだ。この相互行為を通して人と人が、集団と集団が結びつき、社会が形成されてきた。このように、利潤を生みだすことを目的とした商取引とは一線を画し、諸個人や諸社会を結びつける方向に働く交換原理を「互酬性」という。そこで交換されるのは経済的に有用なものでなくてもかまわない。たとえば貝殻の首飾り（マリノフスキー『西太平洋の遠洋航海者』の事例）、チョコレート（もちろんバレンタイン・デー）、サラダ油の詰め合わせ（お中元・お歳暮でたらい回しにされる贈り物の代表格だろう）、饗宴《きょうえん》（パーティーに招待されたら、お返しに招待し返す）、そして女性……。

えっ。女性が、交換されて、互酬性によって、社会を結びつける……そうか、そうだったのか。先輩の解決した「贈り物の謎」事件から重要なヒントを得たレヴィ＝ストロース探偵、さっそく〈母方交叉イトコ婚〉の証拠分析に没頭した（図3）。

たとえばAグループの男性A1が母の兄弟の娘b1と結婚する。母はBグループから嫁いできており、b1はもちろんBグループに属す（この社会では子供は父親のグループに属すとする）。息子A2はAグループに属す。さて、彼も母の兄弟の娘と結婚するので、Bグループのb2と結婚する。その息子A3もb3と結婚し、さらにA4はb4と結婚し……というわけで、Aグループの男性はかならずBグループの女性と結婚することになる。同じことをBグループの男性について見てみると、彼らはかならずCグループの女性と結婚することになる。つまり〈母方交叉イトコ婚〉は、どのグループから嫁をもらうか、どのグループに嫁をだすか、その流れを方向づけるための規則なのである（これを〈婚姻規制〉という）。

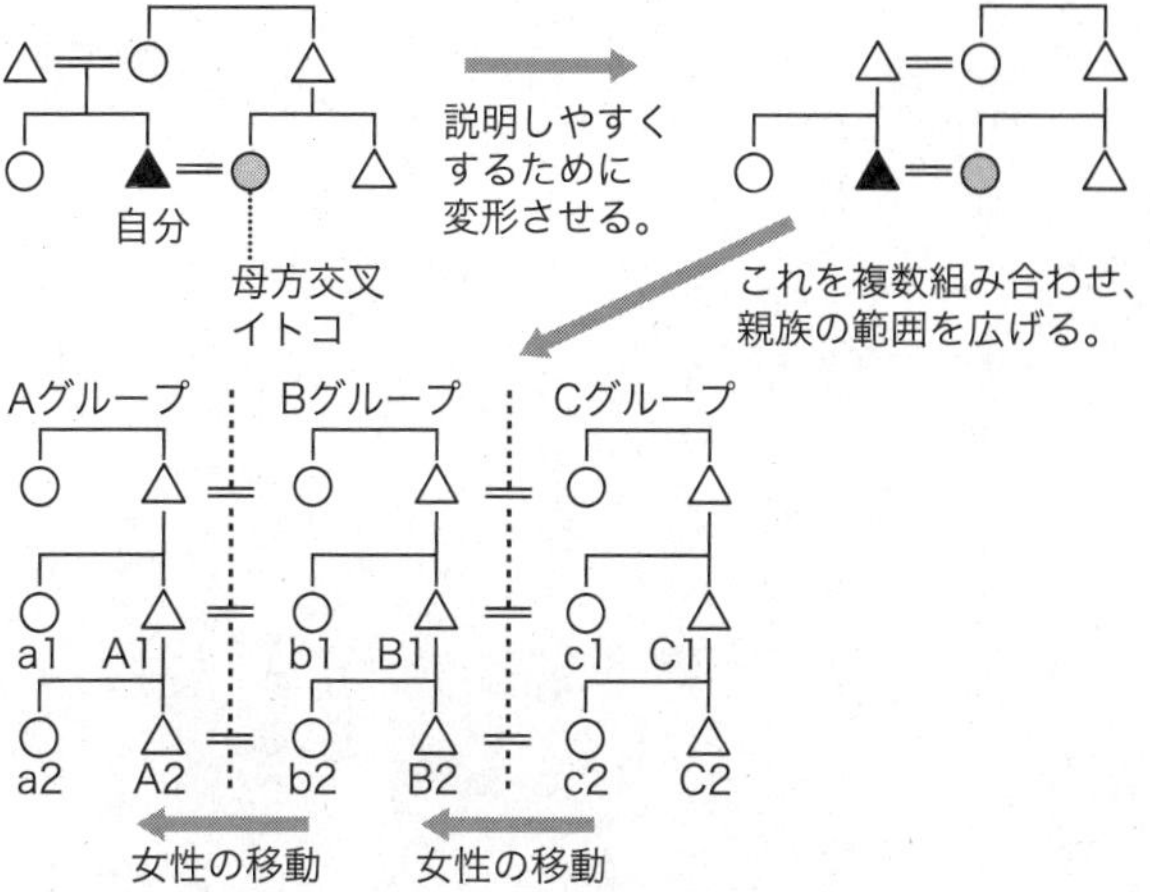

図3　母方交叉イトコ婚と女性の移動

Bグループから A グループへ婚姻によって女性が移動することで両グループ間に社会的絆《きずな》が生まれる。同様にCからBへ、DからCへ、EからDへ、そして最後にAからEへ女性が移動すれば、ついにはすべてのグループが婚姻を通してつながることになる。ここに、限定された家族を越えたよりおおきな社会が形成されることになるのだ。その際、すべてのグループがしたがわなければならない規則がある。それは、自分のグループの女性とは結婚してはならない、ということだ（前述したように、男性の視点に立っての表現であることに注意）。これこそがインセスト禁忌なのである。自分のグループ

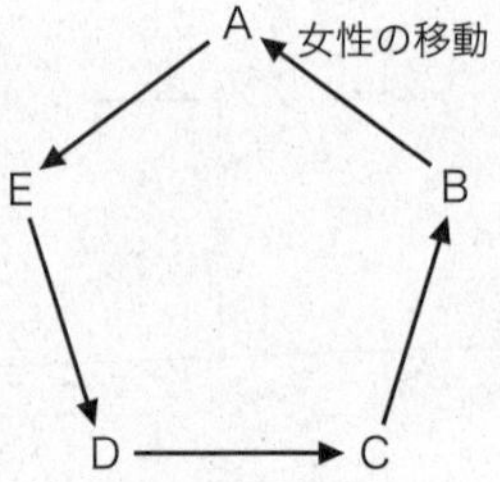

図4　一般交換

の女性と「結婚してはならない」という禁止は、他のグループの女性と「結婚せよ」という命令に他ならない。「インセスト禁忌は母、姉妹、娘との結婚を禁ずる規則であるより、母、姉妹、娘を他者に与えることを義務づける規則、典型的な贈与規制である」（七七五頁）。

結婚が集団間の女性の交換であるならば、私の結婚の際にすべてに先だってスズキ一族が結成されたことは、きわめて自然な成りゆきであったといえよう。当事者は結婚するふたりというより、両親族なのだから。

ここで注意しなければならないのは、交換されるのはあくまでも女性と女性であるということ。先ほどの例でいえば、AはBから、BはCから……EはAから嫁をもらう。この場合、結婚の当事者間（たとえばAとB）では女性の移動は一方向的（B→A）でいっけんすると不平等な交換のようであるが、すべてのグループで結婚がおこなわれたなら、あるグループは隣のグループに嫁をだし、反対側のグループから嫁をもらうことになり、結果的に平等に女性の交換がおこなわれたことになる（図4）。このように複数のグループが一方向的につながる交換の形態を〈一般交換〉と呼ぶ。

〈母方交叉イトコ婚〉は女性を通した一般交換の流れをつくりだす社会的メカニズムなのだ。いっぽう、ふたつのグループが直接的に女性を交換する（まさに「嫁のやりとり」をする）形態は〈限定交換〉と呼ばれ、〈双方交叉イトコ婚〉によってつくりだされる（図5）。『親族の基本構造』ではこのような交換婚のさまざまなタイプについて、その諸相が詳細に分析・記述されており、その概要は各種入門書や概説書にも紹介されている。本書では母方交叉イトコ婚＝一般交換のみを説明しているが、くわしく知りたい人は入門書のたぐいを読んでもいいし、もちろん根性のある人は『親族の基本構造』にアタックしてもいいだろう。〔5〕

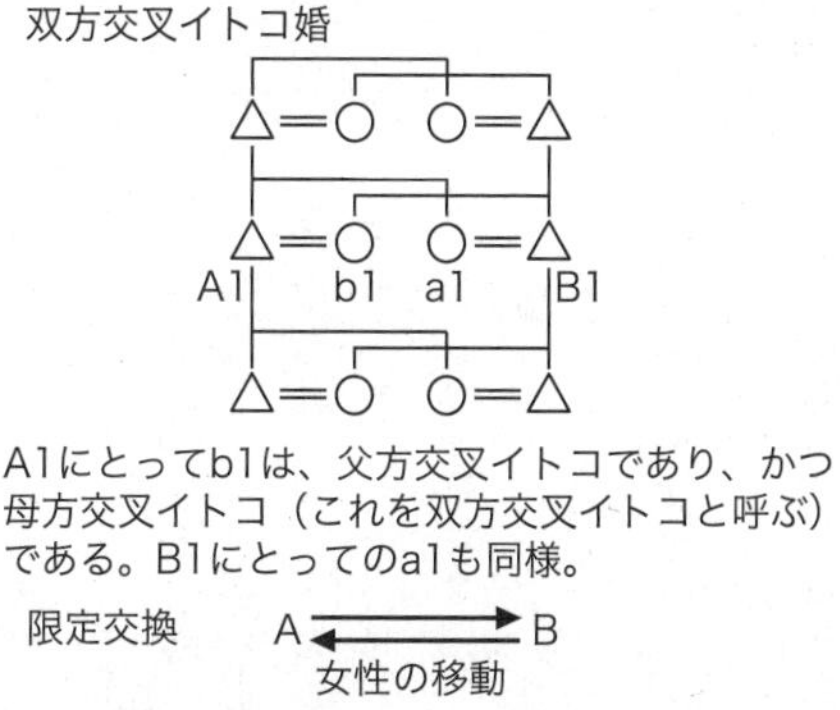

双方交叉イトコ婚
A1
b1
a1
B1
A1にとってb1は、父方交叉イトコであり、かつ母方交叉イトコ（これを双方交叉イトコと呼ぶ）である。B1にとってのa1も同様。
限定交換
A
B
女性の移動

図5　双方交叉イトコ婚と限定交換

　ではここでレヴィ＝ストロースの最初の問題意識に立ち返ってみよう。それは「どこで自然は終わり、どこで文化は始まるか」というものであった。もし血族婚、つまり家族内における無制限な婚姻が許されたならどうなるであろう。それが「恒常的に用いられれば、いや、ごく頻繁に用いられるだけでも、血族婚は遠からず社会集団を多数の家族へと〈炸裂《さくれつ》〉させるだろう」（七七二頁）。父と娘が、母と息子が、兄弟と姉妹が結婚し、子孫を残すのであれば、家族内での人間関係は極端に内向的になり、他の集団との接触の機会も減り、孤立していってしまう。ではもしそこにインセスト禁忌をもちこみ、他集団の者と婚姻関係を結ぶこと（つまり外婚）が義務化されたなら、どうであろう。「人間たちを互いに結びつける手段を、それはもたらすのである」（七七三頁）。つまり外婚により複数の集団が連帯し、人類はよりおおきな社会を形成することが可能となるのである。そしてそれは「女性の交換」という形式をとる。「つねに交換こそが、婚姻制度のあらゆる様態に共通する根本的土台として立ち現れる」（七七二頁）。自然の状態の親族関係に、あえて人為的なインセスト禁忌とそれによって引き起こされる外婚規制をもちこむことで、人類は自然な状態から文化の状態に移行した、とレヴィ＝ストロースは考える。「別の家族との縁組の絆が、生物性に対する社会性の優位、自然性に対する文化性の優位を保証する」（七七二頁）のである。結婚はたんなる男女間の愛の結晶などではなく、人間社会を成立させるもっとも根本的な社会的仕組みなのだ。

ここまで読んできて、「なんか納得できない」と感じる読者はおおいのではないだろうか。レヴィ＝ストロースのこの学説が論理的に正しいのか、あるいはたんなるこじつけなのか。『親族の基本構造』を読めば、その圧倒的な証拠と分析能力のまえに

「たしかに、そのとおりです」と思わざるをえない。でも、これまで抱いてきた結婚観とあまりにも異なるため、違和感を抱かずにはいられない。じつは私も、はじめてこの理論に触れたときそう感じたうちのひとりである。あるいはたんに、天才の発想が凡人には理解しがたいだけなのかもしれない。だがそれも、自分たちの立っている地面が回っているとか、自分たちの遠い祖先がサルであるなどといわれるのに比べれば、まだ受けいれやすいといえなくもない。

結婚いろいろ——ヌエル族の場合

文化人類学を勉強していていちばんよかったと思うのは、われわれの常識を覆すような事例に遭遇したときである。たとえば犬猫や猿を食べる文化がある。これらの動物はわれわれの文化では食べ物のカテゴリーにはいっていないのでゾッとさせられるが、猿などは食べてみるとじつにおいしい（残念ながら、犬猫はまだ食べたことがない）。第三章でとりあげた話す太鼓（トーキング・ドラム）などもかなりいい線をいっている事例で、実演を目にしたときの感動は文字による解説を読んだときとは比べものにならない。だがもっとも驚愕《きょうがく》させられるのは、世界各地に見られるさまざまな結婚の形態に出会ったときであろう。愛しあう一組の男女がその愛のかたちを社会的に具現化し、幸せな家庭を築いてゆく……そんな風な結婚観を子供の頃から植えつけられてきたわれわれにとって、これから紹介する結婚の方式はまさに「常識はずれ」であり、ときに嫌悪感をもよおさずにはいられないかもしれない。だがこれらすべてを受けいれることができたとき、あなたの人間に対する認識はより広く深くなっていることであろう。

さて、本書は文化人類学の入門書ではあるが概説書ではない。であるからここで人類の婚姻形態のバリエーションを、一夫一婦制、一夫多妻制、一妻多夫制、夫方居住婚、妻方居住婚……などと列挙したりはしない。そうではなく、もっと興味深く刺激的な一民族についての事例を紹介したいと思う。(6) それはべつに奇をてらっているというわけではなく、この事例が結婚の本質についてより深く考えさせる材料を提供してくれるから、という理由によるものである。ということで、ここでみなさんにエヴァンス＝プリチャードによって書かれた民族誌『ヌアー族の親族と結婚』を紹介しよう。この本は先に紹介した『親族の基本構造』とよく似た素性をもっている。まず、どちらもが文化人類学の結婚研究においてもっとも有名かつ重要な文献であると認識されている。『親族の基本構造』はその分厚さと壮大な理論展開ゆえに、『ヌアー族の親族と結婚』はそこで紹介される「奇妙」な結婚形態ゆえに。さらに、どちらもそこに書かれた有名な事例が入門書・概説書のたぐいを通して文化人類学界の一般常識になっているにもかかわらず、原書自体はあまり読まれている様子はないのである。長らく入手困難であった『親族の基本構造』は二〇〇〇年にめでたく新訳本が出版され、まがりなりにも購入可能となったが、『ヌアー族の親族と結婚』の方は現在入手が超々々困難で、かくいう私も某大学の図書館でやっと見つけ、読むことができた次第である（であるから、古本屋でこれを見つけたら、値段を気にせず即買いすることをおすすめする）。

エヴァンス＝プリチャードはイギリスの著名な社会人類学者（イギリスでは伝統的に「社会人類学」という名称が使われてきた）。一九三〇年代にアフリカのスーダン南部に居住する牧畜民ヌエル族の調査をおこない、その成果を生業形態と政治制度に焦点を当てた『ヌアー族』、結婚と親族制度についてまとめた『ヌアー族の親族と結婚』、そして宗教関係を扱った『ヌアー族の宗教』という三冊の民族誌として発表した。これらは「ヌアー族三部作」と呼ばれ、民族誌の古典的名作として誉れ高い（ヌアー族三部作については、第四章注〈4〉でも言及している）。なお「ヌアー」は英語でNuerと表記され、これを翻訳者が「ヌアー」と日本語表記したが、実際には「ヌエル」と発音されるようで、文化人類学の概説書などに引用される際には「ヌエル」と書かれることがおおい。

ヌエル族は東アフリカの草原地帯に住んで牛を飼う牧畜民。すらりと背が高く、足が長く、のきなみ九頭身以上で、その姿は映画『アバター』のアバターたちを思い浮かべさせる。彼らが結婚する際にはふたつのことが重要となる。ひとつは花嫁代償の支払い、もうひとつはさまざまな婚礼儀式の遂行である。婚礼の儀式については次章でのテーマとなるので、ここでは花嫁代償について説明しよう。

ヌエル族では花嫁代償として、四〇頭の牛を支払うことが要求される。花婿の親族は父親が中心となって牛をそろえ、花嫁側に渡す。なおこの際、花婿側の経済状況によってはかならずしも一括払いでなく、主要部分の牛を渡したのち、残りは徐々に支払ってゆくことも可能である。また渡される牛は四〇頭が理想的であるが、全体的な牛の減少傾向から、エヴァンス＝プリチャードの調査時には二〇頭から三〇頭ほどになっていたという。

ここで話をわかりやすくするために、花婿の親族をAグループ、花嫁の親族をBグループとしよう。AグループはBグループに花嫁代償を支払うことでひとりの花嫁を手にいれる。彼女は花婿の配偶者となり、家庭での労働力となるが、もっとも大事なのは彼女の産む子供がAグループのメンバーになるということである。ヌエル族では子供は父親の親族に属すので、生まれた子供は父方親族であるAグループの一員と見なされる（これを「父系制」という）。つまり花嫁代償を支払うことによって、Aグループは彼女の生殖能力を手にいれるのだ。これがヌエル族の結婚に関する考え方である。

ではもし、妻が離婚したいと言いだしたらどうなるか。子供がひとりも生まれていなければ、Bグループは牛のほとんどを返却しなければならない。これで離婚が成立する。子供がひとり生まれていたら、Bグループは六頭の牛を残し、それ以外をすべて返却して離婚を成立させる。この六頭は、ひとり子に対する権利をAグループが保持するための牛である。子供がふたり生まれていたら、牛の返却は求められない。この場合、ふたりの子供はもちろんAグループに属すが、そのあとに、もし妻が別のグループの男と子供をつくったとしても、その子供についてはAグループが権利をもつ。つまり花嫁代償の返却がないのだから、結婚状態は継続している、よって彼女の産む子は夫方親族に属する、という論理である。では花嫁代償を返却して離婚を成立させたらいいのではと思うが、すでに子供ふたりを産んだあとに牛の返却に応じる妻方親族などいないようである。

妻が死亡した場合はどうであろう。子供がひとりも生まれていなければ、やはりBグループはほとんどの牛を返却しなければならない。子供がひとり生まれていたら、妻の家族は牛を保持するが、それ以外の親族はすべての牛を返却しなければならない（花嫁代償は妻方の家族のみならず、より広い範囲の親族のあいだで規定にしたがって分配される）。この場合、ひとり子はAグループに属する。子供がふたり生まれていたら、牛の返却は求められない。もちろん子供たちはAグループに属する。少なくとも子供ふたりを手にいれたのだから、もはや妻方の遺族に牛の返却などという無礼な要求をするまでもない、ということであろうか。

では夫が死亡した場合はどうなるのか。もし寡婦がまだ若く、子供を産んでいないか、産んでいてもひとりというような場合、原則として夫の兄弟が代理の夫となる。なぜならば花嫁代償として支払われた牛は夫の家族の共有財産であるので、彼女は夫の兄弟たちとも結婚していると見なされるからである。だが、結婚の絆が死によって切断されるわけではない。花嫁代償が亡夫の名において支払われているからである。それゆえ、たとえ夫の死後であろうと妻の産む子供たちはすべて亡夫の子と見なされる。このように、夫の死後にその兄弟（あるいは息子）が寡婦を引き継ぐ婚姻形態を〈レヴィレート婚〉といい、ヌエル族のみならずさまざまな民族が実践している。[7]

こうしてわれわれは、死が生まれてくる子供の父親となる権利を妨げないという驚くべき考え方に出会った。だがヌエル族はここにとどまらず、さらにその先をゆく。なんと死者が結婚するというのである。ある男が法的な男子後継者を残さずに死んだ場合、原則としてその兄弟が故人の名前で結婚しなければならないのだ。これを〈死霊結婚〉[8]という。「法的な男子後継者を残さない」とは、たとえば男が結婚前に死んでしまった場合などである。ヌエル族は男子が家系を伝え女子は他家に嫁にでるという父系制社会なので、こうした場合、死んだ男の兄弟（弟の場合がおおい）、あるいは他の近親者が彼の名で花嫁代償を支払い、結婚の諸儀礼をおこない、妻をめとって男子後継者を残そうとするのである。代理の夫はその後も家庭内で父親の役割を務めるが、そこで生まれた子供の父親はあくまでも牛を支払った「死霊」＝法的父なのである。つまりヌエル族では、社会が認める法的父と生物学的父とを明確に区別しているのだ。学術用語で前者は〈ペイター〉、後者は〈ジェニター〉と呼ばれる。ヌエル族においては花嫁代償としての牛を支払った者がペイターであり、「実の父」＝ジェニターが誰であろうと、社会的には一貫してペイターの親権が優先されるのである。

　この原理は、さらに驚くべき婚姻形態を導きだす。つまり牛を支払った者がペイターとなるのであれば、それは女性でもかまわないのではないか、という発想である。そしてまさに、ヌエル族では女性が女性と結婚するのだ。これを〈女性婚〉という。これは女が不妊の場合におこなわれることがおおい。彼女は親族の娘が結婚する際に花嫁代償として夫方から支払われる牛の分配にあずかったり、あるいは呪術師《じゅじゅつし》や占い師として活動し、その報酬として牛を手にいれる。必要な牛がたまったら、通常の男女の結婚とまったく同じ手続きを経て結婚するのだ。彼女は「夫」として牛を支払い、結婚の諸儀礼に参加する。その後、男の親族、もしくは友人、あるいは隣人などに頼んで妻に子供を産ませ、自分はその子のペイターとなることで子孫を確保するのである。なんとも奇妙かつ合理的な発想ではないか。

レヴィレート婚、死霊結婚、女性婚……そこに一貫しているのは、花嫁代償を支払った者が父親である、という明確な論理である。そして結婚から生まれてきた男子は父方親族のメンバーとして集団を存続させ、女子は婚出して夫方の親族集団を継承する子を産んでゆく。こう書くと、なにか牛で花嫁を買っているような印象を受けるが、それは違う。花嫁代償はひとりの女性に対する購入価格などではなく、それによってふたつの親族集団のあいだの人間関係をつくりだす手段なのだ。花嫁代償が支払われたからといって、妻はけっして夫の占有物とはならず、彼女を売り渡すことも殺すこともできない。彼女はつねに実家の親族の保護のもとにおかれ、夫の理不尽な振る舞いに対してはこれら親族が介入してくるだろう。ひとりの花嫁を婚出させた集団は、ひとりの女性を失うとともに彼女の産む子供たちをも失うことになる。花嫁を迎えいれる集団は、その代償として花嫁代償を支払うのだ。これらは消費財ではなく、おおくの場合、受けとられた財はその集団の男性メンバーが他集団から嫁を迎えいれる際の支払いにあてられる。さらにこの嫁が産んだ娘が結婚すれば、かつて花嫁代償を支払ったこの集団は、一世代を経て他集団から花嫁代償を受けとることになるのである。

このように花嫁代償は複数の結婚のために「使い回される」ことがおおい。花嫁代償の価値は経済的なものではない。その価値は花嫁を手にいれる回路を切り開き、婚姻に参与する集団を結びつけることにある。花嫁代償をめぐるやりとりを通じて、集団間の結束はより堅固なものとなってゆくだろう。

「交換」というキーワードに照らして考えれば、花嫁と花嫁代償が交換されるわけではない。前項で見たように、交換されるのはあくまでも女性と女性である。この女性の交換を通して人類は社会的連帯をつくりあげてきた。そしてその過程で、一部の社会（といってもアフリカ、アジア、オセアニアに広がるおおくの社会）において花嫁代償という制度が生まれた、と考えることができよう。

記号と価値のあいだ

文化人類学を勉強していていちばんよかったと思うのは、われわれの常識を覆すような事例に遭遇したときである、と前項で書いたが、もうひとつ、この学問をやっていてよかったと思う瞬間がある。それは、いわゆる金言名句に出会ったときだ。名句は学術書のなかにごくまれに見いだされる。著者はその文章を論理的展開のなかで必然的に書いたのであって、べつに名言集の一節に載せてもらおうなどという気は毛頭ない。だが無欲であるがゆえに、その文句はいっそう輝いて見えるのだ。

「女は記号でありつつ同時に価値でもありつづけた。」

これは『親族の基本構造』の最後の部分にでてくる一文である（邦訳では七九六頁）。これだけを見たのであれば、訳のわからない文章だろう。では解説させていただこう。結婚は女性の交換である、とレヴィ＝ストロースは論証（主張？）した。この場合の「女性」とは女性一般のことだ。ここでは女性が集団間を移動するモノのごとく表現されているが、それは女性を記号として扱っているからである。ここで重要なのは個別的なひとりひとりの女性ではなく、女性一般である。その女性がどこの誰であろうと、彼女は集団間のコミュニケーションを媒介する記号として働く。「女は記号である」とはこういう意味である。ところが現実生活のなかで結婚の当事者になるのは、生身の女性たちである。彼女たちは個別的に生き、具体的な生活を送っている。それぞれが個性をもち、独自の声で自己主張をする。つまり個別的な「価値」をもっているのだ。たとえ結婚という社会的制度のなかで「交換される女性」という一般的な記号のなかに押しこめられたとしても、彼女は自分自身であることをけっしてやめたりはしない。彼女は社会のなかに埋めこまれた受け身の声なき女などではなく、外に向かって自己を表明する個性ある女性なのである。つまり、女は記号でありつつ同時に価値でもあるのだ。

私がニャマとの結婚のプロセスで見いだしたのは、文字どおり女性を交換するという発想である。スズキ一族がカンテ一族に結婚を申し込むと、カンテ一族はスズキ一族に花嫁代償を要求する。その際、当の花嫁も花婿も発言する権利はいっさい認められない。まさにふたつの親族集団のあいだの交渉である。誰がなにをしゃべり、誰が黙っていなければいけないのか、すべてが慣習で決まっていて、みなが自動的にそれにしたがって行動する。なぜこんなことをするのか、などと疑問をはさむ者などいない。マンデの結婚式とはそういうものなのだ。花嫁となる女性も、花嫁を送りだす集団の女性たちも、花嫁を受けいれる集団の女性たちも、すべての者が、つつがなく結婚の手続きが終了し、花嫁が夫方の家に移動してゆくことを願う。結婚の申し込みからさまざまな儀礼を経て結婚が成就するまで、すべての手続きのなかで花嫁が位置する「場」が決まっている。こうして花嫁が結婚のプロセスのなかで画一的に設定された場に自分の存在をはめこんでゆくとき、まさに彼女は社会的記号と化すのだ。だが彼女は生きている。独自の声を発し、人間として唯一無二の価値を体現している。

「女は記号でありつつ同時に価値でもありつづけた。」

『親族の基本構造』においてさまざまな結婚の形態を比較検討しながら、人類が女性を交換される記号として利用する様をあきらかにしてきたレヴィ＝ストロースが、最後のページでこのことを指摘しながらこの本を締めくくったというのは、なにかずるいようであり、同時にカッコいいように私には感じられた。そしてこの文をはじめて読んだ瞬間、私の目に浮かんだのは、結婚式で花嫁になりつつあったときのニャマの姿であった。次章で紹介するように、マンデの結婚式は長期間つづき、そのなかで花嫁にはさまざまな儀礼行為が施される。それは花嫁にとって、体力的にも精神的にもかなりハードな試練であろう。いつもはち切れんばかりのエネルギーに満ちあふれていたニャマが、普段とは違う衣装に身を包んでおしとやかに構え、結婚式の流れのなかでなすがままにされながら、カンテ一族によってスズキ一族に与えられる花嫁という役割を演じている。このとき彼女はたしかに「交換される女性」という記号と化していた。だが私は知っていた。そのヴェールで顔を隠した女性は、私に素敵な笑顔を向けてくれた女性であることを。その衣装の下にいる女性は、私に深い愛を与えてくれた女性であることを。

〈1〉 レヴィ＝ストロースについての解説書は数多く出版されているが、ここでは基本的かつ良心的なものをいくつか紹介しておこう。まずは解説書の定番である新書版のなかでイチオシなのが小田亮『レヴィ＝ストロース入門』（二〇〇〇年、ちくま新書）。レヴィ＝ストロースの膨大な業績のエッセンスを限られたページ数にきれいにまとめあげた労作である。「入門」といいながら、現代思想や文化人類学についてのある程度の予備知識を前提として書かれているので、まったくの初心者には難しいかもしれない。

「人と思想」シリーズ96の吉田禎吾・板橋作美・浜本満『レヴィ＝ストロース』（一九九一年、清水書院）は、私の指導教官であった吉田禎吾先生の本。このシリーズの他の著作同様、本のタイトルとなった思想家の業績を概観した正攻法の入門書である。レヴィ＝ストロースが来日した際に吉田先生が案内役を務めたが、そのときに撮影された夫妻のポートレートが数枚掲載されていて、ほほえましい。『現代の思想家　レヴィ＝ストロース』（一九七一年、新潮社）はイギリスの著名な人類学者エドマンド・リーチによるもので、同じヨーロッパ人であり、同じくらい有名な人類学者ならではの批判精神（皮肉？）に富んだ文章が味わえる。長いあいだ入手困難であったが、二〇〇〇年にちくま学芸文庫から再版された。

　日本におけるレヴィ＝ストロース研究の第一人者でおられた渡辺公三による『現代思想の冒険者たち20　レヴィ＝ストロース　構造』（一九九六年、講談社）はもっとも上級者向けの解説書。文化人類学という枠のみならず、現代思想の地平からレヴィ＝ストロースの業績を理解しようという姿勢に貫かれた本書からはある種の品格さえ感じられ、たんなる解説書を超えてひとつの作品として成りたっている観がある。

　レヴィ＝ストロースの理論的立場を「構造主義」と呼ぶが、橋爪大三郎『はじめての構造主義』（一九八八年、講談社現代新書）はレヴィ＝ストロースの業績を中心に、そのルーツ（つまりレヴィ＝ストロース以前）とその影響（つまり以後）を平易な言葉づかいで解説した良書である。

〈2〉以下、カギかっこ内は『親族の基本構造』（福井和美訳、二〇〇〇年、青弓社）からの引用、（〇頁）はその掲載ページを意味する。ただし（〇頁）が付属しない短めのカギかっこはたんなる強調であって、引用ではない。

〈3〉『親族の基本構造』における親族関係の表現はすべて男性を起点にしている。それはこの本のなかで説かれる社会組織化のプロセスと密接に関わっているのであるが、ジェンダー研究の発達にともなってその男性偏重の発想が批判されるようになった。くわしくは田中雅一・中谷文美（編）『ジェンダーで学ぶ文化人類学』（二〇〇五年、世界思想社）の「7 つがう——結婚の多様な形」（青木恵理子）を参照のこと。

〈4〉『贈与論』はモース『社会学と人類学I』（一九七三年、弘文堂）の第二部に所収されている。長いあいだ、われわれ人類学者はこの弘文堂版に世話になってきたが、二〇〇八年にはこの本から『贈与論』のみが再版され（勁草書房）、さらに二〇〇九年には新訳版『贈与論』が出版された（ちくま学芸文庫）。

モースはフランスの著名な社会学者デュルケームの弟子であるとともに、フランス民族学の祖（文化人類学はフランスでは民族学と呼ばれる）というべき人である。人類学者であればかならず知っている名ではあるが、同世代のマリノフスキーに比べ、その経歴や人柄などは意外と知られていない感があった。これまでモースをおおきくとりあげた日本語文献は少なかったが、竹沢尚一郎『表象の植民地帝国』（二〇〇一年、世界思想社）の第4章ではかなりのページを割いて、彼の生い立ちから学問的業績、さらに後進への影響にいたるまで、くわしく紹介している。またモース研究会『マルセル・モースの世界』(二〇一一年、平凡社新書)では、その研究の諸相、影響力が多岐にわたって紹介されている。

〈5〉『親族の基本構造』には二種の和訳本がある。ひとつは一九七七～七八年に上下二分冊で出版された番町書房版（馬淵東一・田島節夫監訳）。長いあいだ人類学者に親しまれてきた本だが、ずいぶんまえから入手困難となり、図書館で借りるか、古本屋で見つけて買うしかない状態がつづいた。そんななか、二〇〇〇年に青弓社から新訳本（福井和美訳）が出版され、やっと現行品として入手できるようになった。気になるのが両者の違いであるが、番町書房版はフランス語の原文をなるべく忠実に日本語に置き換えることをポリシーとしているようで、どちらかというと直訳調で、文章も硬い。しかし文章の意味内容を学術的レベルでより正確に把握するには、直訳的であるこちらの文章の方が有利であるように思える。いっぽう青弓社版は、訳者が原文の意味内容を一度自分のなかにとりこみ、それを現代の日本人の読者にわかりやすい言葉として加工する、というプロセスを経ているように思われる。日本語としての読みやすさ、現行品としての購入のしやすさから考えて、こちらが現在におけるスタンダード版といえるだろうが、もしあなたが人類学者で、より高い精度の「読み」をしたいのであれば、両者を併せ読みするのがいいだろう。さらにフランス語の原書を参考にすれば理想的だが、実際にそんなことをするのはレヴィ＝ストロース研究者くらいのものだから、張りきってあまり無理をしないように。

山下晋司（編）『文化人類学入門』（二〇〇五年、弘文堂）は、文化人類学をめぐる二〇のトピックについて、第一線で活躍する人類学者がそれに関する古典的著作を紹介しながら論考を繰り広げる、というおもしろい本であるが、そのなかの「結婚——2つの古典の解読法」(船曳建夫)において『親族の基本構造』の具体的な読み方が提案されている。参考になるかも。

〈6〉ここで結婚についての記述を含むいくつかの文献を紹介しておこう。まずはマリノフスキー『未開人の性生活』(一九七一年、新泉社)。第一章で紹介したように、マリノフスキーはメラネシアのトロブリアンド諸島において人類学史上はじめて長期のフィールドワークを実施し、そこでおこなわれるクラ交易についての民族誌『西太平洋の遠洋航海者』を書いたが、これは同じ調査からトロブリアンド諸島における結婚を含む性生活について記した民族誌である。女性が妊娠するのは男性と性交したからではなく、死後の世界にいた霊が女性子孫の体内にはいったからである、という驚くべき生殖観を紹介したことで有名。マリノフスキー独特の生き生きとした文体で書かれた楽しい本である。

嶋田義仁『優雅なアフリカ』(一九九八年、明石書店)はアフリカのカメルーン北部に位置するレイ・ブーバ王国についてのエッセイ風民族誌であるが、その前半部分で若者の恋愛事情から一夫多妻制の現状まで、著者の具体的体験を交えながらわかりやすく考察している。小川了『サヘルに暮らす』(一九八七年、NHKブックス)もエッセイ風民族誌だが、舞台は西アフリカのセネガルである。本の後半部分でヨバイ、略奪婚、一夫多妻、結婚式について、著者の調査したフルベ族の村の事例を中心におおくのエピソードが紹介されている。和田正平『性と結婚の民族学』(一九八八年、同朋舎出版)では、本節で紹介する死霊結婚や女性婚などが、アフリカのみならずアジアなどの例とも比較されながら、総合的に考察されている。この節で紹介されているヌエル族の結婚形態についてより深く理解したい人には必読の書である。

〈7〉この逆の婚姻形態を〈ソロレート婚〉という。つまり、妻が死亡した場合にその姉妹が夫方に婚入してくるのである。ヌエル族ではこの形態は実践されていない。

〈8〉『ヌアー族の親族と結婚』では〈死霊結婚〉と訳されているが、〈亡霊結婚〉〈死霊婚〉〈冥婚《めいこん》〉など、訳語は一定していない。

第六章

結婚式
——ヴァージョンアップの儀式

結婚直後の新郎新婦（モリ・トラオレ撮影）

一　長ーい結婚式

派手婚のはじまり

地味婚、派手婚、パーティー婚……結婚式にもいろいろあるが、私が望んだのは地味婚であった。それには理由がある。

当時、私はアビジャンのストリート文化の調査をしていたのだが、ひとつ不安に思うことがあった。ストリート・ボーイにもさまざまなタイプがある。いきなり現れて自分たちの生活について根ほり葉ほり質問してくる私を、極東からわざわざきてくれた友人として迎えいれてくれる者もいれば、正体不明の怪しげなアジア人としてこころよく思わない者もいる。もし後者のタイプのストリート・ボーイが私の結婚のことを知ったら、「いっちょ、邪魔してやろうか」などという邪悪な考えにとりつかれ、結婚式を妨害したり、あるいは花嫁の親族に危害を加えかねないのではないか。そのことをニャマの父親に相談したところ、たしかにそのとおりだ、ということで、親しい親族だけに声をかけ、できるだけ地味婚にしよう、という話に落ちついた。だが私は大切なことを忘れていた。そう、アフリカの人々はおしゃべりなのだ。とりわけグリオは。

それから数日後、アビジャンの街を闊歩《かっぽ》していると、ある新聞の一面が私の目に飛びこんできた。アビジャンでは通りに面したキオスクなどで新聞が売られることがおおい。その際、日本の駅の売店に並ぶスポーツ新聞のように各紙の一面を目立つようにずらりと並べる。通行人は一面の大見出しや写真を見て、読みたい新聞を買ってゆくのだ（どこの国でも、やることは同じだ）。それらのなかの一紙にニャマのグループ〈レ・ゴー〉の写真が載っていた。「また、コンサートでもあるのかな」と思いつつ見出しを拾い読みした私の顔から血の気が引いてゆく。なんとそこに書かれていたのは、「ニャマが日本人と結婚――その名はスズキ」というものであった。

つまりはこういうことである。花嫁の側が親族会議を開き、結婚の申し込みから受諾までの経緯と結婚式の日取りが伝えられた。各人はその日に向けて準備を開始するのだ。親族会議の最後に地味婚についての説明があったのだが、もう彼らの気持ちは結婚式に飛んでいってしまっている。あのアイドル歌手のニャマが、結婚、しかも国際結婚なんだって。各人が自宅に戻って家族に、隣近所に、友人知人に吹聴《ふいちょう》する。それを聞いた者が同じことを繰り返す。三日もすれば、もうアビジャン中のジュラ社会の隅々にまで話がゆきわたる。当然そのなかにはジャーナリストもいるだろう。彼らがこんな特ダネを放っておくはずがない。かくしてわれわれの結婚に関する第一報が報じられ、私の地味婚作戦は見事に失敗。ここに派手婚の幕が開かれたのである。

八日間のセレモニー

前章で述べたように、私の結婚式は八月一九日の月曜日から八月二六日の月曜日まで、なんと八日間もかけてとりおこなわれた。本章では、この長い長い結婚式のプロセスを紹介し、それを人類学的に解釈してみようと思う。そのまえに、結婚式会場について説明しておこう。

会場の中心となるのは花嫁の実家とその前の道路。結婚式のあいだ道路は通行止めとなり、即席の屋外結婚式会場となる。ここで太鼓にあわせて出席者が踊り、グリオの歌声が響きわたる。家の中庭では女たちが炊きだしに精をだし、主だった出席者や遠路はるばるやってきた親族などに食事が振る舞われる。そして家のなかでは花嫁を中心とした儀礼がとりおこなわれる。

ここでひとつ、結婚式会場に関する驚くべき決まりを紹介しておこう。それは、花

部屋に隔離されたニャマ（左）（ニャマ・カンテの家族撮影）

婿はけっして会場に近づいてはいけない、というものである。万が一、隠れて近づいたのが見つかったりしたら、罰金ものだという。主役の片方が排除されるとは、いかなる結婚式なのであろう。

それでは結婚式のプロセスを見てゆくことにしよう。

八月一九日（月）

早朝、まだ日がのぼるまえ、会場の家のなかで花嫁を清める儀礼がおこなわれる。まずはイスラム式の祈りを唱えながら、女性たちが花嫁の身体を水で清め、白いスカーフを頭に被《かぶ》らせ、白いヴェールで顔を隠す（この後、結婚式の要所要所で「女性たち」が儀礼に携わるが、それはイスラムに精通した専門的知識をもった女性と、親族の年かさの女性たちからなる)。こうして俗世間の塵《ちり》を落とした花嫁は、家のなかの一室に籠《こ》もり、トイレの時以外はその部屋からの外出を禁じられる。この部屋は「花嫁の部屋」と呼ばれ、そこにはいることができるのは花嫁と親族関係あるいは友人関係にある女性だけで、完全に男子禁制となる。例外はビデオ・写真撮影をするカメラマンで、思い出を映像・画像として残したいという欲求は伝統的慣習よりも強いことがよくわかり、なんとなくほほえましい。この日、花嫁はベッドの上に座り、それを大勢の女性が取り囲んで、部屋は超満員となる。だがそこには日本の通勤電車のような息苦しさはない。彼女たちは手拍子をたたきながら、花嫁を祝福する歌を歌いつづけ、満員の部屋は喜びで満たされるのだ。

家の前の会場には朝から人々が集まってくる。親族、友人、隣近所……みな祝福の気持ちを携えてやってくる。やがてこの日のために雇われた太鼓グループが演奏をはじめる。ジェンベからたたきだされる高音は耳を突きぬけ、ドゥンドゥン(大太鼓)のベース音が腹に染みわたる。我慢できなくなったひとりの女が中央に躍りでてダンスをはじめると、太鼓のリズムが激しさを増す。踊り疲れた彼女が引っこむと、すかさず次の女が飛びこんで踊りだす。こうしてダンスのリレーがつづいてゆく。ダンスが喜びの表現であることがヒシヒシと伝わってくる瞬間だ。

こうしているあいだにも出席者は増えつづけ、ある程度の数になったところでグリオが登場し、誉《ほ》め歌を歌いはじめる。太鼓にあわせ、あるいは木琴にあわせ、あるいはエレキ楽器を使ったバンド演奏にあわせて、グリオが声を張りあげる。誉められた人はその返礼にご祝儀のお金を渡す。グリオの声が響きわたり、お札が舞う。ジュラの祭りでかならず見られる「お約束」である。

おもてではグリオの演奏と太鼓にあわせたダンスが繰り広げられ、家のなかではお祝いに駆けつけた女たちが「花嫁の部屋」で歌い、おしゃべりをする。中庭では炊きだしがおこなわれ、人々が空腹を満たしてゆく。やがて日が暮れ、夜のとばりが街を覆う頃、祭りはお開きとなる。踊り疲れた人々は家路に就き、グリオは今日の稼ぎを数えあげ、朝からつづく緊張の連続から解放された花嫁は、ほっと胸をなでおろして眠りに就くのであった。

八月二〇日（火）〜二一日（水）

この二日間は中休みといったところ。おもてではやはりお祭り騒ぎが繰り広げられ、ジェンベ、ダンス、グリオのパフォーマンスがおこなわれるが、一日目ほどに盛大なわけではない。「花嫁の部屋」にはひっきりなしに訪問者がやってきて、華やいだ雰囲気に包まれる。遠方からやってきた親族とアビジャンの親族とのあいだで久方ぶりの会話がはずみ、ハレの日の空気が人々を陽気にさせる。結婚前の挨拶《あいさつ》まわりの際に訪問するのをうっかり忘れてしまった先の親戚《しんせき》が怒鳴りこんでくるのも、この期間である。

八月二三日（木）

結婚式の中日にあたるこの日は、たいへん重要な一日である。月曜日が起承転結でいうところの「起」（オープニング）、つづく火・水曜日が「承」であるとすれば、木曜日は「転」にあたり、式の流れがおおきく展開する。ちなみにそのほとんどがイスラム教徒であるジュラ社会においては、木曜日は縁起のいい日とされる。イスラム社会では金曜日は礼拝の日にあたり、昼過ぎにはみなでモスクに集ってお祈りをする、という習慣がある。この聖なる日の前日である木曜日こそ、さまざまな儀礼やお祭りをするのにもってこいの日であると考えられているのだ（金曜日にはお祭りごとは避けられる傾向が強い）。

その1　モスクでの交渉

この日の朝、花嫁・花婿それぞれの親族の代表（もちろん、長老たち）が近くのモスクで一堂に会する。みな、伝統衣装に身を包み、気合いのはいった面もちでモスクに馳《は》せ参ずる。なんのために？　結婚の最終交渉に臨むために。もちろん、両親族間で結婚についての合意がなされたから結婚式がはじめられたのであるが、ここでもう一度、今度は神の前で最終確認をおこなうのだ。なるほど、それはごていねいなことで、などと感心している場合ではない。このモスクでの交渉こそ、結婚式の全過程を通してもっとも危険な、背筋の凍る瞬間なのだ。なぜなら、ここで花嫁側から花婿側に花嫁代償の増額要求が突きつけられるのであるから。

花嫁側の代表はモスクの軒先に陣取る。その数、一〇人以上。みな百戦錬磨のグリオたちだ。花婿側の代表は交渉人フォファナ氏、父親役のモリ氏、オジ役のコネ氏、日本からきたオジ役の原口氏（アジア経済研究所）、そして私。人数においても経験においてもかなりの劣勢を強いられているわれわれだが、そこはフォファナ氏の力量でカバーするしかないだろう。ちなみにわれわれは花嫁側より一段低い場所に座らされるが、これは花嫁を与える側の方が花嫁を求める側よりも偉い、という力関係を表している。

まずはわれわれから花嫁側にバナナの葉に包まれたコーラの実が一包み渡され、交渉が開始される。つづいて花嫁代償のなかであらかじめ決められていた現金で支払われる額がフォファナ氏から先方に渡される。こうしてコーラの実と数枚のお札が渡ったところで、花嫁側の長老たちが議論を開始する。「はたして、こんなはした金で、うちの大事な娘を嫁にだしていいものだろうか？」「遠方からたくさんの親族がやってきて、だいぶ交通費がかさんでしまった」「式が思ったより大がかりになり、食費さえ足りないではないか」「やはりここは、花婿からもっと金をだしてもらわねば……」というわけで、花嫁側の代表が花嫁代償の増額を要求してくることになる。

そんなバカな、これでは契約違反ではないか、などと考えるのは西洋化された素人の浅はかな考えというもの。これはマンデの結婚式に組みこまれている伝統的な手続きのひとつなのである。結婚申し込みの際におこなわれた花嫁代償の値段交渉と同様のプロセスが、ここで再登場するのだ。しかし、だからといって気を緩めていいわけではない。現金が絡むせいか、双方とも完全な本気モードとなる。すこしでも金額をあげたい花嫁側と、最初の額をキープしたい花婿側とのあいだで壮絶な交渉が繰り返される。儀礼的な手続きであるはずが、長老たちの頭に血がのぼってしまい、ごくたまにではあるが破談になることもあるという。まさに最後の関門だ。私は手に汗を握り、固唾《かたず》を呑《の》みながら成りゆきを見守る。矢継ぎばやに激しい要求を繰りだしてくる花嫁側の代表と、それらをていねいに論破しつつあくまでも値上げに応じないわれらがフォファナ氏。目の前を言葉の弾丸が飛び交う。まさに言葉のバトルロワイヤル。

そんな状況が一時間もつづいたあと、双方が徐々にトーンダウンし、とうとう決着がついた。結果はわれわれの完全勝利。さしものグリオたちもフォファナ氏のねばりに根負けし、値上げ要求を撤回したのだ。

こうして双方の合意がなされると、その結果がモスクのイマーム（イスラム教の導師）に伝えられる。それを受けてイマームが神の前で結婚の成立を宣言し、つづいて両親族がいっしょにイスラム式のお祈りを唱える。これらの手続きすべてが終了したところで、最初にわれわれが渡したコーラの実が出席者ひとりひとりに配られて解散となる。これで神の前でこの結婚は確定し、何人といえども異を唱えることができなくなったのだ。緊張の面もちで対面していた両親族が、神の面前でひとつの親族（正確には姻族、つまり婚姻を通して結ばれた親族）になり、満面の笑みを浮かべながらたがいに祝福を述べあう。なかでも、私にもっとも信頼を寄せてくれていたニャマの実父の顔に浮かんだ、心の底から安堵《あんど》した表情が印象的であった。この吉報を携えて、人々は結婚式会場に移動し、その会場にゆくことを禁止された私だけ、ひとり寂しく帰宅するのであった。

その2　お祝いの歌・踊り

モスクでの交渉がつづいているあいだ、会場には次から次へと出席者が集まってくる。親族、友人、隣人のみならず、遠い遠い親戚や友達の友達のそのまた友達まで駆けつけ、狭い会場が数百人の女性でいっぱいになる（若干いる男性は、近しい親族のメンバーと、グリオ、太鼓奏者などの演奏家）。一日目のお祭りではTシャツに腰巻き姿の普段着の者もいたが、この日はみながカラフルな伝統衣装に身を包んでの盛装だ。はやくからイスラム化されたマンデでは、たっぷりの布を使った民族衣装が発達している。だが、その色彩はアラブ系イスラム教徒のそれのように地味なものではなく、華美ともいえるほど派手な布地が使われている。祭礼の際に流行の装飾を施した衣装を新調することは女たちの最高の楽しみであり、そのたびに懐が寂しくなる夫たちの最大の悩みでもある。

さて、昼過ぎになってモスクでの交渉成立の報告が届けられると、会場では待ってましたとばかりに太鼓演奏が開始され、喜びのダンスが踊られ、グリオの歌が響きわたり、お札が乱舞する。レンタル業者から借りだされた椅子が会場を取り囲むように並べられ、中央の空間で歌や踊りが繰り広げられる。席から溢《あふ》れんばかりの大勢の出席者に囲まれ、歌にも太鼓にも踊りにもいっそうの熱がこもる。だが、この永遠につづくかと思われるお祭り騒ぎも、日の入りとともに幕が下ろされる。

その3　出立の儀礼

おもてでのお祭りが終了すると、今度は家のなかがにわかに騒々しくなる。この夜、花嫁は「花嫁の部屋」をでて花婿の待つ家に移動する。だがそのまえに花嫁に儀礼を施さねばならない。

まずは女性たちが花嫁がそれまで着ていた服を脱がせ、イスラム式の祈りとともに水でその身体を清め、真っ白な布を身体に巻き、あたらしいヴェールとスカーフを被せる。こうして「純白」になった花嫁が「花嫁の部屋」から登場する。すると花婿側の女性（花婿のオバなど）が彼女をエスコートし、中央に据えられた椅子に座らせようとするのだが、そこにはすでに白いヴェールに顔を隠したひとりの女性が座っている。みなが「そこは花嫁の場所なんだから、どきなさい」と文句を言うが、いっこうに動く気配がない。脅しても、すかしても、頑として椅子を譲ろうとしない。「仕方がない、これをあげるから」と言ってお札をつかませると、やっと重い腰をあげる。そこに座っていたのは花嫁側の年かさの女性であった。彼女は親族を代表して結婚に対する抵抗を試みていたのだ。「うちのかわいい娘を、嫁になんかやりたくない……。」それと同時に、この女性は花嫁のそれまでの生活態度や素行について、忌憚《きたん》なく批判する。花嫁のしてきた良いこと、悪いことが、その口からみなの前で公表されるのだ。それが終了すると、やっと椅子が空席となる。椅子をよく見ると、それは臼《うす》をひっくり返したものである。マンデのみならず、アフリカのおおくの地域では料理で材料をすりつぶすために杵《きね》と臼を使う。杵は日本の餅《もち》つきで使われるような直角型ではなく、お月さんのウサギが使用しているようなまっすぐなタイプ。臼も大型のズン胴ではなく、小型か中型で下の方がすぼまったタイプである。料理をする女性はまるで太鼓をたたくかのようにリズミカルに杵をつき、赤ん坊はその背中で杵と臼からたたきだされるリズムに揺られながら眠りこける（日本の赤ん坊なら泣きだしてしまいそうな激しいリズムなのだが）。杵と臼は台所の象徴であり、台所をあずかるマンデ女性にもっとも身近な家財道具なのだ。

さて、空席となった臼の上には、まず花嫁の手を引いてきた花婿側の女性が座る。次に、彼女の膝《ひざ》の上に花嫁が座る。つまり、花嫁は自分の家から花婿の側に乗り移るわけである。この状態で、ヒョウタンを半分に割った天然の洗面器に満たされた清潔な水で、花嫁の顔、両手、両足を清めてゆく。同時に、花嫁を取り囲んだ女性たちが、家をでて花婿のもとに向かう娘のために歌を歌いつづける。慣れ親しんだ親元を離れ、愛する男の待つあたらしい家に出立する花嫁。身が清められ、歓送の歌が終了すると、花嫁は花婿の家に移動し、その夜から翌月曜日の早朝まで「夫婦の部屋」で過ごすことになる。

八月二三日（金）〜二五日（日）

前日の夜の花嫁の来訪を受けて、花婿の家はいっきに華やぐ。花嫁と花婿は用意された「夫婦の部屋」でともに時間を過ごす。前夜の来訪時から、花嫁には親族から選ばれた年かさの女性がひとり世話役としてつき、花嫁が不自由しないようにと隣部屋でつねに待機している。「夫婦の部屋」はやはり男子禁制で（もちろん、花婿は例外である）、女性の親族や友人たちが訪ねてきては、花嫁を元気づけたりおしゃべりをしたりして帰ってゆく。

基本的にこの時期は、起承転結の「転」の部分の延長で、独身であった花嫁が花婿の妻となるという事実を、時間をかけて定着させるのである。よってこの期間、花婿にはつねに花嫁とともにいることが求められるが、二ヵ月間のフィールドワーク期間中であった私は、アビジャンのストリート文化を調査すべく昼から家を空け、夜になって花嫁の待つ家に帰るのであった。調査に熱中して夜遅くまで帰ってこない花婿を「夫婦の部屋」のなかでたったひとり待つ花嫁。このときの恨みはいまだに癒《いや》されることはなく、夫婦喧嘩《げんか》の際に私をやりこめる武器となっている。このあいだ結婚式会場では、花嫁不在にもかかわらず連日お祭り騒ぎが繰り広げられるのである。

八月二六日（月）

いよいよ結婚式最後の日。この日の早朝、まだ人々が床から這《は》いだすまえに花嫁は「夫婦の部屋」を後にし、結婚式会場となっている実家へと戻る。そしていよいよ、長かった結婚式を仕上げるための準備がはじまる。この日は起承転結の「結」の日に他ならない。

その1　仕上げの儀礼

家に戻った花嫁は、まずそれまで身につけていた白い衣装、スカーフ、ヴェールを脱いで、女性たちの手によって水で身体を清められ、新調した花嫁衣装に着替える。これは花嫁にしか売ってくれないという特別な布で仕立てられている。色は茶と紫の中間で深みがあり、素材は綿で、光沢のある仕上がりが上品だ。仕立ては伝統的なスタイルで、一枚の布から、巻きスカート、頭からすっぽり被るゆったりした貫頭衣、頭を覆うおおきめのスカーフがつくられる（本章の扉写真を参照）。

結婚式会場では朝から太鼓の演奏がはじまり、集まってきた気のはやい連中が踊りはじめている。太鼓の音に釣られるようにして近所の人々や子供たちが会場を取り囲む。そんななか、本格的に出席者がそろうまえに、最後の儀礼が花嫁に施される。これは会場の中央に布を敷き、花嫁をそこに横たわらせ、女性たちがそこを取り囲み、花嫁のために仕上げの歌を歌う、というものである。

花嫁衣装に着替え、化粧で顔を整えた花嫁が、彼女の属する三人組のコーラス・グループ〈レ・ゴー〉のメンバーであるふたりにエスコートされて家からでてくる。その美しさに会場がどよめく。花嫁は儀礼のために会場の中央に連れてゆかれる。だが彼女が寝そべるべき場所にすでに誰かが横たわっているではないか。白い布ですっぽりと全身を隠しているため、それが誰かはわからない。「ここは花嫁の場所だから、はやくどきなさい」と女性たちが追いだしにかかる。だがいっこうに動く気配がない。我慢しきれなくなった女性たちがさらに毒づくと、「しょうがないなー」と謎の女が起きあがる。それは木曜日の儀礼の際に臼の上に座っていた、あの花嫁側の女性であった。彼女は、「でもやっぱり、かわいい娘を嫁にやりたくない」という花嫁側の心情を代表しているのだ。まさに最後の抵抗である。だがその気持ちを押しきって、結婚式を成就させねばならない。

やっと空いた布の上に花嫁を横たえると、彼女をおおきな布で覆い隠し、妹のひとりが彼女に優しくひざ枕をしてあげる。十数人の女性たちが彼女を取り囲み、最後の歌を高らかに歌いあげる。円陣を組んだ女性たちに囲まれ、布にくるまれて横たわる花嫁。まるで子宮のなかの赤ん坊のようだ。女性たちの歌声が羊水のように花嫁を包みこむ。この世に生を受け、ひとりの独立した人格として成長した彼女が、今度は結婚して家庭をつくりあげる女性として生まれ変わる。その準備がすべて整い、今まさに出産の時がやってきた。女性たちの歌が終わる時、それはあたらしい花嫁が産み落とされる時に他ならない。こうして生まれ変わった花嫁はいったん家のなかに引き返し、お色直しをして、いよいよみなの前にその姿を現すことになる。

その2　お披露目

この日、結婚式会場に近づくことを禁じられていた花婿に、やっとのことで許可がおりる。私は新調した伝統衣装に身を包んで、会場に向かう。

朝の儀礼のあと人々が徐々に集まって満員となった会場は、お約束のグリオ、ジェンベ、ダンスで大盛りあがりの様子。すべての手続きがつつがなく終了し、解放感に包まれる人々。そしてお祭り騒ぎが最高潮に達したところで、今日のメイン・イベント、「花嫁・花婿のお披露目」がおこなわれる。白いヴェールで顔を覆っていた花嫁と、その存在すらうかがえなかった花婿。それまで人々の目から隠されていたおおいなる秘密が、今あきらかにされようとしている。

私は会場近くの目立たない場所に停められた自動車のなかで待機する。会場では、花婿が到着しもうすぐその姿を現すことが告げられる。頃合いを見計らい、スズキ一族の者に手を引かれて会場に向かう。人垣の一角が魔法の扉のように開き、私はそのなかに吸いこまれてゆく。人混みのあいだを通過すると、目の前にアリーナのような空間が開かれる。その明るさに一瞬めまいを覚える。人垣に囲まれた空間には、顔見知りのグリオが、ニャマの両親が、親族の代表がいて、私を迎えいれる。「さあ、花婿の登場だ！」会場のあちこちから沸きあがる歓声の渦。エレキ・バンドを従えたグリオの歌がはじまる。そのリズムに乗って、私は〈レ・ゴー〉のふたりにエスコート

お披露目される花婿（撮影：ニャマ・カンテの家族）

Depuis le jeudi 22 Août dernier, Melle Niama Kanté a rompu avec le cercle de célibataire. La ravissante chanteuse des "GO" de la troupe artistique Kotéba est désormais l'épouse de M. Suzuki alias Aboubacar Sidiki journaliste photographe japonais. En attendant la cérémonie civile...

M. Suzuki et Madame

...prévue pour le Jeudi 05 Septembre, voici les images de la cérémonie traditionnelle fixées par notre reporter photographe Bill Léo, à Abobo

La mariée se fait belle avant le grand moment

Admirez le charme de Mme Suzuki

Niama accompagné par ses deux complices du groupe Kotéba

結婚式最終日の模様を伝える記事（『Star magazine』1996年9月3日号より）

されながら会場をぐるりと一周する。私の顔をよく見ようと身を乗りだす出席者たちのあいだから、「スズキー、スズキーッ」と掛け声がかかる。途中、グリオの前で立ちどまって誉め歌を歌われる。本来ならご祝儀のお金を渡さねばならないところだが、今日は私自身の結婚式。当然、ご祝儀は免除される。誉め歌を全身で受けとめた私は、会場の残り半分を回り、用意されたソファーに腰掛ける。

　花婿のお披露目につづいて、花嫁が登場する。朝の儀礼の際の衣装から白い花嫁衣装に着替え、やはり〈レ・ゴー〉のふたりにエスコートされながら会場に姿を現す。グリオの歌が響きわたるなか、会場をゆっくりと一周する。マンデ社会ではその名字によってテーマソングが決まっていて、儀礼の際にグリオがそれを歌うことが慣例となっている。ニャマのためにカンテ一族のテーマが演奏され、あいだにグリオによる誉め歌が歌われ、会場はおおいに盛りあがる。会場を一周した花嫁は、やがて私の隣に腰を下ろす。結婚式が七日前にはじまって以降、新郎新婦が人前ではじめて肩を並べる瞬間であった。

こうして人々の前に姿を現した花嫁と花婿の前でしばらく歌や踊りが繰り広げられ、やがてわれわれが家のなかへと退出すると、お祭り騒ぎも終わりを告げることになる。家のなかで一息つくわれわれのもとには、顔を「公開」した花嫁・花婿に直接祝福を述べようという人々が訪れる。おもてでのお祭りが終了し、訪問客も途絶える頃には日はすっかり暮れて、夜の静けさが訪れる。こうして結婚式に携わった親族一同がほっと胸をなでおろし、八日間にわたる狂騒の結婚式が、その幕を下ろすのであった。

二　通過儀礼というトンネル

三段階のプロセス

さてさて、困ったものである。この長く複雑な結婚式を、どう理解したらいいのだろうか。文化人類学の目的は異文化を理解することにある。われわれの目から見て「奇妙」なことが、別の視点から眺めたときにじつは「合理的」であることがわかる。この世にはさまざまに異なる視点が存在するのであり、人類の一員たるわれわれはそのことを具体的に理解し、「異なる」ということを受けいれる広い心をもたなければならない。それにしても、この結婚式はいったいなんなのか。なぜ八日間ものあいだつづけられるのか。途中にはさまれる奇妙な儀礼にはどんな意味があるのだろう。

ではここで、またしても強い味方に登場してもらおう。前章で紹介したレヴィ＝ストロースの大先輩であり、モースとは同時代人。彼こそがフランス民族学の初期の重鎮、ファン・ヘネップである。

　時は二〇世紀初頭、文化人類学あるいは民族学なる学問が産声をあげ、それに携わる「肘掛《ひじか》け椅子の人類学者」たちは、世界中から集められた「奇妙」な異文化に関する情報の分析に精をだしていた。そのなかには、さまざまな種類の儀礼に関する情報が大量に含まれていた。それは、たとえば赤ん坊が生まれたときの手続きの数々であり、秘密めいた成人式であり、結婚の際のお祭り騒ぎであり、おごそかな葬式であった。こうした儀礼は、じつに目立つ。なぜなら、儀礼のあいだは日常生活が一時中断し、大勢の関係者が儀礼に動員され、しかもイベントは音楽をともなったり、仮面が乱舞したり、特別な衣装が使われたりと、派手なものである場合がおおいからである。それはフィールドワークのために現地に滞在してみればあきらかだが、他人が書いた報告書を読んでいたとしても、儀礼についての記述はやはり目立つ。しかも嬉《うれ》しいことに、それらの儀礼はじつに「奇妙」なものばかりなのである。新興学問である文化人類学にとって、まさに願ったりかなったりの研究材料であった。

　だがそこにあるのは、広い世界から集められた異なる民族のさまざまな儀礼の数々。まったくもってバラバラな事例だ。そこになんらかの共通性があるのだろうか。大量の資料に目を通しながら、ファン・ヘネップは考えた。そして彼はあることに気がついた。儀礼のなかには、人がある集団から他の集団に、あるいはある社会的地位から他の社会的地位に移ってゆく際にとりおこなわれるものが数多く存在する。このように人をひとつの集団や地位から他の集団や地位に通過させるための儀礼は〈通過儀礼〉と呼ばれる。一九〇九年、ファン・ヘネップは古今東西の通過儀礼を比較検討した画期的な本を発表する。そのタイトルは、そのまんま『通過儀礼』[1]。彼は言う。

「ある集団から他の集団へ、またあるステータスから次のステータスへ、次から次へとなぜ移っていかなければならないかということは、〈生きる〉という事実そのものから来るのである。つまり、ある個人の一生は、誕生、社会的成熟、結婚、父親になること、あるいは階級の上昇、職業上の専門化および死といったような、終わりがすなわち初めとなるような一連の階梯《かいてい》からなっているのである。これらの区切りの一つ一つについて儀式が存在するが、その目的とするところはおなじである。つまり、個人をある特定のステータスから別の、やはり特定のステータスへと通過させることに目的がある。目的がおなじであるため、その達成手段は、細部に至るまで全くおなじということはないにしても、少なくとも類似するようになるのである」（三頁）。

ここでまず理解しなければならないのは、人間は「分割」する動物であり、分割こそが文化の基本であるということだ。たとえば一日は刻一刻と移ろいゆく時間の連続だが、人はそれを「朝」「昼」「晩」などと分割し、それぞれにあわせて挨拶（「おはよう」「こんにちは」「こんばんは」）を使いわける。色は光の反射だが、そのグラデーションはじつは連続的であり、ひとつひとつの個別の色がぶつ切りに並んでいるわけではない。ところがわれわれは連続的な色の変化のうちから特定のものを特定の色として認識し、「白」「黒」「赤」「青」などと命名し、しかも白と赤は祝いの色、白と黒は喪の色、などと文化的な意味を貼りつけてゆく。このように連続体を分割してそこに意味を付与するというプロセスが、われわれの世界を成りたたせているのだ。〈2〉

人間の「生」も連続的な時間の流れにすぎない。生まれてから死ぬまで、連綿とつづく時間の流れがあるだけだ。だがわれわれはそれを分割せずにはいられない。か弱くかわいい幼少期、純真かつ残酷な少年・少女期、悩み多き青年期、結婚を経ての壮年期、人生たそがれ老年期、誰もが迎える死後の世界。こうして一生をいくつかの期間に分け、その階梯をひとつずつ登ってゆくプロセスとして人生をとらえるのだ。人生には「いつも越えて行くべき新しい敷居がある」（一六四頁）。その敷居を越える際に、通過儀礼がおこなわれるのである。このように人生をいくつかの時期に分割し、そのあいだを通過儀礼でつなげることで、人の一生は豊かで意味のあるものとなるのだ。新生児は〈命名式〉で名づけられることで社会の一員となる。未成年は〈成人式〉を経て一人前の社会人となる。未婚者は〈結婚式〉を通して正式に配偶者を得て、あたらしい家族を形成する。死者は〈葬式〉で弔われることで祖霊となり、あの世から子孫を見守る存在となる。

では、その通過儀礼を分析する際に、ファン・ヘネップはどんなことに気をつけたのだろう。「われわれの興味をひくのは細かい個々の儀礼ではなく、儀式の総体――まとまりをもった一連の儀礼――の本質的意味と、個々の儀礼が占める相対的位置である」（二六五頁）。難しい言いまわしであるが、つまりこういうことである。ほとんどの通過儀礼は複数の儀礼から成りたっている。そこでそれぞれの儀礼に含まれるひとつひとつに目を奪われるのではなく、それらがワンセットでなにを表しているのか、その構造に注意を向けなければならない。その全体性のなかで、ひとつひとつの儀礼がどこに位置し、どんな役割を担っているのかが重要なのだ。小説の各章が全体のストーリーとの関連で意味をもつように、通過儀礼の個々のプロセスも、儀礼全体のストーリーを理解してはじめてその意味を把握することが可能になるのだ。この通過儀礼の「ストーリー」を解明したことが、ファン・ヘネップの最大の功績なのである。

数多くの通過儀礼を比較検討した彼は、そこに三つの展開があることに気がついた。それが「分離」「過渡」「統合」である。まずは儀礼を施される当該者を、それまでの環境や社会的地位から「分離」しなければならない。なぜなら、古い殻をまとったままではあたらしい存在に生まれ変わることができないから。次に分離された彼／彼女を、あたらしい社会的地位や集団に向けて移行させる。このプロセスは、どちらにも属さない「過渡」的な状態となる。過渡的であるから不安定な状態となり、不安定であるから変化させることができるのだ。やがて彼／彼女はあらたなる社会的存在へと変化するが、まだ俗世間と切り離された不安定な状態にいるので、日常世界へと「統合」してあげる必要がある。この「分離→過渡→統合」という三段階のプロセスこそ、通過儀礼が内包するストーリーに他ならず、各段階に対応した分離儀礼、過渡儀礼、統合儀礼がひとつの通過儀礼を形成するのだ。ただし、これは完全に理論的な図式であり、「実際にはこの三つが同等の重要性を持ち、おなじ程度に発達しているということはないのである」（九頁）。三段階のどこに重点をおくかは、民族により、儀礼により、異なるであろう。ある儀礼では過渡儀礼がもっとも入念におこなわれ、別の儀礼では分離儀礼が強調され過渡儀礼はほとんどおこなわれないかもしれない。それでも三段階のプロセスを前提にその儀礼を分析した方が、より正確な理解が得られるであろう。

それではここで、私の結婚式を復習してみよう（図6）。

月曜日。花嫁に白いヴェールとスカーフを被せ、部屋に隔離する。これぞまさに、「分離儀礼」である。白いヴェールとスカーフは、俗世間との断絶を意味する。このおい色は儀礼によってかならずしも白とはかぎらないだろうが、やはり白い例がおおかった（日本の神道や仏教の例を見ても、あきらかだろう）。ちなみに衣服を発達させなかった文化においては、白いボディペインティングを施すことがおおい。隔離された花嫁は、

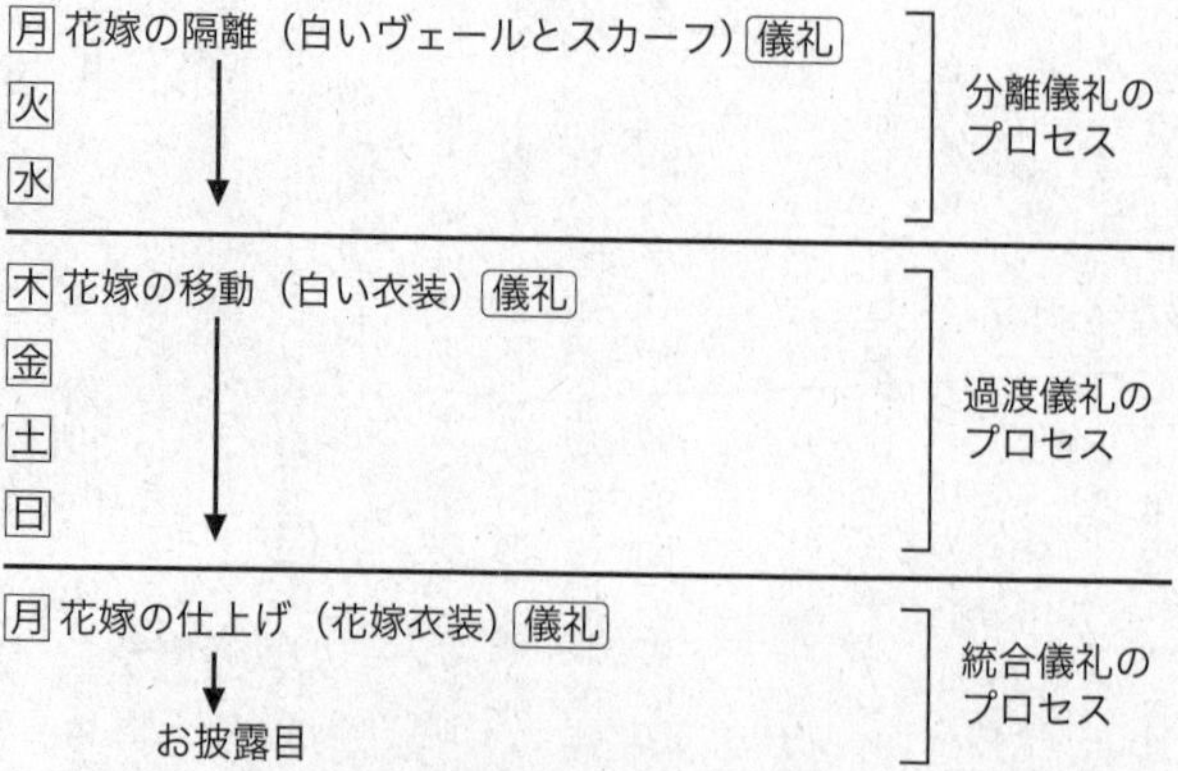

図6　結婚式のプロセスと儀礼

異性との接触を断ち、女たちの歌に助けられて心の準備を整える。この状態で三日間過ごすことで、彼女は完全に以前の世界から分離された。

木曜日。モスクでの交渉を経て、日没後に花嫁が花婿のもとに移動する。その際おこなわれた儀礼は、花嫁が自分の集団から花婿の集団へと移ってゆくことを表現する「過渡儀礼」である。家財道具の象徴である臼の上に花婿側の女性が座り、その膝の上に花嫁が座る。その状態で水で清められる花嫁は、白い衣装で全身を包み、ヴェールで顔を隠している。分離された状態の彼女が、今まさに「嫁ぐ女性」としての過渡的な状態に身をおいているのだ。花婿の家に到着した花嫁は、やはり隔離された状態で花婿とともに時を過ごす。この状態で三日間過ごし、彼女は完全に妻という状態に移行した。だが白い衣装をまとった花嫁は、まだ過渡的な状態にいる。

月曜日。花嫁は白い衣装から花嫁衣装へと着替え、赤ん坊のように地面に横たわる儀礼を施され、さらに花婿とともに顔をさらしてのお披露目をおこなう。これがそれまで非日常の世界に身をおいていた花嫁を日常世界に引き戻す「統合儀礼」である。この儀礼を経て、花嫁として生まれ変わった女性がこの世に「産み出される」のだ。

さらに、一連の儀礼の要《かなめ》となる日には会場で、歌と踊りを中心とした祭りが催され、親族、知人友人が一堂に会して結婚を祝福するのである。

以上が私の結婚式に対する文化人類学的な解釈である。そこには驚くほどバランスよく配置された「分離→過渡→統合」の儀礼があり、それらが八日間という長期間にわたり手間暇をかけていねいにとりおこなわれていた。それは花嫁を変身させるための長いトンネルのようであり、そのトンネルを抜けてきたニャマは、私の花嫁として見事に「ヴァージョンアップ」されていたのである。そう、通過儀礼とは、人をあらたなるステージに移行することでその社会的人格をヴァージョンアップさせるための社会的な装置に他ならない。この儀礼を経て人は社会的に生まれ変わり、この生まれ変わりの連続が人生を豊かなものにしてきたのであろう。

死と再生の成人儀礼

われわれ日本人になじみ深い通過儀礼といえば、結婚式、葬式、そして成人式、ということになるだろうか。もっとも昨今の成人式などは、着物やスーツでおめかしして公民館やホテルのホールなどに集まり、市長らのつまらない話を聞き、たまに売れない芸人や歌手などの出し物があり、それが終わると気のあった仲間とつるんで宴会になだれこみ、酔っぱらって大騒ぎをし、やがて酔いつぶれる、というのが相場であろう。これはこれで、たしかに日本社会において大人になるための通過儀礼といえないこともないが、世の中にはもっと「ちゃんと」した成人式をおこなっている人々がいる。ここでは通過儀礼の姿をもうすこし具体的に把握してもらうために、アフリカにおける成人儀礼の例をひとつ紹介しておこう〈3〉。

とりあげるのは、イギリスの人類学者ターンブルが報告したイトゥリの森周辺に住む農耕民による成人儀礼〈ンクンビ〉である〈4〉。イトゥリの森はアフリカ大陸の中央に位置するコンゴ民主共和国の熱帯雨林で、〈ピグミー〉とよばれる狩猟採集民が住むことで有名であるが、そのことについては次項でくわしく述べることにしよう。

イトゥリの森周辺に住むビラ、ンダカ、レッセなどの農耕民は、三年に一度、九〜

一一歳ぐらいの少年に対する成人儀礼をとりおこなう。〈5〉このプロセスを先に示した「分離→過渡→統合」というストーリーに沿って説明してみよう。

分　離

まず、儀礼を受ける少年は母親によって頭髪を剃《そ》りおとされるが、これは一種の「死」を意味する。その後、儀礼的なダンスが一ヵ月ほどつづくが、その後半にはヤシの葉と仮面をまとった恐ろしい容貌《ようぼう》の祭司が、これまた恐ろしいダンスを踊りながら少年たちをつかまえ、次々に特別な家に連れてゆく。彼らは暗い部屋に閉じこめられ、「子供としてのおまえたちは死ぬ。だがもし強い力があれば、男として再生できるのだ」と、儀礼を担当する大人の男たちから言い聞かされる。こうして少年たちは家族から完全に分離されるのである。

過　渡

次に少年たちは、森のなかにつくられた儀礼用のキャンプに連れてゆかれ、そこで割礼を受ける。〈6〉割礼は当然ながら麻酔などせずにおこなわれるので激痛に襲われるが、とりあえず植物性の伝統的薬を塗った木の葉で傷口を覆ってもらえる。するとすぐにンクンビの歌を歌わされるが、「このヘタクソ」などと罵倒《ばとう》されながら小枝のムチで打たれてしまう。これはじつはそれほど痛いわけではなく、予期しない仕打ちに驚いているあいだに患部の薬が効いてくる、という段取りになっているのである。このシゴキに、少年たちは平気な顔で耐えなければならない。だがこれはほんの序の口で、少年たちに課される試練はだんだんと厳しくなり、それは三ヵ月ものあいだつづくのである。

割礼を受けた少年たちの体には「死」を象徴するための白い粘土が毎日塗られ、少年としての彼らがいったん死んだことが示される。彼らは丸太の上に座らされ、なぞなぞやことわざを盛りこんだ特別な歌を伝授される。これは大人として必要な道徳や知恵を習得するためであるが、そのあいだにも蔓《つる》のムチでたたかれ、痛みに耐えなければならない。また、真の男としての意識を目覚めさせるために女性の労働である農作業をやらされたり、真の人間である自覚をもつために動物の真似をさせられたりする。寝具は荒削りの丸太を組み合わせた共同ベッド。食事は大人の男たちが用意する、肉も塩もない粗末なもの。睡眠時間は三、四時間。こうした厳しい環境のなか、少年たちは次々と課される試練をクリアしてゆく。のろまや臆病者《おくびょうもの》がひとりでもいれば、彼がクリアするまで他の者は待たねばならない。

すべてのプログラムを修了したのち、ある日の早朝、少年たちは白い粘土が塗られたままヤシの葉のスカートを身につけ、キャンプをでる。彼らは成人男性に囲まれてゆっくりと行進し、村に用意された「成人儀礼の父」の家にはいる。正午近くになると村の中央広場にでてゆき、地面にうつ伏せになり、プランテン・バナナ（調理用の大型バナナ）の葉で完全に体を覆われる。同時に森のキャンプが焼き払われ、すべてが焼きつくされると象牙《ぞうげ》製のラッパが高らかに子供時代の終焉《しゅうえん》を告げる。すると少年たちを覆っていた葉がとり払われ、彼らは先ほどの家に戻ってゆく。そして過渡期の最後の三日間をここで過ごすのである。

それまで粘土で真っ白だった少年たちは、今度は半分を白、半分を黒に塗り、日常生活に戻る日が近いことを示す。そして両親や親族の前で「胎内からでるための踊り」を踊り、彼を立派な成人男子と認めた両親・親族はお返しに贈り物をあげる。その後彼らは、村の一軒一軒をめぐり歩いて家の前で踊ってゆく。

統合

いよいよ最後の日、少年たちは夜明けまえに小川に連れてゆかれ、水浴する。ここで粘土を洗い流し、死のケガレを洗い落とすのだ。次に富と繁栄の象徴であるヤシ油を肌に塗りこみ、あたらしい樹皮布を身にまとって村に戻ってゆく。村には成功と長寿の象徴であるプランテン・バナナの葉がじゅうたんのように敷きつめられている。少年たちはその上を歩き、「成人儀礼の父」の家の前に用意してある成人男性のための椅子に腰掛ける。こうしてもはや少年ではなく立派な若者となった彼らは、その披露のために椅子に座ったまま成人儀礼の歌を歌い、一、二時間過ごす。これですべての儀礼は終了し、新成人たちは自分の椅子を持ち、一人前の大人として村を歩きまわる。彼は家族から独立し、自分の家を建て、結婚するまでひとりで暮らすのである。

これが子供から大人へとヴァージョンアップするための成人儀礼の一例である。ものの見事に「分離→過渡→統合」という三段階のプロセスを踏んでいたが、もうひとつ、それと並行するストーリーが儀礼のプロセスに織りこまれていたことに気づいてもらえただろうか。それは「死と再生」というモチーフである。

少年は髪の毛を剃り、白い粘土を体に塗って象徴的に「死」ぬ。そして肉体的な試練を受け、あらたなる知識を吸収してゆくが、それは大人として生まれ変わるための準備なのだ。そしてその準備期間のあとに、彼は粘土を洗い流してひとりの成人男子として「再生」する。分離＝死、過渡＝変化、統合＝再生というプロセスのなかで、少年としての古い自分は死に、大人の男としてあらたに再生するのだ。このモチーフはわれわれの結婚式にも組みこまれていた。独身女性としてのニャマは白い布とヴェールをまとうことで「死」に、過渡儀礼を経たあと、花嫁衣装に着替えて「再生」する。この「死と再生」のモチーフはおおくの通過儀礼に見られる特徴であり、このプロセスを経て、人は蛇が脱皮するように古い皮を脱ぎ捨てるのである。
もうひとつ指摘しなければならないのは、儀礼がさまざまな象徴で満たされていることである。儀礼は「ことばにならない、そしておそらくは思考されることもない概念や理念を表す象徴的行為」（ターンブル『異文化への適応』七四頁）を内包している。人がある概念や価値などを別のモノで表現した場合、この「別のモノ」を象徴（＝シンボル）と呼ぶ。たとえば「天皇」は「日本国」および「日本国民統合」の象徴である。

ンクンビの儀礼の例でいうと、
剃髪《ていはつ》＝「死」の象徴
白い粘土＝「死」の象徴
ヤシ油＝「富と繁栄」の象徴（アブラ・ヤシは人間の世代を超えても枯れないほど長命なため）
プランテン・バナナの葉＝「成功と長命」の象徴（太古の昔、村人が森を開拓した頃、厳しい環境下で労力を投入せずに収穫できたのがプランテン・バナナだけだったため）
成人男性の椅子＝「大人」の象徴（成人男性が集会所で使用する専用の椅子）
といった具合である。儀礼はこのような象徴的なモノや行為で満たされている。その意味や起源についてたずねても、おおくの場合、「わからない」「昔からやっていることだから」といった答えが返ってくるばかりである。たとえ一部の長老などからそのいわれを聞けたとしても、他の村人のほとんどはその意味を知らないし、疑問に思ったことさえないだろう。だがそこには、彼らが無意識のうちにしたがっている価値観や、彼らがその懐で生を営んでいる世界観（「コスモロジー」ともいう）が具体的に表現されていることがおおい。であるから、われわれ人類学者はそうした象徴や象徴的行為を通して、彼らの頭や心のなかにある世界の一端に触れることができるのだ。人類学者にとって、儀礼は象徴という「ヒント」の宝庫に他ならない〈7〉。

共感する人類学者

私はターンブルが大好きだ。彼はたいへんユニークな人類学者で、それなりに知名度も高い。だがそれはマリノフスキーやレヴィ＝ストロースのような学術的貢献によるものではない。彼を有名にしたのは、森に住む狩猟採集民ピグミーの先駆的研究をおこなったことと、その共感スタイルともいうべき調査態度である。一言でいえば、彼はピグミーに「恋した」のである。

ここで「ピグミー」という言葉について説明しておこう。アフリカ中央部の熱帯雨林には、成人男性の身長が一五〇センチにも満たない背の低い狩猟採集民族が住んでいる。弓矢や網で動物を狩り、食べられる植物を採集して生活する彼らはカメルーン、ガボン、中央アフリカ、コンゴなどの国々に点在しており、一般にピグミーと総称される。だがこの言葉は、世界中に分布する「背が低い」という身体的特徴をもつ人々を指す名称であり、ピグミーと呼ばれるそれぞれのグループは、じつは文化的にはまったく別々の集団なのである。つまりピグミーという呼び名は部外者が勝手に使っている他称であって、彼らにはグループごとの自称があり、あるいは近隣民族からの呼び名があるのだ。異文化の理解を標榜《ひょうぼう》する文化人類学としては、現地の人々の使用する呼び名を尊重するべきであろうから、本当はピグミーなどという言葉を使ってはならないのである。本書では便宜上、世間に普及しているピグミーという呼称を使用してきたが、ここからは現地での呼び方を採用することにしよう。イトゥリの森の彼らの名前は「ムブティ」である。

ムブティの世界にドップリ浸《つ》かったターンブルは、森の哲学ともいうべき彼らの世界観を内面化してゆく。人類学者がフィールドワークの過程で、自分の属する社会から長期間切り離され、現地の生活に溶けこみながら心身ともに同化してゆくことは珍しくない。むしろ、そのことが求められている。問題は、その成果をアカデミズムのなかで発表する際に、学術的約束ごとの範囲内で通用する言葉を選ばなければならない、ということである。文化人類学はいちおう社会科学の一分野ということになっているので、「学術的」「科学的」「客観的」な言葉で「論文」を書くことが求められる。ターンブルだってそんなことは知っているし、学術論文だって書いている。だが、おそらく彼は人並み以上の共感能力をもち、そしてムブティとの出会いがあまりにも決定的であった。

ターンブルはイギリスの貴族階級出身で、名門オックスフォード大学を卒業後インドに渡り、ベナレス・ヒンドゥー大学大学院でインド哲学と宗教を研究する。だが一九五一年、インドからイギリスへの帰途アフリカに立ち寄り、コンゴのイトゥリの森に住むムブティと出会ったことをきっかけに人類学者に転向した。オックスフォード大学で社会人類学を修めながら一九五四年にイトゥリの森を再訪。このとき、ムブティたちとともに濃密な時を過ごした彼は確信する。「私が見た彼らの森の生活は、わずかではあったが、充実して有意義なものであり、それに比べれば、黒人の村の生活などは、空虚で無意味に思われた」（一四頁。これは『森の民』の該当頁を示す。以下同じ）。「黒人の村」とは森周辺に住む農耕民の村のことである。[8]

ターンブルが森を去る前日の夕方、三人の名高い狩人《かりゅうど》が彼を森の奥へと連れてゆき、彼の額の真ん中と両目の上にやじりで傷をつけ、そこに黒い灰を塗りこんだ。これは一人前の狩人につける刻印で、彼を「森のもの」とすることでふたたびこの地に帰ってきてほしい、というムブティたちの気持ちを代弁する行為であった。「今や私の体内では、森の植物から採れた灰が――つまり、すべての誇り高きピグミーの男同様、森の一部が、体の一部になったのである。そして、それは現在でも私の中にあり、それが私とともにあるかぎり私を森へ呼び戻すであろう」（二五頁）。

その後ターンブルは、一九五七年から五八年にかけてイトゥリの森で本格的なフィールドワークをおこない、その成果を一九六一年に『森の民』（一九七六年邦訳）として発表した。「この書物は、森の世界に住む一民族の生活と感情を、また、その世界に対する彼らの強い愛と信頼を、いくぶんかでも伝えようと試みるものである」（ii頁）というターンブルの言葉どおり、『森の民』は彼のムブティに対する深い愛情に裏打ちされた本である。著者とムブティとの心温まる交流、個性的な登場人物たち、われわれにはすべてが非日常に思えるムブティの日常世界……ページを開けば、みずみずしい文章のあちこちからイトゥリの森の香りが立ちのぼり、ムブティの人々の歓声が聞こえてくる、そんな本である。

これは一般の読者を対象にした人類学的ルポルタージュであり、その「主観的」な文体ゆえにおおくの読者を獲得し、ターンブルも一躍有名となった。だが人類学者が書いたものであるかぎり、それを民族誌として読もうとする人も少なからずおり、当然ながら「客観的でない」という非難がアカデミズムから浴びせられた。せっかく苦労して築きあげてきた学術的伝統を、土足で踏み荒らさないでくれ、というわけである。

だが私が思うに、ターンブルはアーティストなのだ。「主観／客観」という対立はすぐれて哲学的問題であり、文化人類学の枠組みに収まりきるものでもなく、よってここで私が詮索《せんさく》しても仕方あるまい。むしろ私は、他者に共感し、なにかを感じとり、それをそのまま表現せずにはいられないターンブルという「人物」に興味をもつ。彼の見て感じたムブティの世界は、文化人類学の用語では表現しきれなかったのだ。だから文学的ともいえる表現を活用して『森の民』を書いた。書かれた内容を客観的に検証することはできないが、書いた者の立ち位置は明快である。彼は「ムブティに恋した人類学者」なのだ。この立ち位置はその後の著作でも一貫している〈9〉。ターンブルの描きだす世界は森を「善」とするムブティの視点からとらえられたもので、近隣の農耕民などはずいぶんとひどい描き方をされている。前項でとりあげたンクンビの儀礼が『森の民』で紹介されているが、そこではムブティの視点から、この儀礼がいかに馬鹿げた意味のないものであるかが辛辣《しんらつ》に描かれていて、農耕民が気の毒なくらいである。

フィールドワークで得た個人的な体験をアカデミックな報告書として昇華するとき、その現実を見て、聞いて、かいで、触った「私」を消し去ることができるのだろうか。私の五感がキャッチした現実のすべてを、学術的な枠組みにはめこむことが可能なのだろうか。人間があいまいで不確定な存在であるかぎり、私の個人的体験をアカデミズムの一般的記述に変換する過程で、かならず個別的なバグやノイズが混入するのではないだろうか。私が男か女か、若者か年寄りか、金持ちか貧乏か、どの民族か、どの国民か、どの宗教か、どんな政治的信条の持ち主か、などによってさまざまな予断や偏見が私の知覚や認識の過程にはいりこんでくるはずではないか。であるならば、そうした不確定要素に目をつむるのではなく、報告者の「立ち位置」をあきらかにし、それを含めたかたちで読者に提示することこそ、社会科学としてより誠実なあり方ではないだろうか。

ターンブルは「ムブティに恋した人類学者」。私は「グリオの娘に恋した人類学者」。ターンブルがムブティの視点に立つように、私はグリオの視点から世界を眺める。おそらく私の立ち位置が、本書の内容を知らず知らずのうちに規定しているに違いない。だが同時に、私がマンデに、グリオに、そしてなによりもニャマに共感して得た「なにか」が本書の行間から溢れだしてくれていることを、自分の筆力がターンブルのそれの足元にも及ばないことを自覚しつつ、ただただ願うばかりである。

〈1〉『通過儀礼』には、なぜか二種類の翻訳本がある。仏教学系の訳者による思索社版と、人類学系の訳者による弘文堂版で、いずれも一九七七年に出版されている。ファン・ヘネップはフランス系の父とオランダ系の母とのあいだにドイツで生まれるが、両親の離婚後母親とともにフランスに移住する。その際母方の姓を名のるが、それがフランス読みではヴァン・ジェネップ、オランダ読みではファン・ヘネップとなる。思索社版ではフランス読みを、弘文堂版ではオランダ読みを採用したため、同じ本が異なる作者名で出版されるという不思議な結果となったわけである。なぜ二冊の翻訳本が同時に出版されたのかはわからないが、どちらを読んでも内容の理解には問題ないと思う。ただ専門用語の訳出については人類学者が訳した弘文堂版の方がわれわれにはなじみがあるので、本書では弘文堂版を採用した（なお二〇一二年に、岩波文庫になった）。たとえば三段階のプロセスは、思索社版では「分離、移行、合体」、弘文堂版では「分離、過渡、統合」と訳されている。なお、以下の本文中、カギかっこで引用した文は弘文堂版からのもので、頁は翻訳本の引用頁を示す。

〈2〉このように分割する作用のことを「分節化」といい、人間のもつ重要な象徴的能力である。分節化されたものは意味ある対象として命名され、言語化された単位となる。人間はこれら単位を組み合わせて秩序ある世界を自分たちの周りにつくりだすのである。

　だが分節化された単位と単位の境界部分はどっちつかずとなり、あいまいな区域となって象徴的秩序からはみだしてしまう。そのような状態を「両義的」というが、そこに人間は神秘性や魔性を付与する傾向があり、聖なるものとして崇《あが》めまつったり、忌避すべきものとしてタブー視したりするのである。たとえば昔の日本で、昼と夜のあいだの夕方を「逢魔が時（オオマガドキ）」と呼び、魔物がでたり子供が神隠しにあったりする時間帯と考えていた地域があった。このテーマについては、リーチ『文化とコミュニケーション』（一九八一年、紀伊國屋書店）の第七章が簡潔に理論をまとめてあり、たいへん参考になる。吉田禎吾『魔性の文化誌』（一九七六年、研究社叢書）は魔性と両義性との関係をさまざまな事例を示しながら、わかりやすく解説している。メアリ・ダグラス『汚穢と禁忌』（一九七二年、思潮社）はこのテーマについての代表的な学術書で、「けがれ」の問題を象徴的秩序、境界、両義性の観点から分析した大著である。

〈3〉アフリカにおける通過儀礼は、日本人による研究でもいくつか報告されている。吉田憲司『仮面の森』（一九九二年、講談社）はザンビアのチェワ族の仮面文化を扱った民族誌だが、葬送儀礼と成女儀礼についてくわしくとりあげている。松園万亀雄『グシイ』（一九九一年、弘文堂）ではケニアの農耕民グシイの割礼の儀式が、かなり具体的な写真とともに紹介されている。今村薫『砂漠に生きる女たち』（二〇一〇年、どうぶつ社）はボツワナのカラハリ砂漠に住む狩猟採集民サン（一般にはブッシュマンの名で知られる）の通過儀礼（初潮儀礼、成人儀礼、結婚の儀礼、子供の儀礼）について、くわしく報告している。塚田健一『アフリカ音楽学の挑戦』（二〇一四年、世界思想社）では、ザンビアのルヴァレ族の成人儀礼における音楽について、くわしい分析がおこなわれている。奥野克巳・花渕馨也（編）『文化人類学のレッスン』（二〇〇五年、学陽書房）の「レッスン6　儀礼と分類」（田中正隆）では、象徴的分類と通過儀礼についての理論的説明と、ベナンの農耕民アジャにおける通過儀礼の例を通しての具体的説明がわかりやすくまとめられていて、初心者にはうってつけの章となっている。米山俊直・谷泰（編）『文化人類学を学ぶ人のために』（一九九一年、世界思想社）の「III 第二章 大人と子供――通過儀礼」（小川了）でも、セネガルの牧畜民フルベの成人儀礼の例を、ファン・ヘネップの理論とあわせてわかりやすく紹介している。

文化人類学の本ではないが、アレックス・ヘイリーの有名な小説『ルーツ』（一九七七年、社会思想社）に成人儀礼の場面がでてくるので、ぜひ読んでみてほしい。最初の主人公クンタ・キンテはガンビアのマンディンゴ族であるが、これがなんとマンデ系である。二二章から二六章にかけて、儀礼の模様が当事者であるクンタ・キンテの視点から描かれている。フィクションではあるが、作者なりにかなりしっかりと文化人類学的下調べをしたうえで書かれており（シゴキ、割礼、グリオ、スンジャタ叙事詩など）、儀礼の過程で変化してゆく若者の心理状態が主観的に伝わってきて、たいへん興味深い。『ルーツ』は一九七七年にテレビドラマ化されて世界的ブームを巻き起こしており、小説のみならず映像（DVDボックスあり）の方も楽しんでもらいたい。

〈4〉「ンクンビ」についてはターンブルの複数の著作で紹介されているが、ここではこの儀礼をもっともまとまったかたちで紹介している『豚と精霊』（一九九三年、どうぶつ社）の記述にしたがい、『アフリカの部族生活』（一九七二年、現代教養文庫）も参考にした。

〈5〉女性に対する成人儀礼を成女儀礼というが、イトゥリでは少女には個別に私的な儀礼をおこなうだけである。だが大規模な成女儀礼をおこなう地域、民族は数おおく存在する。注〈3〉で挙げた吉田憲司『仮面の森』では、チェワ族の成女儀礼〈チナワムリ〉について、儀礼で歌われる歌を数多く紹介しながらくわしく分析している。

〈6〉割礼とは性器の包皮の一部を切除する儀式で、アフリカにおけるおおくの成人儀礼でおこなわれる他、ユダヤ教やイスラム教では信徒であることの証《あかし》として割礼をおこなう。ユダヤ・イスラム教の場合は男性だけが割礼をするが、アフリカでは成女儀礼の際に女子が割礼するケースもおおい。注〈3〉で挙げた松園万亀雄『グシイ』では、男女それぞれの割礼について写真つきで紹介していて、具体的イメージを湧かせてくれる。割礼を含む成人儀礼、成女儀礼の概観および問題点を知りたい人は、田中雅一・中谷文美（編）『ジェンダーで学ぶ文化人類学』（二〇〇五年、世界思想社）の「10　女になる、男になる――ジェンダー儀礼」（田中雅一）を参照のこと。

〈7〉文化人類学のなかで、儀礼や祭り、あるいは日常生活における象徴と世界観に焦点を当てた研究分野を「象徴人類学」と呼ぶ。その代表は、イギリス出身のヴィクター・ターナーであろう。ファン・ヘネップの研究におおいに刺激された彼は独自の儀礼理論を発展させ、『儀礼の過程』（一九七六年、思索社）という本を執筆している。「リミナリティ」「コミュニタス」という文化人類学の基礎知識の筆頭に挙げられる概念を提唱・展開させた本書は、人類学者であれば一度は読んでおきたい重要文献である。ターナーについては、第一章注〈2〉のマリノフスキーの項で紹介した『メイキング文化人類学』の「第8章　民族誌を再演する――ターナーとパフォーマンス」（慶田勝彦）でとりあげられているので参照されたい。

本章注〈2〉で紹介したメアリ・ダグラス『汚穢と禁忌』もこの分野を代表する研究書である。象徴的分類のメカニズムを扱ったニーダム『象徴的分類』（一九九三年、みすず書房）は小冊子という呼び方がぴったりくる薄めの理論書で、文化人類学専攻の学生にとっては手頃な入門書となってくれるだろう（まったくの素人には少々レベルが高いかもしれない）。まとまった儀礼論としては青木保『儀礼の象徴性』（一九八四年、岩波書店）がおすすめだ。ファン・ヘネップやターナーの儀礼論（第4章）のみならず、儀礼と儀式の関係（第1章）、儀礼と言葉の関係（第2章）、国家行事としての儀礼（第3章）と、さまざまな視点からの儀礼論が展開されている。なお著者である青木保のフィールドはタイであるが、かつて僧侶《そうりょ》として修行したみずからの経験をつづった『タイの僧院にて』（一九七六年、中央公論社）は、一般読者でも十分楽しめる人類学的エッセイとなっている。

〈8〉ターンブルはバントゥ語系およびスーダン語系の住民を総称してNegro「黒人」と呼び、ムブティと区別している。両者の違いは遺伝学的研究によって確認されているという（『森の民』九頁）。

〈9〉ここで、邦訳されたターンブルの著書を、原書の書かれた年代順に紹介しておこう。まずは一九六一年『森の民――コンゴ・ピグミーとの三年間』（一九七六年、筑摩書房）。これは本文で紹介したとおりである。邦訳書は絶版につき、古本で見つけたら即購入、永久保存版である。

一九六二年『ローンリー・アフリカン』（一九七五年、白日社）。植民地化、近代化にともなう伝統文化と西洋文化との衝突、それによりアフリカの人々の精神と生活がいかに混乱させられたかを描いている。奇数章ではさまざまな問題に対するターンブルの分析と意見、偶数章ではコンゴ民主共和国の一村落に住む村人たちの身の上話の紹介、という構成になっている。身の上話のおおくは一人称で本人が語っているかのごとく書かれており、ターンブルの筆が冴《さ》えわたる。この本も、入手は超困難である。

一九六六年『アフリカの部族生活――伝統と変化』（一九七二年、現代教養文庫）。この本については、カバーに載せられた紹介文をそのまま読んでもらうのがいいだろう。「少年期、成長期、おとな、老年へと広がりゆく人生の輪にそって叙述がすすめられ、同時に家族、リネージ、クラン、部族というアフリカ住民たちの主要な生活舞台がそうした人生の視野の拡大にともなって幕をあげる。しかも、その広がりゆく生活舞台では、森の狩猟民、山地農耕民、川の漁労民、砂漠の狩猟民という異なる四つの部族の日常生活が展開される。」アフリカの伝統社会を知りたい人、あるいは文化人類学の基礎を知りたい人にはうってつけの文庫版入門書だ。絶版だが、古本屋でときどき見かける。

一九七三年『ブリンジ・ヌガグ――食うものをくれ』（一九七四年、筑摩書房）。ウガンダ北部に居住する狩猟採集民イク族についての人類学的ルポルタージュである本書は、『森の民』と並んでターンブルの代表作と目されているが、その理由は正反対のものである。政府による定住化政策がすすめられ、主な猟場が国立公園化され、さらに干ばつによって極度の食糧難がつづき、イク族は想像を絶する飢餓状態におかれた。そこに調査にはいったターンブルは、生存競争のなかで人間性を失った彼らが他者への思いやりを完全に失い、家族さえも見殺しにする姿を、自分が受けた不快なエピソードを交えながら、やはり主観的なタッチで描きだしたのである。そのショッキングな内容におもわず目をそらしたくなるが、一度読みはじめたらやめられない不思議な力がある。絶版につき入手困難。

一九七六年『アフリカ人間誌』(一九七九年、草思社)。アフリカにおける歴史と文化の諸相を、人類の起源、草原、川、森、砂漠、王国、奴隷貿易、現代社会などに分けて広く浅く紹介した、まさに「人間誌」である。主観的トーンを極力抑えた文体でドラマ性がほとんどないため、読んでいておもしろいものではないが、アフリカ文化の多様性を概観するには便利な本である。とくに本書のあちこちにちりばめられたイラストは、味があってカワイイ。入手困難。

一九八三年『異文化への適応――アフリカの変革期とムブティ・ピグミー』(一九八五年、CBS出版)。ムブティの社会的変化を、近隣の農耕民社会も含めて、植民地時代から独立後の国家形成の時代にいたるまで、通時的に分析した書。完全にムブティの世界に飲みこまれた経験をつづった『森の民』と違い、それまでのさまざまな調査体験を総合したものなので、相対的に「主観度」は低くなり「学術度」はアップしている。『森の民』とあわせて読むことで、ムブティへの理解がより深まるであろう。入手困難。

一九八三年『豚と精霊――ライフ・サイクルの人類学』(一九九三年、どうぶつ社)。本書は「ライフ・サイクルの人類学」という副題が示すように、人間の一生を子供時代、思春期、青年期、成年期、老年期という五つの段階に分け、それぞれの段階について、ムブティ、アフリカ農耕民、さらにヒンドゥーの人々の生き方と、ターンブル自身が生きた西洋社会とを比較することで、「近代」を批判的にとらえる目を養う、という一種の啓蒙書《けいもうしょ》となっている。アフリカおよびインドについての人類学的記述、著者の自伝、文明批評をミックスし、よりよく生きるためのターンブル流哲学が展開されている。古本屋、ネット通販などで比較的容易に入手できる。

第七章

あたらしい家族
——親族関係の機微

左から愛娘 沙羅、ニャマの母、ンベンバ・シディの妻

一　冗談のような関係

親しき仲にも礼儀あり

前章で見たように、結婚式とは未婚女性を既婚の成熟した女性へと変化させる儀礼であった。だが結婚によって変化したのは花嫁ひとりだけではなかった。私とニャマの家族との関係も変わったのである。

結婚式が終わって数日した頃、私がニャマの実家を訪ねると、いちばん下の妹が私に声をかけてきた。

「そこの小僧、元気だったか？」

なんだとー。私に向かって小僧だとー。ムカついた私は、「ふざけるな」と怒鳴ってやった。私はこの妹がまだ一〇歳に満たない頃からかわいがってきており、彼女もこれまで私のことを「スズキーッ」と慕ってきたのである。それがいきなりこんな横柄な態度をとるとは、どういうことなのだろう。

さらに数日して、私は、ニャマ、両親、そして妹のひとりを連れて、ギニアのカンカンに住む親族のもとに結婚の報告に向かった。母方の実家であるシディドゥに到着したとたん、私は四、五人の老婆に取り囲まれた。老婆たちはみなそろって腰を振りながらステップを踏み、「私の花婿が到着した」と歌いながら、私に迫ってくる。みなかわいいおばあちゃんたちだが、私を取り囲む輪がだんだん小さくなり、いよいよ襲われるという段になって、私は辛くもその場から逃れたのであった。いったいこの災難は、なんだったのだろう。

親しき仲にも礼儀あり、という言葉がある。たとえたがいに心を許しあった仲だとしても、越えてはいけない垣根がある。その垣根の高さは文化によって、社会によって、あるいは個人によって異なるだろう。われわれはその高さを敏感に察知し、相手に不快感を与えるまえに身を引かねばならない。そのセンスは成長する過程でなんとなく身についてゆき、さまざまな場面に対応できるだけのコミュニケーション能力を備えた頃に「大人になった」と世間から評価される（最近では「空気が読めない」大人もおおいようだが）。

人類学者が異文化社会にはいりこんだ際に問題になるのは、その社会において礼儀という垣根の高さがどのように設定されているのか、ということである。日本社会では問題とされないことが失礼とされたり、逆に日本人としては腹立たしいと感じる扱いが現地ではごく普通のコミュニケーション様式だったりする。フィールドワークする者をもっとも気疲れさせるのは、病気や怪我への懸念でも祭りで踊らされることでもなく、この人間関係の微妙なニュアンスなのだ。ニャマの家族とのつきあいもかれこれ七年。これまで私なりに良好な人間関係をつくりあげ、それなりに垣根の高さを理解してきたつもりであった。だが正式に結婚して姻族の一員となったとき、これまでとはまったくレベルを異にする人間関係の網の目のなかに組みこまれたのである。そこには数えきれないほどの親戚《しんせき》と、まったく予想しなかった複雑な親族関係をめぐるしきたりがあった。

冗談関係と忌避関係

一九二〇年代頃、人類学者たちが「未開社会」を調査した際に奇妙な風習に出会った。当時の文化人類学では親族関係こそもっとも重要な調査項目であり、当該社会の親族システムを綿密に調べることが人類学者に求められていた。その過程で、親族におけるメンバー間の親しさの度合いは個人的資質や相性といった心理的な要因だけではなく、親族集団のなかで占める位置と他のメンバーとの関係性によって決められているということがわかってきた。つまり、たんなる好き嫌いで親しく振る舞ったり、つれなくあしらったりするのではなく、自分にとって親なのか、兄弟なのか、祖父なのか、オバなのか、義母なのか……といった関係によって、それぞれに対する振る舞い方がある程度強制的に決められている、ということである。そうした振る舞い方はその社会ではごくごく当たり前のことで、そこで生まれ育った人は無意識のうちにそれを身につけており、なんら疑問を感じることがない。だが文化を異にするよそ者の目には、自分たちのそれとは違う行動様式はなんとも奇妙に映るものなのだ。

さて、人類学者たちはアフリカのいくつかの社会で、ふたりの人間が妙になれなれしくふざけあう場面に出会った。彼らはあからさまにたがいの悪口を言いあい、ときに相手の親さえもバカにしたり、異性どうしの場合にはたとえ人前だろうといちゃついて、たがいの体に触りながら下ネタを言いあったりする。罵《のの》りあいながらも、笑顔を絶やさず仲がよく、性的なおふざけをしながらも、あっけらかんとしていて、なんら危険な雰囲気はない。いったい彼らはなにをしているのか。それはどう見ても社会に許容された行動様式のようだ。いろいろ悩んだあげく、とりあえずこのような関係を〈冗談関係　joking relationship〉と名づけることにした。冗談関係については、イギリスの著名な人類学者ラドクリフ＝ブラウンの有名な本があるので、そこからその定義を紹介しておこう。

「〈冗談関係〉という用語によって意味されるものは、他の人をひやかしたり、からかったりし、そのからかわれた方はそれに対して何ら立腹してはならないという二者間の関係であり、それは慣習によって容認され、またある場合には強要されている」(ラドクリフ＝ブラウン『未開社会における構造と機能』(新装版)一二三頁)。

これは私が前述した内容にそのまま対応するので、問題ないだろう。「冗談関係は友情と対立の独特の組合せである。このような行動が、もし他の社会関係の中で起これば、敵意を表明したり、引き起こしたりするものであるだろうに、これは深刻な意味をもたないし、また深刻に受けとられてはならない。そこには見せかけの敵意と真の友情がある。……この関係は許容されている無礼の一つである」(同、一二三頁)。

たしかに、冗談関係はその慣習を共有する社会の内部においてのみ有効なのであって、同じことを部外者に対しておこなったなら、その人はかならず腹を立てて、喧嘩《けんか》になるであろう。であるから、なにも知らない私はニャマの妹に対して腹を立てたのだ。マンデはこの冗談関係をもつ社会であり、私は結婚を境にして、ニャマの妹および一族のおばあちゃんたちと冗談関係にはいったのである。

結婚によってふたつの親族集団が結びついた場合、たがいの集団は姻族と呼ばれ、両者の関係を姻族関係と呼ぶ。第五章で説明したように、女性の交換によって社会関係が拡大しているわけである。その際、それまで別々であった人々が結びつくのであるから、それぞれの身の振る舞い方がある程度予測できなければなるまい。各々が自分の個性だけにしたがって勝手に振る舞っていたのでは、社会が混乱してしまうであろう。そこで各人の振る舞い方は親族・姻族関係のなかで位置する場所によってあらかじめ決められており、その文化のなかで生まれ育った人は自然とそれを身につけ、無意識のうちに画一的な行動をとるようになるのだ。

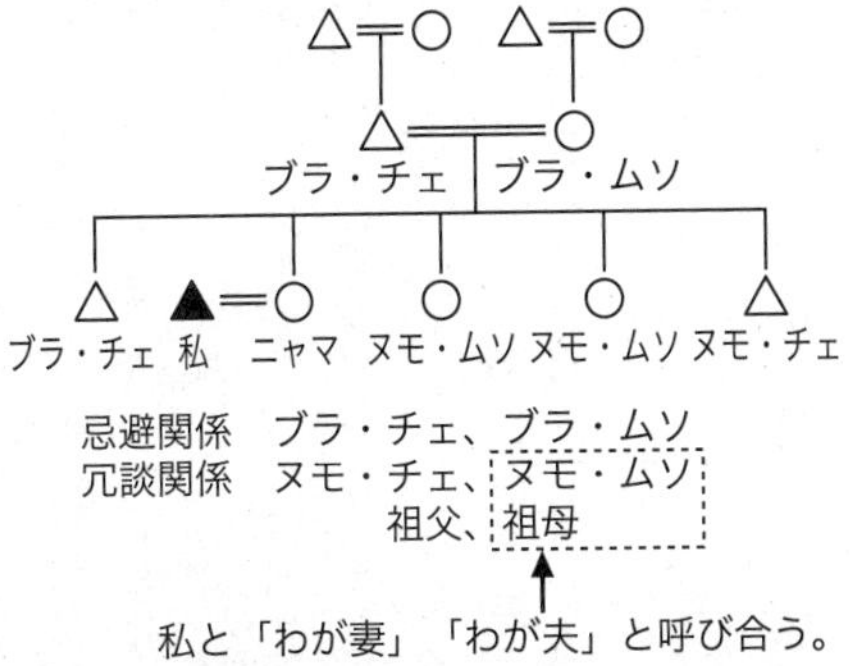

（注）兄弟姉妹関係では、左が年上、右が年下とする。

図7　ニャマの家族と、私から見た冗談・忌避関係

では私の例を具体的に検討してみよう。図7は私とニャマの家族との関係を表している。第五章でもでてきたが、このような図を親族図と言い、われわれ人類学者にとってもっとも基礎的な道具となっている。フィールドワークでメモをとったり、資料をまとめて整理したり、論文を書いたりする際に欠かせないものだ。親族関係を二次元空間に視覚的に表現することができ、た

いへん便利である。

まずこのなかで私が敬意をもって接しなければいけない人がいる。ニャマの両親（つまり義父母）と兄（つまり義兄）である。彼らに対してはつねに一定の距離をおき、言葉づかいにも気をつけなければならない。これは先ほどの冗談関係とは反対にある関係で、文化人類学では〈忌避関係 avoidance relationship〉と呼ばれる。マンデ語で、私と彼らはたがいに〈ブラ・チェ〉（男性の場合。「チェ」は男のこと）、〈ブラ・ムソ〉（女性の場合。「ムソ」は女のこと）と呼びあうことになる。ニャマの母親などはじつに伝統的な女性で、彼女から見て〈ブラ・チェ〉にあたる私の顔を直視することはないし、私が訪問すると姿を隠してしまう有様であった（最近、やっとちょっとした冗談を言いあえる仲になってきたが、基本的に忌避関係にあるという態度は変わらない）。こちらの方は、敬意を重んじる日本人にはなじみやすいのではないだろうか。ちなみにニャマには姉がいないが、兄弟姉妹のうち彼女より年長の者がこのカテゴリーにはいるため、もし姉がいれば私とは忌避関係になる。

いっぽう、ニャマの祖父母と、兄弟姉妹のうちの年少者（つまり弟および妹）に対しては親しげに振る舞わなければならない。ニャマの弟・妹と私はたがいに〈ヌモ・チェ〉（男性の場合）、〈ヌモ・ムソ〉（女性の場合）と呼びあうことになる。とくに異性、つまり祖母と妹の場合はたがいに「わが夫」「わが妻」と呼びあいながら、いちゃつくことが社会的に求められる。祖母が「わが妻」となるので、自動的に祖父は「わがライバル」となり、私とはいがみあう関係となる（もちろん、冗談のレベルである）。また相手が妹の場合は、いちゃつくと同時にからかいあったりバカにしあったりもする（前項で紹介したニャマの妹による無礼な振る舞いは、これにあたる）。典型的な冗談関係である。

ここで注意しなければならないのは、彼らの「親族」の感覚はわれわれ日本人のそれとは違い、だいぶ「広い」ということ。たとえば、日本で「祖母」といえば父の母か母の母を指すが、マンデ社会ではこの日本式祖母の姉妹やイトコまで含まれるのである。また一夫多妻の場合、さらに広い範囲が含まれることになる。第四章で紹介したシディドゥの例をとると（図8）、ニャマの母方祖父シディ・ママディの第一夫人および第三夫人も私の「妻」であり、さらにシディ・ママディの弟たちの妻も私の「妻」である。つまりニャマの親族のなかで、祖母の世代の女たちは軒並み「わが妻」ということになる。であるから、シディドゥを訪ねた私はおおくの老婆に取り囲まれ、「わが夫」と呼ばれるのである。私は彼女たちを妻のように扱い、ときにお小遣いをあげ、彼女たちは私といちゃつきながら、最大のライバルであるニャマと口喧嘩をしたりするのである。

同様に、「妹」もニャマの実の妹ばかりでなく、親族のなかの妹世代の女性がすべて含まれるので、私は膨大な数の「わが妻」に囲まれることになるのだ。

このように、ニャマの一族と婚姻関係を結んだ私は、〈ブラ・チェ〉、〈ブラ・ムソ〉という呼称を通しての忌避関係、〈ヌモ・チェ〉、〈ヌモ・ムソ〉という呼称を通しての冗談関係、あるいは祖父母世代との冗談関係に組みこまれ、それに相応する行動様式を求められることになったのである。なお、マンデ社会にはこれ以外の冗談関係、忌避関係も存在するが、それらすべてを説明すると複雑になるので、本書では私の結婚に関する部分だけを理解してもらい、親族関係のあり方の多様性の一端に触れてもらえれば十分である。〈1〉

機能する社会

「なぜ？」「なんのために？」

こう問うのは人間の性《さが》であろう。その性が学問を生みだし、科学を生みだしてきた。そしてわれわれ人類学者も問いつづける。なぜだろう？

異文化の奇妙な風習に出会った際、人類学者ならずとも思うであろう。「彼らは、なぜこんなことをしているのだろう？」かつては「野蛮な風習」として片づけていればよかったのであろうが、文化人類学ではそれらを論理的に説明しようとする。その

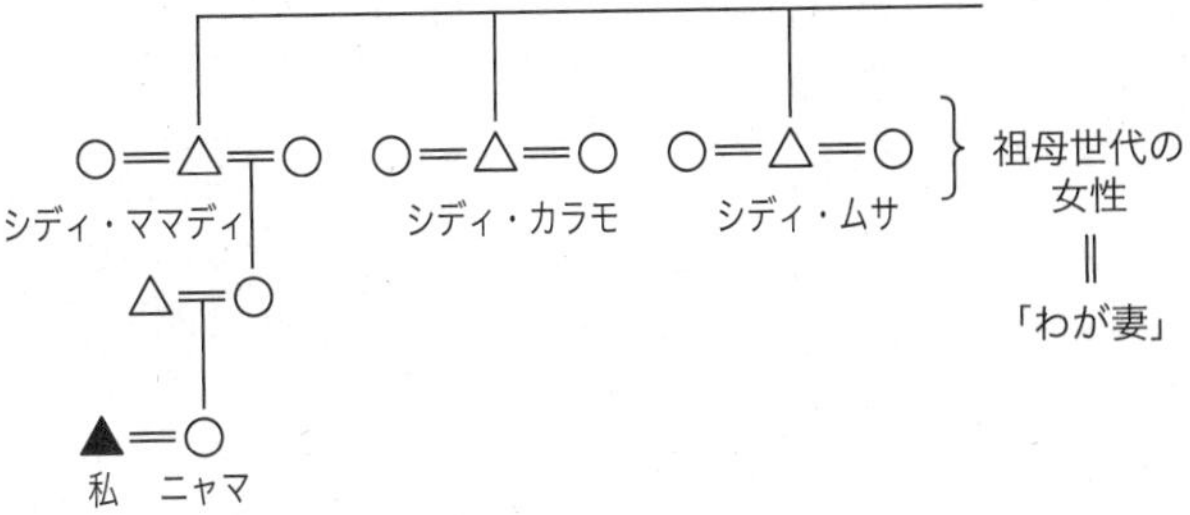

（注）一夫多妻制で三人以上の妻がいる場合も、○=△=○と表記する。

図8　シディドゥの祖母世代の女性

シディドゥの「わが妻」たち

説明の仕方が一貫性をもち、さまざまな現象に適用できるようになると、それは理論と呼ばれるようになる。

たとえば、前述のラドクリフ＝ブラウンはこう考えた。「未開社会」における「奇妙な風習」には、なんらかの存在理由があるはずだ。それはけっして「頭のおかしな連中の奇習」などではなく、合理的な思考法、行動様式に違いない。ただ、その合理性がわれわれのそれとは異なっているというだけで、彼らの社会の内部においては一貫性をもっているはずだ。そこでラドクリフ＝ブラウンは、それぞれの「社会」をひとつの独立した単位ととらえ、その内部でひとつひとつの風習がどのような「役に立っている」のかを解明するべきだと考えた。

彼によると、それぞれの社会は独自の〈社会構造〉をもっている。社会構造とは「社会関係の連続的な網の目」（ラドクリフ＝ブラウン『未開社会における構造と機能』〈新装版〉一八頁）のことである。これではなんのことかわからないだろう。たとえば人類学者がある社会を調査する場合、目の前にいるのは具体的な人々である。そして人類学者が直接に観察できるのは、彼らのひとつひとつの行為である。それらの行為はけっして無秩序なものではなく、彼らのおかれている社会関係のあり方によって統制されている。たとえば父と息子の関係において、やっていいことと悪いことは社会的に決まっているだろう。祖父母と孫の関係、先生と生徒の関係、上司と部下の関係……など、それぞれの社会関係によって、両者の行為のあり方が一定の規範にしたがうよう社会が無言の圧力をかけているわけである。こうした社会関係とそれに規定された社会的行為は観察可能なものであり、「現実に存在している」（同、二六三頁）。そしてその社会におけるすべての社会関係がたがいに結びつきあいながら網の目のようになったものを、社会構造と呼ぶのである。この社会構造の基本的単位は個々の人間であり、彼／彼女は「一連の明確な社会関係によって、統合された全体につなぎ合わされている」（同、二四九頁）。つまり、人はかならずその社会関係の網の目のなかで生きているのだ。そこで「人々は、自分がこうした規範に従って行為するよう期待されていること、および他の人々も当然同じようにするはずであると期待してさしつかえないということを知っている」（同、一八頁）。社会関係はつねに一定の権利と義務を含んでおり、人はそれにしたがって生きることを余儀なくされているのだ。

さて、社会におけるひとつひとつの行為は、社会全体にとってよい働きをおよぼすようにそのあり方が規定されているはずである、とラドクリフ＝ブラウンは考えた。そしてこの「よい働き」を〈機能〉と呼んだ。「あらゆる反復される行為の〈機能〉は、全体としての社会的生命の中でそれが演じている役割であり、それ故に構造の継続性の保持のためにそれが果たしている貢献である」（同）。わかりづらい言い方であるが、つまりはこういうことである。彼は、ひとつの社会はいっけんバラバラな要素の寄せ集めのようであるが、じつはそれらはたがいに密接に関連し、結びつきあいながら、ひとつの社会を構成している、それはあたかも人間の身体がさまざまな器官の集合体でありながら、ひとつの生命を形づくっているようなものである、と考えた。だから行為は「社会的生命」のなかで、人間の各器官が健康を維持するために働くのと同じく、その社会の継続性を維持するために機能するのだ。そしてそれは、つねに社会の均衡を保つ方向に機能するであろう。このように、〈社会構造〉と〈機能〉をキーワードとして、社会をひとつの生命体のように理解し、その内部における社会的要素の相互依存関係や、社会的行為の因果関係をあきらかにしようとする理論的態度を〈機能主義〉あるいは〈構造‐機能主義〉と呼ぶ。

では、ラドクリフ＝ブラウンは冗談関係をどう分析したのだろうか。彼は冗談関係に関する論文をいくつか書いているが[2]、そのなかで「男が母の兄弟をひやかしたり、さもなければ彼らに対して無礼にふるまうような社会」（同、一三二頁）について簡単な分析を試みている。これは父系制社会（くわしくは次節で説明する）において、オイは母方オジと冗談関係にあるという事例である（図9）。彼はこうした事例の見られる社会の社会構造が、「父方親族と母方親族の間の際だった区分」（同）によって特徴づけられていることに注目する。父系制社会では子供が父方親族に属するため、父とその兄弟姉妹（つまり父方のオジとオバ）は子供たちの世話や訓練において、厳しく支配的な態度で臨むことになる。これは子供を一人前に育てるために必要なことである。子供も彼らに対しては敬意を払い、服従しなければならない。いっぽう母親とその兄弟姉妹（母方のオジとオバ）は子供に対してそのような支配的関係にはならないため、愛情をもって子供の世話をし、子供は彼らに対し援助と気安さを求めることができる。つまり父系と母系の対立を強調する社会構造のなかで、オイと母方オジとの社会関係が規定され、そこでオイは母方オジに対して無礼な行為をすることが許され、母方オジにはオイの無礼を受けいれることが求められるのである。この冗談関係は、じつはマンデ社会にも存在する。次節で説明するようにマンデも父系制社会で、やはり父系と母系の対立が見られるが、こちらの場合はオイと母方オジだけでなく、メイと母方オジとのあいだにも冗談関係が成りたつ。また、ラドクリフ＝ブラウンの例ではオイがオジに無礼を働き、オジはそれをこころよく受けいれるという一方向的で「非対称的」な関係とされているが、マンデではオイ、メイと母方オジがたがいに同じようにふざけることができ、双方向的で「対称的」な冗談関係となっている。

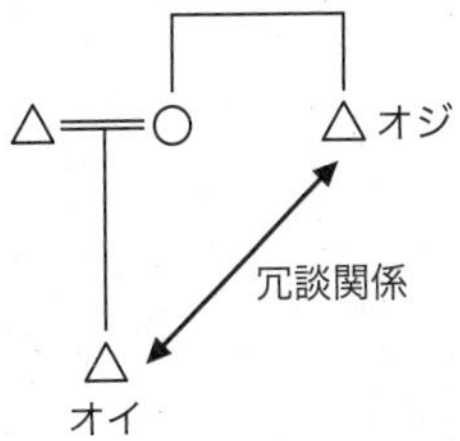

図9　オイと母方オジとの冗談関係

　さて、機能主義は一九二二年にイギリスで誕生したとされる。これは第一章でとりあげたマリノフスキーの『西太平洋の遠洋航海者』と、本章のメイン・パーソナリティであるラドクリフ＝ブラウンの『アンダマン島民』が出版された年だ。ラドクリフ＝ブラウンはマリノフスキーのトロブリアンド諸島の調査（一九一五年から一九一八年にかけて）に先だつ一九〇六年から一九〇八年まで、インド、バングラデシュ、ミャンマー（当時はすべてイギリス領インド）に囲まれたベンガル湾沖に浮かぶアンダマン諸島で調査をおこなった。マリノフスキーによる「フィールドワーク革命」前のことであるから、それほど徹底した現地調査をおこなえたわけではなかった。しかし、たまたまその成果を出版したのがマリノフスキーのそれと同じ年に重なり、しかもどちらも社会をひとつの統一体ととらえ、そのなかで社会的要素がどのように機能しているかを調査・分析する、という考え方を主張したため、文化人類学の学説史ではこの二冊の出版をもって機能主義が誕生したと考えるわけである。[3]

　機能主義の登場は、欧米白人の独断と偏見に満ちた進化論に引導を渡した。それまで世界中から奇妙な風習を集め、それぞれの社会の独自性を完全に無視し、人類に野蛮・未開・文明などと勝手な序列をつけてきた「非科学的」人類学の息の根を止めたのだ。大学院受験の準備をしていた大学四年生のとき、このことを文化人類学の入門書で読んだ私は感動したものである。やったね、マリノフスキー。ありがとう、ラドクリフ＝ブラウン。あなたたちの「探究する心」の勝利だ。ところが入門書には、そのつづきがあった。なんと、一九四九年にレヴィ＝ストロースの『親族の基本構造』が出版されたことをきっかけに〈構造主義〉というあたらしい流れが誕生し、文化人類学における中心的潮流が機能主義から構造主義へと移っていった、というのである。なんたることか。レヴィ＝ストロースの「探究する心」が、あなたたちを乗りこえてしまったのだ。哀れ、マリノフスキー。さらば、ラドクリフ＝ブラウン。さらに驚くべきことに、やがて構造主義も批判され、〈ポスト構造主義〉などと叫びながらあらたなる潮流が生まれては消えてゆく今日この頃だというではないか。「もう、ワケわかんない」などという声が聞こえてきそうであるが、文化人類学理論の流れは次章でふたたびとりあげることにしよう。

たしかに機能主義は古くなったし、今どき「ラドクリフ＝ブラウンを読んでます」なんて言ったら、研究者仲間に笑われてしまうだろう。それでも彼らの蓄積してきた調査事例と築きあげてきた理論が、今日の文化人類学の土台を形づくってきたことは否定できない事実である。とりわけ、「未開社会」の「社会構造」の中核をなすとして彼らが熱心に取り組んできた「親族」研究の蓄積は、たとえそのなかに現代の研究者の目から見て間違った分析や解釈が含まれているとしても、文化人類学の宝として評価されるべきものであろう。

二　個人・家族・親族

父系制と母系制

ではここで、私が結婚を通してニャマの一族と親戚になったことを祝して(?)、親族関連の基本的な概念について整理しておこう。とはいっても、文化人類学における親族研究の成果は膨大なものなので、ここではやはり私とニャマ一族とのエピソードに関連する範囲で紹介することにする。

人類はアフリカのサルから進化した、というのが定説となっているが、アフリカから世界にその居住範囲を広げる過程でわれわれの遠い祖先が社会を形成する際、どんな工夫を凝らしていったのだろう。社会を形成するとは、人と人とがつながりながら仲間となり、その数を拡大してゆくということであろう。問題は、その「つながり方」である。気のあった者どうしが適当に仲間になる、というわけにもゆくまい。そこには一定の原理が必要となる。そこでもっともわかりやすいのが、空間的なつながりと生物的なつながりである。前者は、同じ場所、近い場所に居住するがゆえに仲間となるというもので、このような人間関係の原理は〈地縁〉と呼ばれる。同じ村、同じ町、同じ地方に住む者。みな地縁で結ばれた社会のメンバーである。いっぽう、血がつながっていることを根拠に結びつく人間関係の原理は〈血縁〉と呼ばれ、血縁によって結ばれた社会集団が、家族、親族である。血は水よりも濃い。そう、人間にとって、血のつながりは大切なことこのうえない。

まずは「家族」から考えてみよう。基本的に一組の夫婦とその子供たちからなる家族を〈核家族〉と呼ぶことは、みなさんすでにご存じのことだろう。アメリカの人類学者マードックは、世界中の二五〇の社会を比較検討し、核家族は「人間の普遍的な社会集合である」という結論に達した（マードック『社会構造』（新版）二四頁）〈4〉。ここで注意しなければならないのは、これは核家族のみで居住する（いわゆる「核家族化」現象）ということを意味していないということだ。核家族は家族的集団の構成要素なのであって、「核家族のいくつかが結びついて、ちょうど分子における原子のように、より大きな集合体をつくっている」（同）のである。たとえば、一夫多妻婚によって、ひとりの夫と複数の妻およびその子供たちからなる家族を〈複婚家族〉と呼ぶ（図10）。この場合、夫を共有する核家族がふたつ以上（妻の数による）結合しているわけ

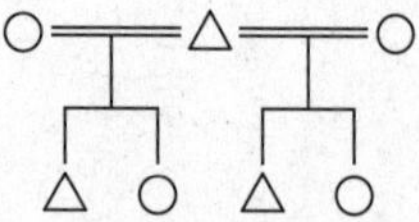

図10　複婚家族

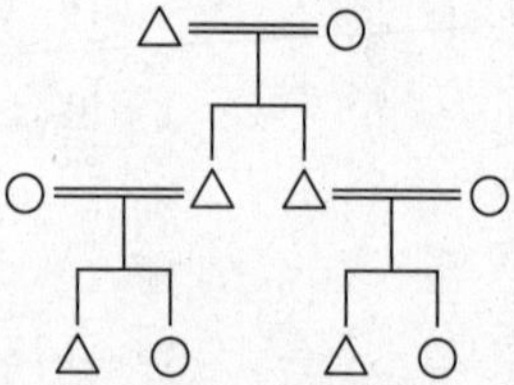

図11　拡大家族

である。あるいは一夫一婦婚でも、二世代以上にわたって夫婦とその子供たちが同居する場合は〈拡大家族〉となる（図11）。図11の例では、父母と既婚のふたり兄弟が同居しているので、都合三つの核家族が結合している。マンデの伝統社会は一夫多妻制で、なおかつ複数の世代が同居することがおおいので、複婚家族と拡大家族が結びついた「大家族」（これは学術用語ではなく、日本語の日常的使用法です）となるのが一般的である。なお、マンデ語ではこの大家族を指す言葉はあるが（方言によってさまざまである）、いわゆる核家族を表す言葉は存在しない。つまり、マンデ社会ではあくまでも複数の世代と複数の婚姻関係を含んだ大家族が社会集団の最小単位なのである。しかしそのなかにあっても、一組の夫婦とその実の子たちのあいだにはあきらかに独自の愛情関係・連帯意識が存在しており、私が彼らとつきあうなかにおいても、核家族の独自性を感じることは多々あった。また近代化にともなって、都市部では核家族単位で居住することがおおくなってきている。

次に「親戚」あるいは「親類」。これは文化人類学の専門用語で〈キンドレッド〉と呼ばれる。みなさんが「あなたの親戚は？」ときかれて思い浮かべるのは、祖父母、オジオバ、イトコ、兄弟姉妹の配偶者、その子供……という感じではないだろうか。キンドレッドとはある個人を起点にして広がる親族組織のことで、基本的には父方・母方の関係をたどって（これを〈双方的〉という）一定の範囲まで広がってゆく。ただ日本の場合は、父方を重視する伝統的なイエ制度の影響もあって、一般的には父方の関係の方をよりくわしく知っている人の方がおおいのではないだろうか。キンドレッドの特徴は、起点が変わればその範囲が変わるということである。自分の親戚、父親の親戚、イトコの親戚……というふうに起点がずれると、その範囲もすこしずつずれてゆくのである。

ここまで、家族と親戚（親類）について理解してもらえただろうか？　そんなものは説明されるまでもなく、知ってました、などという声が聞こえてきそうである。たしかにこの辺は一般常識の範囲に属すかもしれない。では、次。みなさんは〈出自〉という言葉をご存じだろうか？

人の親族関係は出生（親子関係）と婚姻（夫婦関係）の網の目である。人は血縁を通して、これらすべての人々とつながっている。しかし実際の生活において、物質的な援助や労働などの支援を必要としたり、必要とされたり、あるいは重要な儀礼に招いたり、招かれたり……と、さまざまな場面で人を選ぶ必要に迫られる。「というわけで、すべての社会は、いうなれば親族間に優先順位をつけるという問題に直面することになる。つまり、物質的な援助・支持、あるいは儀礼上のサービスについて、まず優先して頼っていく、そうした特別の親族グループを限定する」（マードック『社会構造』〔新版〕三六頁）必要がでてくるのだ。この問題を解決してくれるのが、「個人が生まれたときに、その個人をある特定グループへと編入させる」（同、三七頁）ための規則である出自なのである。

出自とは、特定の祖先を起点として、そこからの親子関係の連鎖を通して個人を結びつける紐帯《ちゅうたい》のことである（「紐帯」とはある原理（ここでは血縁）にしたがって形成される人と人との結びつきのことである。日常会話ではあまり使われることはないだろうが、文化人類学では頻出する基本的用語なので、覚えておこう）。つまり、ある祖先と個人とのあいだに認められた「血筋」だと思っていただきたい。そして、この出自によって形成される親族集団を〈出自集団〉と呼ぶ。これは祖先を頂点として、ある一定の原理で結びついたすべての男女が含まれる。そこでは、この原理にしたがって、その出自集団への成員権、名字、地位、土地・財産などが世代を超えて継承されてゆくのである。つまり、祖先との血のつながりという原理にしたがって人を選別し、グループ分けし、優先順位をつけるシステムが出自という規則なのだ。

さて、この人を選別し、つなげるための出自の規則には「父系出自」「母系出自」「双系出自」の三種類がある。ではまず、マンデと直接関係のある父系出自について紹介し、次いで母系出自について簡単に説明しよう（最後の双系出自は説明が難しくなるのでここではとりあげない）。

父系出自は、父子関係を一貫してたどるという規則にしたがう結びつきで、その集団への成員権は「父から子へ」と継承される。このような規則をもつ社会を〈父系制社会〉（日本は違うので、気をつけるように）、こうしてできた集団を〈父系出自集団〉と呼ぶ。図12は、祖先Aからの出自に基づく父系出自集団である。成員権継承の原理は「父から子へ」なので、aの子供bおよびcはこの集団のメンバーである。同じく、bの子供dおよびeもメンバーとなる。ところがcは女性なので、その子供は夫の集団に属することになる。またbの妻は彼女の父親の集団に属すので、子供d、eから見て母親は別集団のメンバーということになる。これは日本人の目にはなんとも奇妙なシステムに見えるかもしれないが、実際にはそうでもない。

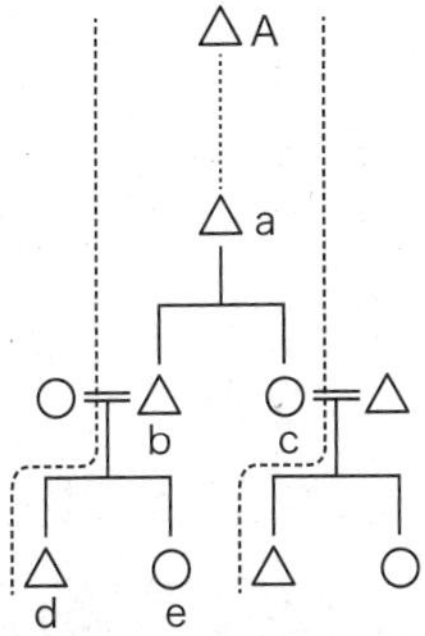

図12　父系出自集団

ニャマの属するマンデは父系制社会で、本書で「カンテ一族」と呼んできたのはじつは父系出自集団のことなのだ。これはスンジャタ叙事詩で紹介したあのスマオロ・カンテを祖先にもつ集団で、カンテ姓の父から生まれた子はこの集団に属し、すべてカンテ姓を名のる。こうしてニャマの父親とすべての兄弟姉妹はカンテとなる。いっぽう、母親は「ジャバテ一族」という別の父系出自集団である。マンデ社会では結婚後に妻が夫の住居にはいって住むので（これを〈夫方居住婚〉という。その逆は〈妻方居住婚〉）、母親はカンテの家に移り住むことになるが、あくまでも自分の父と同じ父系出自集団に属し、ジャバテ姓を名のりつづける（つまり、夫婦別姓である）。では彼女は家のなかでなんらかの疎外感を覚えるかというと、そんなことはない。

「家族」のところで説明したように、父系制をとるマンデ社会においても、両親と実の子供により構成される核家族の存在はその生活の基盤をなしており、母親の重要性は日本社会となんら変わるところはない（マンデ社会でも、子に対する母性愛は重視される）。また核家族が連合した「大家族」には原則としてその敷地内に住むメンバーがすべて含まれるから、婚入してきた「嫁」も家族の一員なのである。つまり、出自は「他を排して、一方の親との親子関係だけを認知する、などといったことを含むものではない」（同、三八頁）。それは「ただ相互扶助とか結婚の規制とか、一定の社会的目的のために、個人を特定の選ばれた親族集団に編入させる、そうした一つの文化規則を指すにすぎない」（同）のである。であるから、実際の生活感覚としては、「家族的」な感覚と「出自的」な感覚が混じりあっている、と考えた方がいい。とはいえ、父系出自集団はマンデの親族システムの中核を担っており、たとえば婚姻の際に嫁をやりとりする主体となるのはこの集団である。私は「カンテ一族」からニャマという嫁をもらったのであり、その際にニャマの母親と「ジャバテ一族」（つまり姻族）には二次的な発言権しかないのである。それでも母方の出自集団は重要で、たとえ儀礼の際に二次的な役割しか担わなくても、あるいは土地や財の相続の正式な継承ラインでなくとも、日常生活における人間関係を見るかぎり、父方と同じくらいの存在感をもっている。〈シディドゥ〉はニャマの母方の出自集団であるが、その重要性は第四章で描いたとおりである。

次に母系出自についてであるが、母子関係を一貫してたどるという規則にしたがう結びつきで、その集団への成員権は「母から子へ」と継承される。父系制の反対だと考えればいいだろう。この社会を〈母系制社会〉、こうしてできた集団を〈母系出自集団〉と呼ぶ。図13は、祖先Fからの出自に基づく母系出自集団である。成員権継承の原理は「母から子へ」なので、fの子供gおよびhはこの集団のメンバーである。同

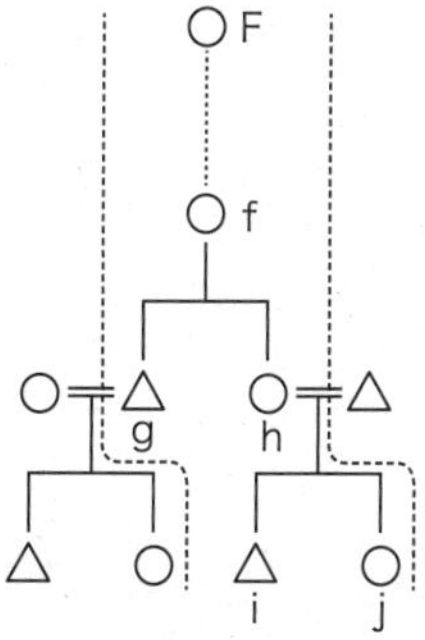

図13　母系出自集団

じく、hの子供iおよびjもメンバーとなる。ところがgは男性なので、その子供は妻の集団に属すことになる。またhの夫は彼の母親の集団に属すので、子供i、jから見て父親は別集団のメンバーということになる。みなさんには父系制社会に輪をかけて奇妙に見えるかもしれないが、彼らにとっては当たり前の世界なのだ。逆に彼らの目には、日本の家族の姿こそ奇妙に映ることだろう。なお、本書の第二章で、コートジボワールには五つの民族グループが存在することを紹介したが、そのうちマンデング系、南マンデ系、クル系は父系制社会、ヴォルタ系、アカン系は母系制社会である。

リネージとクラン

ここまでで、すでにだいぶ長い説明となってしまったが、親族関連でもうひとつだけ説明しておかなければならないものがある。それは〈リネージ〉と〈クラン〉である。

父系制、母系制のように、ひとつの出自ライン（これを〈単系出自〉と呼ぶ）に沿って親族集団が形成された場合、それは図14のようにピラミッド型になる。その最大単位は民族であるが、そのなかにいくつか異なるレベルの集団が含まれる。最小のものは、家族的集団（その形態はさまざまであろう）で、それがいくつか集まってさらにおおきな集団である〈リネージ〉を形成する。これはその祖先と各メンバーとの関係を具体的にたどることができる出自集団である。このリネージがいくつか集まった出自集団が〈クラン〉（日本語では「氏族」と訳される）で、この規模になるともはや具体的な系譜関係はたどることができず、ただ共通の祖先をもつという意識を漠然と共有しているだけである。民族によってはリネージやクランがインセスト禁忌の適用範囲となり（同じリネージ／クランの者どうしは結婚できない）、異なる集団間で婚姻関係を結ぶ（女性の交換をおこなう）という例がおおく見受けられる。この場合、リネージやクランは外婚単位となっているわけである。ただそうでない例

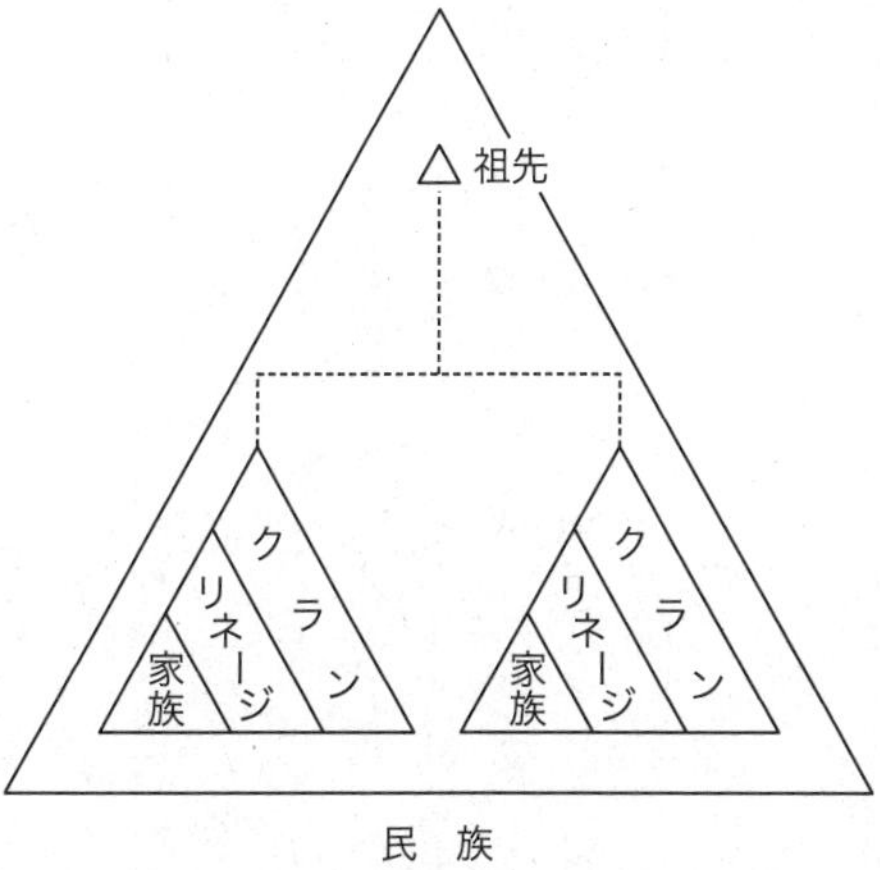

図14　単系出自集団の構造

も数多いので、一般化することはできない。そしてクランがいくつか集まって形成される最大の出自集団が民族である。このレベルになるともちろん具体的な系譜関係など望むべくもなく、ただただ神話や伝説によって共通の祖先と結びつくのみである。

ここでふたつほど注意していただきたいことがある。ひとつは、実際の順序は今の説明とは逆であるということ。まずはある人物がいて、数人の子を産んだ。そしてそれぞれの子がまた数人の子を産んで……というプロセスを繰り返すうちに、人数が増え、グループも枝分かれしてゆく。いくつもの世代を経るうちにみな拡散し、とうとう具体的な系譜関係をたどれなくなってしまった。このレベルで立ち現れる集団がクランである。それでも三、四世代ならまだまだ系譜関係を覚えているし、実際にひとつの村、あるいはいくつかの近隣の村々にいっしょに住んでいる。このレベルの集団がリネージである。こうして拡大した集団であるが、彼らはみな同じ言語をしゃべり、同じ生活習慣を共有し、しかも各クランの祖先は兄弟であった、などという伝説をもっている。そこで、この兄弟たちの親を祖先としながらすべてのクランがひとつの集団としてまとまり、民族としてのアイデンティティをもつのである。

注意すべきことのふたつめは、リネージもクランも、あくまでも人類学者がさまざまな単系出自社会を調査し比較検討するなかで抽出した分析概念であるということ。であるから、現地の人に「あなたのところにリネージはありますか?」などときいてもダメである。だって彼らはそんな言葉を知らないのだから。各民族は独自の親族体系をもち、親族組織のあり方もさまざまである。フィールドワークをしている人類学者は、そのなかからリネージやクランに相当する集団を探そうとする。なぜならば、彼／彼女は先生や先輩からそういうものがあると聞いたし、教科書や文献にそう書いてあるのを読んだことがあるから。運がよければ、まさに絵に描いたようなリネージやクランを見つけることができるだろう。だが、現地にあるさまざまなレベルの親族集団のうち、どれがリネージでどれがクランなのか迷う場合もおおいだろう。

たとえばマンデの場合、スンジャタ叙事詩に登場する英雄たちを始祖とする集団がクランであり、そのクランに属する者は共通の名字を名のる。たとえばニャマの場合スマオロ・カンテのクランに属し、カンテ姓を名のる。スンジャタのクランであれば、ケイタ姓を名のることになる。ところがマンデにはマリ帝国の系譜を引くいくつかの民族が含まれ、各クランはこれら民族をまたいで広がっている。であるから、ギニアのマニンカ族にもマリのバンバラ族にもカンテは存在するわけで、ニャマは民族としてはマニンカだが、カンテ・クランとしては民族の枠を乗りこえてしまうのである。

またリネージについてもあいまいな部分がおおく、たとえば〈シディドゥ〉はリネージなのか「大家族」（つまり複婚＋拡大家族）なのか、迷うところである。また民族についても、マンデの場合は商業と戦争で近隣の異民族を同化させながらその領域を拡大してきたという歴史があるため、先に見たような、ある祖先から単系出自をたどる子孫によって形成される最大の集団、というものとは様相を異にする。つまり図14はいわゆる「理念型」というやつで、単系出自による集団形成の原理をわかりやすく説明するために単純化した図式である。実際に世界中に広がる諸社会の現実は、もっと複雑で、多様性に富んでいるのだ。(5)

イージー・ライダーのバラード

「自由」ってなんだろう?

それは、なにものにもとらわれない心。誰からも強制を受けず、選択肢が自分の手のなかにある状態。もしそうだとすれば、家族ほど自由の対極にあるものはないだろう。血のつながった者どうし、ひとつ屋根の下で暮らす。この濃密な関係のなかで、たがいに愛しあい、そして憎みあう。親子として、兄弟姉妹として、たがいに権利義務関係に縛られ、干渉しあい、束縛しあう。

その昔、現在のネパール付近にシャカ族の人々が住み、小王国を形成していた。その王子であるシッダールタは思索を好み、人生についてあれこれ悩んだあげく、王子の座を投げすて、家庭も捨て、出家して修行しようと決めた。すでに妻とのあいだにラーフラという名の息子が生まれていたが、その誕生の際には「ラーフラが生まれた。束縛が生じた」と言って嘆いたという。のちに仏教の祖となるこの男は、宗教者としてのキャリアの初めからじつに過激なお方であった。

やがて、完全なる精神の自由を得て解脱の域に達した彼はこう言った。

「妻子も、父母も、財宝も穀物も、親族やその他あらゆる欲望までも、すべて捨てて、犀《さい》の角のようにただ独り歩め」（『ブッダのことば』一九八四年、岩波文庫、二〇―二一頁）。

覚醒《かくせい》した人＝「ブッダ」と呼ばれ、日本では「仏さま」「お釈迦《しゃか》さま」の名で親しまれているこの方の境地は、血縁による親族を超えたところにあった。

イエス・キリストも負けてはいない。彼はこう言った。

「わたしが来たのは地上に平和をもたらすためだ、と思ってはならない。平和ではなく、剣《つるぎ》をもたらすために来たのだ。わたしは敵対させるために来たからである。人をその父に、娘を母に、嫁をしゅうとめに。こうして、自分の家族の者が敵となる。わたしよりも父や母を愛する者は、わたしにふさわしくない。わたしよりも息子や娘を愛する者も、わたしにふさわしくない」（『マタイによる福音書』一〇章34―37、新共同訳）。

隣人愛を説く宗教者として穏やかなイメージをもたれているイエスであるが、じつは聖書にはこのような過激な言葉が満ちあふれている。

またあるとき説教をしていると、イエスの母と兄弟が用事があってきていることを誰かに告げられる。すると彼は言った。

「『わたしの母とはだれか。わたしの兄弟とはだれか。』そして弟子たちの方を指して言われた。『見なさい。ここにわたしの母、わたしの兄弟がいる。だれでも、わたしの天の父の御心《みこころ》を行う人が、わたしの兄弟、姉妹、また母である。』」(『マタイによる福音書』一二章48―50、新共同訳)。

「天の父」とは、もちろん神のことである。律法でがんじがらめになったユダヤ教からの愛による解放と精神の自由を訴えたイエスの境地もまた、血縁による親族を超えたところにあった。

ことほどさように、家族と自由は両立しないものなのだろうか。

私がはじめて映画館で映画を見たのは中学二年生のときであった。映画のタイトルは『イージー・ライダー』。当時私は、山梨県の片田舎にある公立中学校に通っていた。思春期を迎え、バイクにも興味をもちはじめる年頃だ。近所には原付に乗った高校生や、大型の自動二輪を乗りまわす暴走族の兄ちゃんもいた。そしてあるとき、友人のひとりが隣町の映画館で『イージー・ライダー』が上映されるという情報をキャッチした。暴走族まがいのアメリカ人たちが大型バイクを乗りまわす光景をイメージしながら興奮する少年たち。じゃあ、来週の日曜日にみんなで見にゆこう、という約束が一〇人ほどの友人のあいだで交わされた。

当日、私は母親に頼みこんで金を貸してもらい、自転車で片道三〇分以上かけて映画館にたどり着いた。そこは田舎の映画館。なんと、私の母が映画全盛の青春時代に通っていたというではないか。だが今はボロボロで廃館寸前だ。映画だって、流行を過ぎて地方の映画館で使いまわしされているものばかりなので、フィルムは傷だらけ。だがとにもかくにも、はじめて映画館にきた私は、ワクワクしながら友人たちの到着を待った。だが待てど暮らせど、誰もやってこない。これはいったい、どうしたことか。日にちを間違えたか。いや、日曜日のはずだ。時間を間違えたか。そんなはずはない。ただたんに、からかわれただけなのか。

仕方なくチケットを買って映画館にはいってビックリ。なんと客は私ひとりではないか。小学校の体育館ほどの広さの薄暗い空間が広がる。私は真ん中あたりの堅いベンチのような椅子の上に座る。もしかして今日は上映中止か、と思った瞬間、館内が真っ暗になり、たったひとりの観客のために上映がはじまった。そしてスクリーンに映しだされたのは、一三歳の少年にはあまりにもショッキングな映像であった。

ふたりの男がメキシコで買いつけたコカインの密売で大金を稼ぎ、ハーレー・ダヴィッドソンに乗ってテキサスからフロリダをめざす。南国フロリダで贅沢《ぜいたく》に暮らすためである。だがその途中、さまざまな出来事や事件に遭遇する。ホテルで宿泊を拒否され、野宿する場面では本物のマリファナを吸い、ブタ箱で出会った弁護士といっしょに旅をし、立ち寄ったレストランで保守的な住民に口汚く罵られ、あげくの果てに野宿の寝込みを襲われ、弁護士は殺されてしまう。ニューオリンズの町で娼婦《しょうふ》といっしょに幻覚剤LSDを飲み、墓場でバッド・トリップに陥って泣き叫ぶ。そして最後、田舎道をバイクで飛ばしていると、たまたますれ違ったピックアップ・トラックに乗っていた地元のおっさんに、「髪の毛が長いから」という理由でいきなり散弾銃をぶっ放されてしまう。バイクは吹っ飛び、道ばたの草むらのなかで炎上する。バイクを空中から撮影していたカメラが引いてゆき、道路と河が映しだされ、バイクの炎が小さな点となってゆく。そしてバックにはアコースティック・ギターとハーモニカのシンプルなサウンドを伴奏に、切ない歌が流れる。タイトルは「イージー・ライダーのバラード」。それは河の流れをモチーフにしながら、自由を求める心を讃《たた》えた、悲しくも美しい歌だった。

自由に生きようとしたふたりの男が、田舎のおっさんに虫けらのように殺された。映画で死体は映されなかったが、彼らはおそらく死んだのであろう。ガランとした冷たい映画館のなかでたったひとり、一三歳の私はただただ唖然《あぜん》としていた。私は自分の胸にポッカリと穴があくのを感じた。そして考えはじめた。

「自由ってなんだろう？」

映画の最後で散弾銃を撃ったのは「地元のおっさん」だった。「地元」は地縁を象徴し、「おっさん」は血縁を象徴する。彼らは昔からその土地に住み、家族をつくり、自分たちの生活スタイルを守ってきた。そこにいきなり、そうした社会関係とはまったく無縁の、長髪、革ジャンのふたりの男がバイクで侵入してきた。彼らは躊躇《ちゅうちょ》なくふたりを抹殺した。自分たちの生活を守るために。ことの善悪はさておき、カッコよかったのは殺されたライダーの方であり、彼らの姿が私の心の奥底に焼きつけられた。

あれ以来、私は地縁や血縁を離れ、自由になりたいと願ってきた。田舎をでて東京の大学にはいる。そして日本をでて海外に。学生時代のインド旅行も、その願望の表れだった。そしてその貧乏旅行が縁となり、パリでアフリカ人ミュージシャンと知りあい、それがきっかけで文化人類学者になり、コートジボワールでフィールドワークをおこなった。そこで偶然にもグリオの娘と出会い、結婚し、そして気がついたら彼女の大家族とのつきあいに神経をすり減らす自分がいる。これはいったい、どうしたことか。自由をめざして日本を離れたつもりが、逆にもっとおおきな血縁関係の網の目でがんじがらめにされてしまうとは。

こんな私でも、いつかイージー・ライダーのように、バイクに乗って旅立つ日がくるのだろうか。

ブッダのように家を捨てて修行する日がくるのだろうか。
あるいは地縁と血縁にまみれながら、自由の境地に達する日がくるのであろうか。

〈1〉冗談関係と忌避関係についての文献は意外と少ない。本文で引用したラドクリフ＝ブラウンの論文以外では、石川栄吉・梅棹忠夫・大林太良・蒲生正男・佐々木高明・祖父江孝男（編）『文化人類学事典』（一九八七年、弘文堂）にかなりくわしい説明が載っている。蒲生正男・山田隆治・村武精一（編）『文化人類学を学ぶ』（一九七九年、有斐閣選書）の「冗談と忌避の人類学」（松園万亀雄）はケニアの農耕民グシイの例を中心とした冗談関係と忌避関係についての解説だが、同じく松園万亀雄『グシイ』（一九九一年、弘文堂）では「V　恥と尊敬」においてさらにくわしい具体例が報告されている。また綾部恒雄（編）『女の文化人類学』（一九八二年、弘文堂）の「ケニア・カンバの女」（上田冨士子）では、一般読者向けのため冗談関係・忌避関係という用語は使用していないものの、農耕民カンバの社会における冗談関係・忌避関係の様相が紹介されている（七七―八三頁）。いっぽう山口昌男は、『道化の民俗学』（一九七五年、新潮社）の第3章においてラドクリフ＝ブラウン流の構造‐機能主義的視点に異を唱え、冗談関係を道化的行為の文脈でとらえることで、「この制度化された〈冗談〉が、言語表現、身振りを通じて、当事者の世界認識のカテゴリーのなかで、どのような位置を占めるのかという視点」の重要性を指摘している。

〈2〉邦訳された論文として、ラドクリフ＝ブラウン『未開社会における構造と機能』（一九七五年、新泉社）に所収された「第四章　冗談関係について」と「第五章　冗談関係についての再考」がある。

〈3〉とはいっても、両者のあいだで〈機能〉の概念は異なっている。マリノフスキーにとっての機能は「生物学的欲求の充足」であり、その目的に沿って人間はさまざまな生業技術、親族制度、政治制度、宗教などの文化的装置を発達させてきたと考える。ただその理論は、本文で紹介したラドクリフ＝ブラウンのそれに比べると単純で、けっして体系化されているわけではない。いっぽうラドクリフ＝ブラウンの理論はより複雑かつ体系的である。本文で私が説明したのはその一部であり、しかもかなりわかりやすく単純化している。興味のある人は、第三者による解説書ではなく、本人の代表的な論文を集めた『未開社会における構造と機能』（一九七五年、新泉社）を隅から隅まで読んでみるといい。

マリノフスキーは調査者としては一流だが、理論家としては並だった。だから彼の業績のなかでは民族誌（『西太平洋の遠洋航海者』、『未開人の性生活』など）がいちばんおもしろい。いっぽうラドクリフ＝ブラウンは調査者としては並だったが、理論家としては一流だった。だから読むべきものは理論書であるが、残念ながら一般の読者にとってけっしておもしろいものではない。しかしアカデミズムでの評価は高く、たくさんの弟子をもち、そこから『ヌアー族』で名をあげたエヴァンス＝プリチャードをはじめ、数多くの優秀な人類学者が誕生している。ラドクリフ＝ブラウン一派は〈社会構造〉を重視したので、その理論的態度は〈構造－機能主義〉とも呼ばれ、当時は全世界の人類学者に影響をおよぼしていった。このように機能主義全盛期にはあきらかにラドクリフ＝ブラウンの方に軍配があがっていたが、レヴィ＝ストロースの〈構造主義〉登場以降、機能主義理論が古くさくなってゆくにしたがいラドクリフ＝ブラウンの評価も下がり、今日では彼の本などほとんど顧みられることはなくなってしまった。反対にマリノフスキーの方は、その強烈な個性と、生き生きとした文章でつづられた民族誌の魅力により、再評価されている。まったく、人生、なにが起こるかわからないものである。

なお、イギリスの「機能主義」人類学者たちは、分析対象として「社会」（社会構造、社会体系、社会関係、社会過程、社会的行為……）を強調したので、イギリスでは文化人類学ではなく〈社会人類学〉という名称が一般的である。クーパー『人類学の歴史』（二〇〇〇年、明石書店）はイギリスにおける社会人類学の誕生、発展、衰退の過程を、人類学者の裏話も交えながらつづったたいへんおもしろいミニ学説史で、マリノフスキー、ラドクリフ＝ブラウンをはじめ、社会人類学の重鎮の面々がとりあげられている。

〈4〉　マードックの核家族普遍説は文化人類学の分野から批判され、それを否定するいくつかの具体的な反証も挙げられている。私もそのことは承知しているが、ここではマンデ社会における妥当性という観点からこの説をそのまま引用している。マードックに対する批判の詳細については、宮本勝・清水芳見（編）『文化人類学講義』（一九九九年、八千代出版）の「II家族と人間 section 1　親子と家族」（伊藤眞）、蒲生正男（編）『現代文化人類学のエッセンス』（一九七八年、ぺりかん社）の「14　マードックの理論」（笠原政治）参照。

〈5〉文化人類学における親族研究の蓄積は膨大であるが、親族組織の全体像を見渡すには、本文でも引用したマードック『社会構造』（一九七八年、新泉社）がいいだろう。「通文化的サーヴェイ」という方法に基づいて二五〇の社会を量的に比較検討しながら、人類の親族組織の諸相を俯瞰《ふかん》しようとしている。現行品で手にはいるが、完全な学術専門書なので、一般の人には読みにくいかもしれない。キージング『親族集団と社会構造』（一九八二年、未來社）は大学院生および学部の上級生のために書かれた入門書で、親族関係全般についてわかりやすく解説している。私も大学院修士課程のときに買って読んだ記憶がある。一般の人にもおすすめだが、残念ながら絶版につき入手困難。古本屋でも出会うことは難しいだろう。

もっと手軽にというお気楽派の人は、文化人類学の入門書に載っている「親族」についての章を読むのがいいだろう。簡単だが一通りの説明は書いてあるはずだ。ただし入門書ならなんでもいいというわけではない。一昔前に書かれた、文化人類学の主要な項目を各章のタイトルにして、全体をまんべんなく説明しているような教科書的なものでないといけない。最近ではこうした教科書スタイルが敬遠されており、各人が独自の章立てを編みだし、その説明の仕方にもさまざまな工夫を凝らしている。これは「人間の生というものは、そんな教科書的な項目に分割できるほど単純なものではない」という認識の反映だと思われる。その高い志には敬意を払うが、入門書なのに親族についての説明がなかったり、あっても出自やクラン、リネージについてまったく触れていなかったりすることもある。その是非はともかく、ここでは私が本文で触れた内容を含んでいるということで、石川栄吉（編）『現代文化人類学』（一九七八年、弘文堂）と合田濤（編）『現代社会人類学』（一九八九年、弘文堂）を挙げておく。どちらも同じ出版社の同じ「弘文堂入門双書」というシリーズからのものだが、それぞれ説明の仕方が異なるので、読みあわせることでより理解が深まるであろう。「親族」のみならず他の項も通読することで、文化人類学という学問の全体像を把握するにはうってつけの二冊だと思う。

こうした教科書的な内容を頭にいれたうえで新世代の「オリジナリティ系」入門書を読めば、いったいなにが問題になっているのか容易に理解することができるだろう。新世代系のなかでは、奥野克巳・花渕馨也（編）『文化人類学のレッスン』（二〇〇五年、学陽書房）の「レッスン３　家族と親族」（田川玄）が親族についての基本的な理論と代表的な事例をわかりやすくまとめてあり、入門編として優れている。中川敏『交換の民族誌』（一九九二年、世界思想社）の第Ⅱ部では、著者がフィールドワークをおこなった東インドネシアのエンデ社会における親族関係および婚姻の諸相が具体的に紹介されている。なおこの本の第Ⅰ部では、本書の第五章でとりあげた結婚を含む〈交換論〉がわかりやすく説明されているので、参照されたし。

第八章

文化人類学とともに

結婚式直後のニャマ

一　文化人類学の流れ

進化論から構造主義まで

みなさんにはここまでのところで、私の結婚話を通して十分文化人類学と親しくなってもらえたことと思う。ただ、私の恋愛と結婚のエピソードに沿って関連する事例や学説を紹介してきたため、具体的な説明としては理解してもらえたかもしれないが、文化人類学の全体像はつかみにくかったであろう。ここで文化人類学の学説史を紹介しながら、すこし体系立てたまとめをしておこう〈1〉。

文化人類学の誕生については第一章で紹介した。植民地時代にヨーロッパの白人が非ヨーロッパ世界を「発見」し、そこに住むさまざまな「原住民」たちの奇妙な習慣についての報告書や手記を比較検討しながら、人類の多様性について総括的に説明する「理論」を探究していった。そして彼らがたどり着いたのが〈進化論〉であった。

すべての人類は野蛮な状態から文明化された状態へとすこしずつ進化してゆく。その過程はみな同じだが、なぜか進化の程度には地域により、民族により、人種によりおおきな差があり、それぞれが異なる段階にいるようである。人類の文化が多様なのは、じつはこの進化の段階の違いによるものである。たとえば生業についていえば、狩猟採集から牧畜を経て農耕へ、宗教についていえば、アニミズム（精霊崇拝）から多神教を経て一神教へ、という具合である。そしてこの進化の頂点に立つのがヨーロッパの白人である。彼らはもっとも優秀であるからもっともはやく進化した、というわけだ。進化論の目的は、すべての人類をこの単系的な進化の過程に位置づけることにあった。もちろんこれが、白人が自分の都合のいいように世界の見取り図をねつ造し、支配民族としての正当性を主張するためのトリックであったことはあきらかである。

だが研究がすすみ、さまざまな資料が収集されるにつれて、さすがに進化論は間違っていることに気づかざるをえない。そこで次に人類学者の心をとらえたのは、世界各地に類似した文化が散在しているが、これらはどういう関係にあるのか、ということであった。進化論によれば、人類すべてが同じプロセスの進化をとげるのであるから、ふたつの離れた社会が同じ文化要素をもっていた場合、それらは同レベルの進化過程に位置していると解釈される。だがそれより、なんらかの事情である地点の文化要素が別の地点に伝播《でんぱ》したと考えた方が合理的なのではないだろうか。たとえば日本の三味線は沖縄の三線（サンシン）が伝播したもので、胴に張る皮が蛇から猫にかわり、弦を弾《はじ》くバチも琵琶《びわ》の演奏に使用されていた大型のバチにかわったのである。沖縄の三線も、中国から伝播してきた楽器が原型となっている。このようなアプローチを〈伝播主義〉という。その代表はドイツのフロベニウスなどで、彼らは民族の移動と文化の伝播を関連させて、〈文化圏〉という概念のもとに文字資料のなかった時代の人類の歴史を再構成しようとした。いっぽうボアズをはじめとするアメリカの人類学者はよりミクロ・レベルの研究を指向し、北米先住民の調査を通して実証的な研究をすすめていった。

そしてまだ進化論と伝播主義におおくの人類学者がとらわれていた一九二二年、彼らがアッと驚く民族誌が二冊刊行され、〈機能主義〉が誕生した。マリノフスキーの『西太平洋の遠洋航海者』とラドクリフ＝ブラウンの『アンダマン島民』である。前者については第一章で、後者については第七章でとりあげたので、詳細はそちらを参照していただきたい。それぞれにニュアンスの違いはあるものの、共通して主張されたのは、社会はそれ自体独自のものであり、ひとつの閉じたミクロ・コスモスとしてとらえなければならない、というものである。大切なのは、他の社会との進化のレベルの違いとか、隣の社会からどんなものが伝播したか、というようなことではなく、当該社会そのものがどのような社会構造をもち、どのような価値観を共有しているのかということである。フィールドワークという調査方法を採用することで、それらを社会の内側から理解してゆかねばならない。ここでは慣習や社会的制度が社会構造の維持のためにどのように機能するかということが問題とされた。

ところがレヴィ＝ストロースの〈構造主義〉により、機能主義では人類の文化を十分理解できないことがあきらかとなる。構造主義では人間の「知性」に焦点を当て、その働きが文化によりどのように異なるのかを分析する。しかしこれは「違う」ことを証明するためではない。反対に、いっけん違う文化現象をその根底までつきつめて分析することで、じつは人類は同じ知的「構造」を共有していることがあきらかになるのだ。構造主義の「構造」は、機能主義における「社会構造」とはまったく違うものである。人類の知性のレベルにおける構造が、多様化した文化のなかで、いかにさまざまなかたちをとって、たとえば婚姻システムとして、宗教現象として、神話として「表現」されているのかが問題となるのである。

たとえば、世界各地に〈トーテミズム〉と呼ばれる文化現象がある。これはクラン（氏族）などの人間集団がある特定の動植物（あるいは他の事物の場合もある）と特殊な結びつきをもち、その動植物を集団の名としているような信仰や制度のことである。その対象となる動植物を〈トーテム〉と呼び、トーテムをその集団の祖先と考えたり、トーテムとメンバーとのあいだに親密な関係があるとして殺したり食べたりするのを禁止する例もある。進化論者たちは、これは動物崇拝に基づく原始信仰であり、「未開人」たちの原始心性の表れだとした。いっぽう、マリノフスキーらの機能主義者たちは、その動植物が人間に食物を提供するという意味で価値が高く、その社会にとって実用性・実利性を帯びているからトーテムとして尊重されると考えた。〈2〉

だがレヴィ＝ストロースはまったく違う解釈を示した。たとえばオーストラリアの先住民社会において、おおくの地域で外婚制半族が見られる。これはひとつの親族集団がふたつの集団に分割され（この集団を〈半族〉という）、たがいに隣に住んで、妻はかならず相手方からもらう（外婚制）というシステムである。彼らはトーテムをもっており、ある地域では「タカ」と「カラス」、別の地域では「黒インコ」と「白インコ」といった具合に、さまざまな組み合わせとなっている。ここでレヴィ＝ストロースは集団とトーテムとの1対1の関係ではなく、トーテムとトーテムとの関係に注目し、トーテミズムを分類の体系としてとらえる。たとえばタカとカラスはどちらも肉食の鳥だが、前者は猟をし、後者は腐肉をあさる。両者はある面で類似しているが、別の面において対立している。同じく黒インコと白インコは、どちらもインコであるが（類似）、色が異なる（対立）。これはまさに、同一親族でありながら（類似）、外婚集団として嫁のやりとりをする（対立）という半族間の関係と同じではないか。つまり彼らは、自分たちの社会集団における関係のあり方と同じものを自然のなかに読みとり、それを自分たちに重ねあわせながら、社会関係を「表現」していたのである。これは物事を分類するという思考様式の発現であり、普遍的な人間の精神に由来するものである。つまり、「自然種は〈食べるに適している〉からではなく、〈考えるに適している〉から選出されるのだ」（レヴィ＝ストロース『今日のトーテミスム』（再版）一四五頁）。

これは機能主義と構造主義の違いを示すもっとも有名な事例であるが、理解してもらえただろうか。もしかしたらすこし議論が抽象的で、わかりづらいかもしれない。しかし構造主義以降、言語学や記号論の影響を受けながら文化人類学の理論も抽象度がアップしていった。ここで理解できない読者も、文化人類学を学びつづけるうちになんとなくわかってくるだろうから、焦る必要はない。

さて、ここまで、つまり進化論による文化人類学の誕生から構造主義が一世を風靡《ふうび》した一九六〇年代まではいうなれば「古きよき時代」であり、文化人類学の「古典期」などと呼ばれる〈3〉。ヒップホップ調に言えばいわゆる「オールド・スクール」である。これまでの私の結婚話における分析や、それに関連して紹介された事例も、すべてこの範囲からのものである。だが一九七〇年代頃から文化人類学をとりまく様相が変わりはじめ、文化人類学は「ニュー・スクール」の時代にはいってゆくことになる。

苦悩する人類学者

人類学者は悩んでいる。苦悩している。なにについて？　文化人類学の存在意義について、である。苦悩のポイントは多々あるが、ここで代表的なものを紹介しよう。

帝国主義＝植民地主義の最盛期に生まれた文化人類学。この学問は、支配する欧米諸国の白人が支配されるアジア・アフリカ諸国の諸民族やアメリカ先住民の生態を把握しようとする過程で誕生したといってよかろう〔4〕。まずはこの「不純」な動機がわれわれを苦しめる。もちろんその後植民地主義の時代は終わり、文化人類学はむしろ純粋に異文化を理解しようという動機に支えられた学問に変貌《へんぼう》したとわれわれは考えている。たとえば日本人がアフリカを研究する場合、両者のあいだにかつて植民地関係はなかったし、私の個人的な印象からいっても支配者的な視点をもったアフリカ研究者に会ったことはない。またアジア・アフリカ諸国で自国の文化を研究する人類学者も増えている。だがもしかしたら、この学問のどこかにその成立過程で組みこまれた支配者的視点が生き残っており、われわれは無意識のうちにそうした色メガネで現実を歪《ゆが》めてしまっているのではないか。そんな不安が人類学者に一種のうしろめたさを覚えさせる。

たとえば、かつて人類学者は「原住民」の社会を閉じた社会、停滞した社会として描いてきた。しかしこれは、自分たちの属す欧米社会を変化＝進化する社会として措定し、それとの対照で植民地の社会を停滞する遅れた社会と勝手に決めつけてきたということではないだろうか。ある社会に一年間滞在したとして、その間よほどの事件でもなければ、その社会は安定した社会として観察者の目に映るだろう。だがタイムスパンを一〇年、あるいは五〇年とするならば、その一年は変化しつつある社会の一時期の姿にすぎないことがわかる。そのことに気づかず、ある種の偏見をもって対象社会を間違ったイメージでとらえてきたのではないか。われわれの先達の残してくれた貴重な業績が、じつは人間が本来もっているはずの生き生きとした社会的柔軟性を見逃し、人間性をかたくなな枠組みにはめこんできたのだとしたら。フィールドワークに基づく数々の民族誌に描かれた世界が、人類学者たちに染みついた「上から目線」でとらえられたもので、知らず知らずのうちに異文化の人々を見下すという愚行を重ねてきたのだとしたら。人類の多様性の理解を標榜《ひょうぼう》するはずの文化人類学が、じつは間違った認識の積み重ねの上に形成されてきたということになってしまうのであろうか。

人類学者の悩みはまだまだ尽きないが、このような問題意識の上に立って自己批判、自浄努力に励んでいるのが現代の文化人類学なのである。であるから、最近の文化人類学の入門書を開いてみると、いきなり「反省」からはじまっていたりする。文化人類学はこんなにたくさんの問題を抱えていて、自信を喪失していますよ、というわけだ。学問的背景を知っている人ならばすぐに理解してくれるだろうが、そうでなければ面食らってすぐに本を閉じてしまうだろう。誰かに出会ったとき、その人が楽しい話をしてくれたならすぐに友達になりたいと思うだろう。だがいきなり悩みばかりを聞かされたなら、もう二度と会いたくなくなるのが人情というもの。ある程度親しくなったあとであれば、その人の愚痴を聞き、悩みを共有することで自分の世界も広がり、人間に対する理解も深まってゆくのであろうが、なにごとにもタイミングというものがある。学問であろうと人間関係であろうと、けっして初対面から悩みを打ちあけたりしてはいけない。本書は文化人類学に触れたことのない大学生や一般人を対象にしているので、もっぱら「悩み以前」のオールド・スクールの理論やエピソードばかりを紹介してきたわけである。それでもニャマの文化や私の結婚話を理解するには十分役立ってきたのではないだろうか。

さて、「悩み」時代の文化人類学にはさまざまな傾向や潮流があり、それが一本にまとまらずにバラバラに展開するので、全体を古典時代の学説史のようにまとめるのは困難である。それでも現在の文化人類学を理解するうえで欠かせないキーワードはいくつかある。パッと思いつくだけでも、〈ポスト構造主義〉、〈ポストモダニズム〉、

〈ポストコロニアリズム〉（以上、「ポスト三兄弟」。これは私の勝手な命名です）、〈オリエンタリズム〉、〈世界システム〉、〈グローバリゼーション〉、〈脱構築／再構築〉、〈実践〉、〈開発〉、〈観光〉、〈ジェンダー〉、〈抵抗〉……などあるが、これでもまだ足りないくらいだ。世界の複雑化に対応して、分析枠組みも多様化せざるをえなくなる。だがここでそれらに深入りすると、やっと文化人類学を理解しはじめたみなさんをいたずらに混乱させることになりかねないだろう。本書ではあえて注で参考書を挙げるにとどめるので、興味がある人はこれらの本に目を通してもらいたい〈5〉。

だが、じつはここからが文化人類学の本当の醍醐《だいご》味《み》なのである。われわれをとりまくさまざまな問題群に対して、精鋭の人類学者たちがなにを考え、なにを書き、どう対応してゆくのか。その様は、混乱した現実を反映して、じつに混乱している。しかも彼らの使う用語、書く文章は、一般の人々にとってまことに難解きわまりない。だが、もしあなたがオールド・スクールの文化人類学をしっかりと理解し、その問題点を把握できるようになったなら、次なる扉を開き、まさに今現在われわれの生きている現実を語ってくれるニュー・スクール文化人類学の世界を楽しむことができるだろう。

二　あなたと文化人類学

文化人類学との対話

「(学者たちは)不必要な学問上のつまらぬことはたくさん知っているけれども、人生にとってもっとも必要なこと、すなわちこの世で人間はどのように生きなければならないかということについては、なにも知らないし、また知ることができないのだ」(『愛と生と死――トルストイの言葉』一九六四年、現代教養文庫、一三四頁)。

これはロシアの文豪トルストイの言葉である。たしかに学者の仕事は学問することであり、おおくの学問は社会のなかで実用的であることを嫌う傾向がある。これはべつに学者の怠慢でもなく、あるいは学者が偉そうに格好つけているわけでもない(なかにはそういう学者もいるだろうが)。研究すればするほど、この世の諸現象は複雑であり、とても一言で説明できるような代物ではないことがわかってくる。だから自分の研究内容を、一般の人々の生活に役立つように単純化して表現することは困難なのだ（テレビにでてくるタレント学者の一言コメントは、あまり信用しないように）。学者には自分の研究に対する責任があり、かつアカデミズムの内部事情に拘束されている。不用意に、人の生き方にまで口出しはできないのだ。

しかしだからといって、一般の人々が学問を利用しない手はない。つまらないモラルに縛られているのは学者の勝手。みなさんはもっと自由に、あるいは身勝手に、自分の生活のなかで学問すればいいのだ。もちろん、たとえば化学を参考に毒薬や爆弾をつくったりされては困るが。

私は文化人類学がもっと世間に浸透し、勝手に「人類学する」人が増えればいいと思う。そんなことになったら、学問につまらないバグがはいってしまう、などと懸念する学者さんがいるかもしれない。だが、人間そのものがバグだらけのあいまいな存在ではないか。とてもエリート学者の狭い了見だけで把握しきれるものではなかろう。

私がみなさんに望むのは、文化人類学との対話である。アニメオタクがアニメキャラと対話するように、キリスト教徒が聖書と対話するように、推理小説ファンがシャーロック・ホームズと対話するように、異文化理解に興味のある人は文化人類学と対話してほしい。だがその際に、機能主義はもう古いとか、ナニナニ理論は流行《はや》らないとか、そういった学者の言説に惑わされる必要はない。ただただ自分の感性を信じ、自分自身の関心にあわせ、文化人類学と直接対峙《たいじ》してもらいたいのだ。

対話の仕方はあなたの自由。たとえばレヴィ＝ストロースやマリノフスキーのような重要人物に焦点を当て、彼らの著作や解説書を徹底的に読みこんでもいい。クラシック音楽の愛好家がモーツァルトやベートーヴェンを聴きこむように。

国際結婚をした人には、機能主義時代に発展した親族研究が役に立つだろう。家族制度の違いからくる誤解が離婚話に発展してしまったら大変だ。世界中にはこんなにもさまざまに異なる親族システムが存在する、ということを理解したなら、夫婦喧嘩《げんか》の際にすこしは腹の虫もおさまるかもしれない。

あるいはフレーザーやモーガンなどの進化論の著作を読むのもいいかもしれない。えっ、そんな古くさくて間違いだらけの本なんて、と思うかもしれない。たしかに当時の偏見に満ちた文章を読むと、ときに腹立たしく思うこともあるだろう。だが、そんなあなたの心のなかには、本当に進化論は存在しないのだろうか。もしかして、心のどこかに「奴らは野蛮で遅れている」という意識が隠れているのではないか。私はアフリカに長期間滞在し、アフリカ人と結婚し、子供も生まれ、まさに異文化交流を日常生活のレベルで実践している人間である。だがそんな私でも、いや、むしろ絶えざる異文化接触を繰り返している私だからこそ、ときどき心の奥底にある進化論が目を覚ますのを感じることがある。たとえ理論的に進化論は乗りこえられたとしても、現実の世界でそれはまだまだ人々の心に根を張っている。だから進化論の著作と対峙しながら、「自分たちは優れ、奴らは劣っている」という声に耳を傾けてみよう。もしあなたの心のどこかでその声に同調するなにかがうごめいたら、けっしてそれにフタをすることなく、そいつの正体を徹底的に暴いてみる必要がある。

知的刺激を受けるため、あるいは自分の生活に役立てるため、あるいは自分の心を見つめなおすため、文化人類学の成果をおおいに利用してもらいたい。同時にわれわれ人類学者も、一般の人々が利用できるような言葉で書かれた本を、もっともっと提供しなければならないだろう。

見えるものと見えないもの

それは、まだニャマが日本にくるまえのこと。彼女が出席した友人の結婚式を私がビデオ撮影したことがある。私は式のプロセスがわかるように気を使いながら、撮影をすすめていった。カメラで撮影できる範囲は、全体の一部にすぎない。私は人類学者としての経験と勘をたよりに、式の流れを明確にとらえることと、グリオの演奏やダンスのダイナミズムを映像に収めることに注意を払いながら、ハンディ・タイプのビデオカメラで必要なイメージを切りとっていった。結果は上々、自分としてはかなり満足できる仕上がりとなった。ところがそれを見て、ニャマがこう言うのである。

「スズキのビデオは、ちゃんと撮れてない。」

なんたることか！ これは、そのまま学会発表にだって使えそうな自信作なのだ。それを「ちゃんと撮れてない」とはなにごとか。というわけで、大喧嘩がはじまってしまった。だがこの一件により、私は文化人類学の本質について深く考えさせられることになるのである。

問題は「ちゃんと」という言葉にある。私が気をつけたことは、まずは結婚式のプロセスを明確に記録し、かつ式の中心となる音楽やダンスを滞《とどこお》りなく撮影し、世界中の誰が見てもなにがおこなわれているのか理解できるような映像をつくることであった。ところがニャマにとって大切なのはそんなことではなかった。結婚式のプロセスなんて、彼らにとっては当たり前な日常生活の一部である。そんなもの、今さらていねいに説明してもらわなくて結構。もっとも大切なのは、誰が出席しているかということである。彼女にとって、それは具体的な人間関係のなかでの出来事に他ならない。親戚《しんせき》や友人の誰が出席し、どんな服を着て、どんなふうにグリオに誉《ほ》められ、どんなダンスを踊ったか……こうしたひとりひとりの所在と振る舞いが最大の関心事なのである。結婚式などの儀礼や祭礼の際にはかならず現地のビデオ屋が雇われ、その一部始終を撮影し、二時間ほどに編集したビデオテープ（現在ならＤＶＤやデジタルデータを収めたUSBメモリなど）にしてくれる。それを見ると、ただ出席者が映されている場面がダラダラとつづき、退屈なことこのうえない。だがそれこそが彼らが望むものなのだ。逆に私の「人類学的」ビデオでは、肝心の友人・知人が映るべきところで全然違う人物やジェンベばかりがクローズアップされていて、すこしもおもしろくない、ということになる。

そこで私はハッと気がついた。もしかして私はおおきな勘違いをしてきたのではないだろうか。私は文化人類学という「メガネ」を通して現実を眺めてきた。そこにはわれわれの先達が編みだしてきたさまざまな分析枠組みが組みこまれていて、それらを使いこなすことで目の前の光景から次々と「人類学的事実」を抽出することができる。そうした事実をもとに熟考を重ねることで、人類学者は文化とはなにか、人間とはなにか、人類とはなにか、その答えを探してゆくのである。だがこのメガネでは見えないものがある。同じ現象を目の前にして、人類学者が見ているものと現地の当人たちが見ているものが異なっているとしたら。

もちろん、現地の人がなにを見ているのか、なににこだわりをもっているのかがわかった時点で、人類学者が自分の視点を修正してその後の調査方針を変えることは可能だし、実際にそういうことはあるだろう。だが、ニャマと七年間もつきあい、しかも結婚までしたという「実績」のある私が、結婚式というマンデにおけるもっとも重要な祭礼において、彼女がなにを見ているのか気がつかなかったという事実は、やはり私を狼狽《ろうばい》させた。

文化人類学というメガネをかけることで見えてくるものもあれば、見えなくなってしまうものもある。文化人類学は、現実から切りとった「人類学的事実」を素材に人類の文化について考える。つまり、そこから漏れたものは人類学的に「必要ない」か「存在しない」ことになってしまうのである。もちろん見える部分を広げるべく文化人類学が切磋琢磨《せっさたくま》していることは、前節の文化人類学の流れの部分を読めばわかってもらえると思う。それでも見えないものがたくさんあるという謙虚な気持ちを忘れてはいけない。その見えないものも人間の重要な一部であるのだから。

本書で私はニャマ自身について、彼女の家族について、彼女の民族について、その文化について、われわれの結婚式について、文化人類学というメガネを通して見えてきたものを書きつづってきた。たしかに最後に私が気づいたように、文化人類学を通して見えるものと見えないものがある。だが、文化人類学でなければ見えないものもたくさんある。文化人類学はすべてを与えてはくれないが、おおくを与えてくれる。

人と人との関係に完璧《かんぺき》などありはしない。他者を完全に理解するのは不可能だ。それでも人間は誤解という過ちを犯しながら、コミュニケーションを重ねつづけなければならない。これは人類の性《さが》であり、宿命である。そこでよりよいコミュニケーションを図るために、あるいはより正確な異文化理解に到達するために、文化人類学はあなたの友となってくれることだろう。ときに勘違いを犯しながら、試行錯誤を繰り返しながら、文化人類学と手を携えて、あなた自身の「異文化間ストーリー」を紡ぎだしてほしい。

〈1〉文化人類学の学説史はそれ自体としておもしろいし、またそれを通して欧米と非欧米世界との関係を深く理解できるので、興味のある人はぜひ学んでほしい。読みやすく、しかもくわしい概説書として、ガーバリーノ『文化人類学の歴史』(一九八七年、新泉社)がおすすめである。文化人類学の先駆けとなった大航海時代、啓蒙《けいもう》主義時代におけるヨーロッパの知的状況から、構造主義がおおきな影響力をもった一九六〇年代までの流れをわかりやすくまとめている。竹沢尚一郎『人類学的思考の歴史』(二〇〇七年、世界思想社)は、進化論を背景とする文化人類学の誕生から、機能主義、構造主義を経て現在にいたるまでの諸潮流をまとめた、たいへん見通しのいい概説書である。文化人類学の学説・理論を二〇項目に分けて紹介している綾部恒雄(編)『文化人類学20の理論』(二〇〇六年、弘文堂)は、進化論から最新の理論的・実践的問題までが網羅されていて、とっても便利。すこし古いが、蒲生正男(編)『現代文化人類学のエッセンス』(一九七八年、ぺりかん社）は進化論のモーガンからイギリス社会人類学を代表するリーチまで、二一人の著名な人類学者をとりあげ、それぞれの経歴と理論について解説している。

〈2〉レヴィ＝ストロース『今日のトーテミスム』（一九七〇年、みすず書房）には、以下のようなたいへん失礼なマリノフスキーの言葉が引用されている。「原始林から未開人の胃の腑《ふ》、ついでその精神へと導く道は短い。世界は、未開人には、ただ有益な動植物種のみ、しかもそのなかでも第一番に食用に供することのできるものが浮き出して見える混沌《こんとん》とした図で与えられる」（再版、九三頁）。

〈3〉なお、ここでとりあげたのはイギリス、フランスが中心で、「文化相対主義」、「文化とパーソナリティ論」などの重要な視点を示したアメリカの文化人類学はとりあげていない。これは私自身がそちら方面に明るくないという個人的事情からだが、一般的にいっても、ヨーロッパ系人類学に強い人はアメリカ系人類学に弱く、その逆も真なり、ということがいえる。アメリカ文化人類学の流れを概観するには竹沢尚一郎『人類学的思考の歴史』（注1参考）の第7章および第8章が適度にくわしくていいだろう。文化相対主義については綾部恒雄（編）『文化人類学20の理論』（注1参考）の「4　文化相対主義」（沼崎一郎）がもっとも手軽に読める解説である。祖父江孝男『文化人類学入門（増補改訂版）』（一九九〇年、中公新書）の第8章では、文化とパーソナリティ論をつくりだしたベネディクトとミードの業績が簡潔に紹介されている。

〈4〉文化人類学と植民地主義との関係については、ルクレール『人類学と植民地主義』（一九七六年、平凡社）がくわしい。また竹沢尚一郎『表象の植民地帝国』（二〇〇一年、世界思想社）はフランスとアフリカの関係に焦点を当て、フランス民族学が植民地的状況のなかで発展してきた経緯を詳述している。どちらも高い問題意識に支えられ、記述されている歴史的状況も詳細なため、けっして初心者向けとはいえない。とくに前者は古い本なので、古本屋で見つけるしかない。むしろ初学者にすすめたいのは、岡倉登志『「野蛮」の発見』（一九九〇年、講談社現代新書）である。文化人類学への言及はわずかだが、西欧近代がいかにして歪められたアフリカ像と黒人差別を形成してきたかをわかりやすく解説している。

〈5〉ここでは初学者でも「歯が立ちそうな」参考文献をいくつか紹介する。一九七〇年代以降の文化人類学の流れについては、竹沢尚一郎『人類学的思考の歴史』の第9章および第10章がもっともよくまとまっている。また綾部恒雄（編）『文化人類学20の理論』の「11　エスニシティ論」から「20　実践論」までは、すべてあたらしい現代的トピックを扱っている。この二冊を繰り返し読むうちに、たとえ理解できない用語や表現があったとしても、文化人類学の問題点、人類学者の問題意識を身近に感じることができるようになるだろう。

「古典期」の蓄積から現代的なあたらしい視点まで盛りこんだ入門書としては、奥野克巳・花渕馨也（編）『文化人類学のレッスン』（二〇〇五年、学陽書房）、中島成久（編）『グローバリゼーションのなかの文化人類学案内』（二〇〇三年、明石書店）、米山俊直（編）『現代人類学を学ぶ人のために』（一九九五年、世界思想社）を挙げておく。これらは、ここまで本書を読んできた読者なら問題なく理解することができると思う。山下晋司・

船曳建夫（編）『文化人類学キーワード』（一九九七年、有斐閣）の「5章　現代の民族誌」では、現代的状況のなかで重要となる一五個のキーワードが紹介されている。松村圭一郎『ブックガイドシリーズ　基本の30冊　文化人類学』（二〇一一年、人文書院）では、古典期から現代までの文化人類学に関する三〇冊の本が紹介されているが、ブルデュ『実践感覚』、クリフォード＆マーカス（編）『文化を書く』をはじめ、一九八〇年代以降の著作もおおく含まれている。

補章

ラヴ・ロマンスのゆくえ

1999年5月、金閣寺にて

結婚はゴールであると同時に、あたらしい生活のスタートである。

本書では私がニャマと知りあってから結婚というゴールにいたるまでの過程を紹介してきた。あの結婚式からはや二七年。

一九九六年の結婚から二年後の九八年にニャマは来日し、以来、短期の里帰りを繰りかえしながら、基本的に日本で暮らしている。ここで、二五年におよぶ日本での生活を振りかえりながら、いくつか感じたことをエッセイ風に綴《つづ》ってみよう。

翼の折れた天使

一九九八年の秋、ニャマを連れてアビジャンからパリを経由して成田空港に着いた日のことが、まだ昨日のことのように思いおこされる。

現役人気アイドルであり、一家の稼ぎ頭でもあった彼女をアビジャンから「引きはがす」のは、文字どおり力仕事であった。家族、親族、友人、仕事仲間……人間関係が濃密なアフリカでは、人は社会的ネットワークの一部として存在している。その網目をすこしずつほぐし、彼女を「個」として私の腕のなかに確保し、飛行機に乗せるまでまさに格闘の日々である。あちこちに挨拶《あいさつ》まわりをし、説得し、ご機嫌をとりながら、彼女が出発できる雰囲気づくりに精をだす。たとえ正式に結婚式を挙げていたとしても、人の心をないがしろにしながら自分の権利だけを主張するわけにはいかない。幸いにもニャマの父親が大変理解のある人で、彼女の出発をおおきく後押ししてくれたのは心強かった。

経由地のパリには移民としておおくの親戚《しんせき》が住んでいるので、その何軒かを挨拶まわりしながら仁義を切る。だがここは「個人主義」の都である。アフリカの血縁的全体主義もパリの空気にほどよく中和され、アビジャンを発《た》って日本に向かう私たち夫婦をみな一様に歓迎し、祝福を与えてくれる。この「個」と「共同体」のなんともいえないバランス感覚こそ、パリにおける移民社会の最大の魅力であるが、そのバランスが崩れたときには移民たちの苦悩が表面化することになる。私にとってパリとは、ファッションや文化が花開く「華の都」であると同時に、姻族が生活する「移民の都」でもある。

そしてとうとう日本に到着。成田空港のなんともいえない雰囲気。落ち着いているともいえるし、冷たいともいえるし、あるいは活気がないともいえる。パリやドバイなどの国際空港のもつ猥雑《わいざつ》感がない。それは治安が良いということだ、と言い換えられないこともない。だがそれだけではない。メトロポリタンな祝祭性が欠如しているのだ。国際空港なのだから多様な旅行者が訪れると思うのだが、それを迎えいれる日本の側に祝祭的なエネルギーが欠如しているのだろうか。

空港から電車を乗り継いで自宅に向かう。秋口なので空気はひんやりとしている。静かな車内。寡黙な乗客たち。均一な肌の色。そして私の隣にはひとりの黒人女性。一週間ほどまえにアビジャンの「熱い」社会を後にしたばかりの彼女は、この気候的にも社会的にも「冷たい」空気を目の当たりにして、なにを感じたのであろう。

社会は待ってくれない。

私は日本での仕事ネットワークに復帰し、多忙な日々が再開する。いっぽうニャマは、すべての社会関係を一時的に失い、たったひとり、家で待つ。

表面的には優しいが、根本的に異質なものを嫌う日本社会において、国際結婚を経て「外」のパートナーを連れてきた日本人が心に感じるのは、おそらくある種の「遠慮」である。世間様にご迷惑がかからないようにしなければ……。そんな必要はない、人類はみな平等なのだから、などとうそぶくのは、当事者でない外野か、欧米的価値観に鍛えあげられたよほどの強者《つわもの》である。あなたをとりまく笑顔の下には、つねに同調圧力が顔を忍ばせているのだから。

まわりになるべく波風を立てないように気を配りながら、ニャマに日本の生活に慣れてもらい、同時に自分の仕事の能率も下がらないように努力する。以前に比べて、生活するのに数倍の手間ひまがかかるようになる。やがて、ひとりの人間のキャパシティを上回る状況に溺《おぼ》れそうになる。

もしパートナーが欧米出身者で、近代的価値観を身につけ、しかも高学歴であれば、「近代システム」というフィルターを通していちはやく日本社会を理解し、そこでの振る舞いをアレンジし、自分の場所を見つけるのは容易なことかもしれない。だが第三世界出身者の場合、自文化の価値観にドップリと浸《つ》かっている場合がおおく、それとは違った独自の価値観にやはりドップリ浸かった日本社会にアクセスするには時間がかかる。しかも根っからのダンサーであったニャマは、正式な学校教育を受けていない非識字者である。ローマ字の看板でさえ認識できないのだ。

アフリカンダンス教室を開いたり、在日アフリカ人ミュージシャンや日本人ジェンベ奏者とコラボして演奏したりと、すこしずつ音楽活動を再開してゆく。だがそれも、毎週アビジャンの祭りで踊ったり、公演ツアーで世界中を飛びまわっていたりした頃に比べれば、天地の差である。

私は大学の授業、自身の研究に加え、ダンス教室やライブ、あるいは買い物の度にニャマに付き添う必要に迫られ、自由な時間を失ってゆく。時間に追われる人間は、自由な精神をも失ってゆく。こうして総体的に無理な状況のなかで、そのしわ寄せはどこに向かうか。

一方に、濃密な人間関係からいきなり切り離され、活動も大幅に縮小されてしまったアーティスト。もう一方に、職場の仕事と妻の世話に追われ、十分な研究時間が確保できずに焦る大学の先生。もちろん、犠牲になるのはホスト社会側の人間ではなく、「外」から異文化の迷宮に放りこまれた側の人間である。

ニャマは家で待つ時間をもて余し、思うようにコントロールできない日々に不満をつのらせていった。

私は手間のかかる結婚生活に、足を引っ張られているように感じることがおおくなった。

すれ違うふたりは、たがいの目さえ見ることはなくなった。

たくさん喧嘩《けんか》をし、たくさん傷つけあうようになった。

「離婚」という言葉さえ、たがいの口をついて出るようになった。

そしてある日、特大の夫婦喧嘩をしたとき、ニャマが叫んだ。

「私たちは愛しあっていると思っていた。

だから私は、すべてを捨ててアビジャンからついてきた。

でも、それは間違っていた。

あなたは私を愛していない。

私は、ほんとうに悲しい。

ほんとうに、か・な・し・い！」

その慟哭《どうこく》の響きがあまりにも「真実」であったため、私の心臓は凍りついてしまった。

目の前にいたのは、翼の折れた天使だった。

こうして私は悟ったのである。アビジャンであんなにもキラキラと輝いていた天使の翼を、私が折ってしまったことを。

日本で暮らすようになってから、なにかが根本的に間違っていたのだ。

異文化間結婚は足し算ではない。つまり、既存の要素にあらたなる要素を加える、という風に考えてはいけないのだ。この場合、あらたなる要素への対応にエネルギーを割かれてしまうのだから、必然的に既存の要素へ割り当てられるエネルギーは減少し、そのパフォーマンス力は下がってしまう。そこから焦りが生まれ、焦りは怒りや憎しみへと変わってゆく。

だが、異文化間結婚を掛け算ととらえたらどうであろう。既存の要素（私）とあらたなる要素（相手）が融合し、別のものが生まれる。見かけのうえでは自分の仕事の効率やクオリティは下がってしまうかもしれない。だが、それ以上に価値のある、なにかあたらしいものを手にいれる可能性が生まれるのだ。

私たちが結婚の際に撮った記念写真を見て（第六章扉参照）、アフリカ人も、ヨーロッパ人も、日本人も、みな一様に「オーッ」と言いながら笑顔を見せる。民族衣装に身を包んで座る黒人女性と、その後ろに、やはりアフリカの民族衣装を着て立つアジア人男性。そこには文化の壁を乗りこえて実を結んだ愛があり、そして、なにかあたらしいものが生まれてくる予感がある。

私は社会のプレッシャーに押しつぶされながら、この予感という「種」を育てることができなかった。でも、まだ遅くはない。相手の目を見て、その言葉をしっかりと聴いて、もう一度、翼をもったカップルとしてやりなおせる。

不思議なもので、私がそう思って日々の生活を徐々に変えていった時期と、ニャマが日本社会への理解を深めながら、その行動様式をすこしずつ変えていった時期がぴったりと重なり、気がつくと夫婦喧嘩はめっきり少なくなり、たがいの顔をしっかりと見るようになり、いつしか友達のようなおしどり夫婦となっていた。

私は研究もしなければならない、論文も書かなければならない、授業もしなければならない。でも、もう焦らない。異文化間結婚は掛け算である。今、共に生きていることになにか意味がある。それはなんだ、と問われてもうまく答えることはできない。だがいつか、この「なにか」を言語化して理解できる日がくることであろう。

異文化交流あれやこれや

「多様性」という言葉が普及したのは、いつの頃からであろう。

ニャマが日本に来た頃にはまだそれほど一般化していなくて、「ダイバーシティー」などと言われても、都市近郊の海でスキューバダイビングでもするのかと勘違いしたほどである（あるいは、こんな勘違いをした私が、ただ単に阿呆《あほう》だったのかもしれないが）。

それが今では、猫も杓子《しゃくし》も「多様性」、寝ても覚めても「ダイバーシティー」といった調子で、まるで社会的「善」の筆頭に鎮座するご神体のごとく崇《あが》められているように見受けられる。そしてこの状況が、正義を掲げるコンセプトやイデオロギーにありがちな、ある種の危険性を孕《はら》みはじめていると感じるのは、私だけであろうか。

多様性は理念ではなく、「現実」である。政治的なイデオロギーではなく、生物学的な「状態」である。その多様な状態をひとつのコンセプトのようにとらえ、単純化して実現すべき目標として掲げても、現実の多様性を理解し把握することはできず、そこからおおくのものがこぼれ落ちていってしまう。多様性を唱えながら、じつはあるがままの多様な状態を見ることができないという逆説。

多様性とは肉体と精神をもって実際に生きるフィールドであって、頭のなかでシミュレートする仮想現実ではないのである。

どこの世界にも外国人嫌いはいるし、異文化を恐れる人はいる。私にとって、それはまさに人類多様性の一側面であり、ここで彼らを非難しようとは思わない。むしろ、ニャマが日本に住むようになって、積極的にアプローチしてきた人々、あるいはコミュニケーションをとろうとトライしてきた人々について、ここで考えてみたい。

彼らは軒並み、善意と良識をもって接してくる心優しき日本人である。ときに心地よくスムーズに、ときに居心地悪く不器用に、島国ニッポンのハンデを乗りこえるべくコミュニケーションをとろうとする彼らの心意気を、とりあえずはこの場を借りて讃《たた》えさせていただきたい。

ニャマと日本人とのあいだのさまざまなコミュニケーションの場を身近で見てきたが、そこにはいくつかのパターンが存在することに気づいた。学術論文のように細かく分析してもおもしろいと思うが、ここでは大雑把な考察を通して、私の感じたある種の違和感を綴ってみよう。

まずは「自然派」とでもよべる人々がいて、彼らはなんの構えもなくダイレクトにやってくる。所ジョージのテレビ番組『1億人の大質問!?笑ってコラえて!』の人気コーナー「ダーツの旅」のなかで、番組スタッフの質問に対し、いたってマイペースで受け答えをして笑いをとる村人がいるが、あんな感じで、彼らはニャマが外国人であることや黒人であることに頓着《とんちゃく》せずにやりとりをすることができる。

そこには多様性を尊重しようとか、差別はいけないとか、そういった大義名分がまったくない。誤解を恐れずに言えば、下心がないのだ。ただ、目の前にいる、ちょっと珍しい女の人と話しているにすぎない。アフリカで、普通のおばちゃんたちが私と話すノリに似ている。変な計算や駆け引きがないから疲れないし、話していて気持ちがいい。要するに生まれもっての「センス」が良いのだと思う。

二〇一九年三月に東京都府中市で開催された「府中ワールドフェスティバル」に出演したときのこと。ニャマは前年の同フェスティバルにも出演してアフリカの歌を披露したのであるが、私がステージの準備をしていると、ひとりの小柄なおばあちゃんが近づいてきて、ニャマに会えないかと尋ねてきた。聞けば、昨年のステージで歌を聴いて感動したので、コンサートがはじまる前に、ぜひ会ってその気持ちを伝えたいという。

私がすぐにニャマに引きあわせると、おばあちゃんはその皺《しわ》だらけの痩《や》せた両手でニャマの右手を優しく包みこみ、まるで昔話で観音様にお祈りする老婆のように「今年も来ていただいて、本当にありがとうございます」と震えるような声で感謝の意を述べた。それを聞いたニャマの頬に、一筋の涙が流れてゆく。そのとき、自然な振舞いを通して、身体から身体へ、心から心へ、たしかになにかが伝わっていった。「真心が伝わる」とはこういうことなのかと、私は生まれてはじめて実感することができた。

次に挙げたいのは、なんらかの事情で欧米に居住したことがある、あるいは仕事の関係などで海外での経験が豊富な人にみられる「西洋型個人主義派」である。彼らは日本社会と距離をとることに慣れていて、相手が異文化の人間と見るや否や、日本型コミュニケーション様式から離れて即座に西洋型に移行できる「二刀流」だ。この二刀流は世界各地に存在するのだが、その理由は西洋的価値観がさまざまな「土着」の文化を覆うようにして世界に広がっているからである。そのルーツはもちろん欧米の植民地主義、帝国主義にあるのだが、ここでは政治的・歴史的問題はひとまず脇に置いて、コミュニケーションの問題に的を絞ることにしよう。

コミュニケーション様式とは一種の技法であり、それは経験を通して身体化されてゆく。いくら日本で欧米の知識を吸収していっても、実際にその世界を生きなければ技法が身につくことはない。第四章で、個人が複数の国家に帰属意識を持つトランスナショナリズムという概念を紹介したが、それと同じく、経験を通して個人が複数の異なるコミュニケーション様式を身につけ実践する「トランス＝コミュニケーショナリズム」とでも呼ぶべきものが存在するのだ。

ニャマは劇団〈コテバ〉時代にフランスの文化関係者と仕事をしたり、世界中をツアーして回るなかでフランス的コミュニケーション様式を身につけた。マンデでは「白人」を〈トゥバブ〉と呼び、パリに長居してすっかり「白人化」された同胞を

「あいつはトゥバブになった」などと揶揄《やゆ》する。ニャマはトゥバブ的コミュニケーション様式を身につけると同時に、自身のルーツであるマンデの伝統的様式と、ギニアからの移住を経て自我形成の舞台となったアビジャンの都市的様式の双方をしっかりと保持し、これらのあいだを自由に行き来するトランス＝コミュニケーショナルな状況を生きてきた。

二刀流の日本人に出会ったとき、相手はアメリカ式、イギリス式、フランス式などにスイッチを切り替えてコミュニケートしてくる。するとニャマの方は自動的にフランス式に切り替わる。国は違ってもそこには西洋型個人主義に基づく共通了解が存在し、そのコミュニケーション過程からは有象無象の「土着」の要素が捨象されてゆく。難しい言葉を使えば、「脱文脈化」されるのである。こうしてコミュニケーションは一見スムーズで洗練されているように見えるが、じつはそこには重大な問題が横たわっている。コミュニケーションが表面的で、言葉が上滑りしていくように感じられるのだ。やはり真心は、「土着」の言葉からしか生まれないのであろう。

次に挙げる「理念派」は、異文化アプローチ派のなかで最もおおいのではないかと思われる。これは多様性尊重を人類が実現すべき理念であると信じ、そのためにすこしでも知見を広め、この理想実現のために自分もなんらかの寄与をしたいと思う、というタイプである。良い意味で、真面目、勤勉なのだ。

ニャマが来日してライブやダンス教室をはじめる。するとその情報が異文化アプローチ派のネットワークに拡散し、NGO団体やボランティア団体から声がかかってワークショップや講演を依頼されたり、コンサートやダンス教室に積極的に参加する人が増えてきたりする。みな一生懸命で、活気に満ちている。だがそこには不思議なぎこちなさがあり、やがてそれが違和感へと変わり、すこしずつ居心地の悪さが増してゆく。

問題は、つねに多様性尊重という「宿題」があるということ。理念派の人々は、この宿題を解くために異文化の人々と積極的に交わろうとする。自分は善きことを為《な》すためにここにいる。そのために労力を払って異文化接触をしている。きっと、好《よ》い成績がとれるにちがいない。でも、もし相手が自分と同じ志を抱いていなかったとしたら。もし、その交流から労力に見合う結果が得られなかったとしたら。そのとき、相手から得られるメリットはなくなり、交流も途絶えることだろう。

恋愛関係でも、友人関係でも、つねに順風満帆というわけにはいかない。なんらかの理由でゆき詰まって関係解消、ということは日常茶飯事である。だが、この理念派の問題は、異文化交流を理想実現のために「道具化」していることにある。人と人との関係が「生きた交流」の場ではなく、理念に基づいたお勉強をしたことを示すための「アリバイづくり」の場と化してしまう。生きた異文化の「隣人」が、自分が努力したことを示す「エビデンス」と化してしまう。

もちろん、こうした理念派の努力が政治的主張に結びつき、平等な社会を実現するためのシステムづくりに貢献してゆく可能性は否定しないし、異文化の妻とともに日本に住む身としては、おおいに応援したいと思っている。だが、有象無象の人々がひしめきあう異文化空間と対峙《たいじ》したとき、理念によって硬直化した人間の感性の間口は、あまりにも狭く貧弱である。それでは、あるがままの多様性に触れることはできない。

かつてニャマが、「日本人は自分の欲しいものだけ探しにきて、それを手に入れるか、あるいは手に入れられないとわかると、いなくなってしまう」と言ったことがある。当初、私はなんのことを言っているのかわからなかったが、この言葉の意味を理解してからは、自分の行動のなかでなにが「アリバイづくり」なのかを自覚し、人を「道具化」しないように心がけるようになった。

最後は最大の曲者《くせもの》、「おもてなし派」である。

「おもてなし」とは心を尽くして客人を待遇する、という日本流のホスピタリティーであるが、二〇一三年に国際オリンピック委員会の総会における2020年オリンピック・パラリンピック東京招致のためのスピーチで、滝川《たきがわ》クリステルが「お・も・て・な・し」と紹介したことをきっかけに、観光業におけるインバウンド対応の政策としても適用されるようになったのは記憶にあたらしいであろう。こうして「おもてなし」は、対外国人コミュニケーションのマニュアルとしての地位を獲得していったのである。

異文化アプローチ派の日本人は、外国人にたいし、善意をもって「おもてなし」しようと努める。北海道から沖縄まで、日本各地を訪れる外国人観光客は、細部にまでこだわった日本流のもてなしに満足することであろう。日本人のマニアックな感性は、和食のデリケートな盛りつけから、家電製品の多機能を経て、ポテトチップスの味つけの豊富さにいたるまで、さまざまな分野で発揮されている。この感性に裏打ちされた「おもてなし」もまた、世界に誇る日本文化のひとつである。問題は、これが日本文化である、ということである。

ホスピタリティーとはひとつのコミュニケーション様式であり、各文化により形式化されている。客人に対し、どのように挨拶し、どんな食事をふるまい、どんな場所に寝てもらうのか。それらは厳格にコード化され、その規格の枠のなかで意味が了解され、感情が呼びおこされ、満足をえることができる。つまり、もてなす方ももてなされる方も、この文化コードを共有していることが前提となる。

日本人どうしの場合は問題ないが、これが観光客を相手にした場合はどうなるか。日本型ホスピタリティーを知らない相手をあえて日本文化の型にはめてもてなすことで、異文化体験の場を提供するのである。相手はそれを求めてやってくるのであるから、この戦略はよく機能し、インバウンド増加政策の切り札となる。だが、これが観光というハレの場における技法であることを忘れてはならない。この「おもてなし」を万能薬と思いこみ、異文化交流全体へと敷衍《ふえん》したとき、そこにはおおきな問題が生まれる。

各文化には独自の様式があり、感性がある。あなたが善意をもって「おもてなし」をしたとき、あなたは日本文化の様式内にとどまる反応を期待する。しかし異文化の相手にとって、あなたの行為や振る舞いが同じ意味を持つとはかぎらない。アフリカから中近東を経て東南アジアにいたるまで、おおくの文化が左手を「不浄」とするが、たとえばあなたがお土産を左手で差しだしたとき、相手は侮辱されたと感じるかもしれない。アフリカには歓待の意を表するために客人の胸に唾《つば》を吐きかける民族がいるが、もしあなたがその客人であったらおおいに戸惑うことであろう。こうして、異文化に対する誤解が生まれてゆく。

真の異文化交流とは、ハレの場ではなくケの場、つまり日常において培われる。観光や文化イベントも大事だが、地域や職場での日常的なつきあいが、文字どおり持続可能な異文化間関係を育ててゆく。そこでのコミュニケーションは一方向的ではいけない。「おもてなし」と称しながら日本文化を「客人」に押しつけるのではなく、「異なる」ということを前提にした双方向的なコミュニケーションが必要となる。

日本人としてホスト社会側にいるあなたは、「異人」である相手と対等な立場に身を置くことができるだろうか。各々の文化を背負った者どうしが結びついたとき、文化の違いゆえに傷つけあうことも多々あるだろう。だがそれを乗りこえたとき、真のリスペクトがはじまるのだ。そのプロセスを経ないものは、ヴァーチャル・リスペクトにすぎないと思う。

ダブル・ルーツの実践

私たちが子を授かったのは、ニャマが来日した翌年、一九九九年の秋であった。ニャマはあまりにも激しく踊っていたので、アビジャンでは「踊りすぎて、きっと子供ができなくなるよ」と陰口をたたく者も少なからずいたという。それが来日してから数ヵ月で懐妊し、無事出産。夫婦そろって、ホッと胸をなでおろした。

生まれてきたのは、驚いたことに珠《たま》のように真っ白な女の子であった。市民病院で出産したので、同時期に生まれた複数の赤ん坊がひとつの部屋に並ばされていたが、他の日本人の赤ん坊と比べてあきらかに色白だった。目は母親ゆずりで二重瞼《ふたえまぶた》、鼻は父親ゆずりでスッキリと伸び、軽くカールした髪の毛がアフリカ系を感じさせる。日本人の場合、生まれたての表情はあいまいで、時間とともに輪郭が整っていくのであるが、娘はそのパッチリとした目のせいかすでに目鼻立ちが明快で、「まあ、やっぱりアフリカの血ねえ」（これは嫌みではありません）と他のママたちがしきりに感心していた。

その後、成長とともにすこしずつ肌の色が濃くなり、やがて日本人より濃い褐色となっていった。だがそれも、色黒の日本人、といっても通る程度である。この肌の色の濃度をはじめとして、髪の毛の縮れ具合、一重か二重か、鼻の形はどうか、などについてはメンデルの法則によりさまざまなパターンがあり、同じ両親から生まれた子供たちでも一様ではないようだ。

きっと日本では、多様性尊重の観点から、こんな風に身体的特徴についてどうこう評するのは不謹慎である、などと憤慨する人もおおいかもしれない。だが、私たち国際結婚派にとっては「あるある」の話なのである。自分の子供の外見に注意を払わない親がどこにいるであろう。べつに、それをもとに他の子供をおとしめよう、などという気はさらさらない。みな同じ「ハーフ」の子。それぞれの環境のなかでがんばってほしい。ただやっぱり、いちばん可愛いのは、誰がなんといおうと自分の子である。

ところで近年、この「ハーフ」という言葉が問題視されることがある。ひとりの人間に対して「半分」とはいかなることか、ということであろう。この場合、日本人であることを一人前とし、日本人の血が半分しかないから「ハーフ」と呼ぶ、という解釈になる。

そこで、これに対抗して提案されたのが「ダブル」という呼称である。ふたつのルーツを持っているのだから、1＋1でダブルとなる、という発想である。数が増えた分、ポジティヴ度が増したということなのだろう。だがひとりの人間に対し、一方は1／2、もう一方は2では、いずれにしても数があわない。

私見では、もっとも合理的な呼称は「ハーフ・アンド・ハーフ」である。生物学的に見れば、雄と雌の染色体がそれぞれ「半減」したうえで受精して一個体となるのであるから、「半分と半分」が正しい。その略称として「ハーフ」を使うのであれば、渋谷109を「マルキュウ」と呼ぶのと同じで、問題はなくなる。だがもちろん、これは生物学的概念ではなく日本特有の文化的概念であるから（生物学的には全人類がハーフとなるので、このカテゴリー自体の存在意義がなくなってしまう）、やはり「ダブル」に軍配を上げるべきであろうか。だがこの言葉からは、各人の具体的状況を無視して、たんに数を増やすことでお茶を濁そうという偽善の臭いがする。「可能性が倍になって、私の人生は豊かです」などと無邪気なことを言えるのは、おそらくリッチな家庭に育った一部の「ダブル」だけで、おおくの者は日本社会で可能性を「ハーフ」に狭められながら四苦八苦しているにちがいない。

他に「ミックス」という言い方もあるようだが、これはつまり「混血」を意味する英語 mixed のカタカナ化だ。かつて「混血」は「あいのこ」とも呼ばれて雑種的な意味を帯びていたが、カタカナにすることでそのネガティヴなニュアンスを取り除こう、ということであろう。たしかに数字が入らない分、論理的矛盾がないようにみえる。その発想は理解できるが、「混ぜる」というのもある意味露骨な表現であると思えないこともない。

では、どうしたらいいか。当事者の立場からいえば、そんな呼称なんてどっちでもいい、ということだと思う。各々が産み落とされた環境のなかで自分の「生」をつくりあげる。これに尽きるだろう。とはいえ、日本社会のなかで特殊な状況に置かれることはたしかであるから、やはり親は人並み以上の労力を払って子供をサポートすべきである。

私はというと、とにかく娘にアフリカの文化を身につけさせることを最重要課題とした。当時、「ダブル」という呼称の存在を知らずして、ダブル・ルーツの実践を試みていたのだ。

まずは、ニャマにはつねにマンデ語で娘に語りかけるようにしてもらった。

パリ在住のニャマの親戚を見ると、フランスで生まれ育ったほとんどの子供たちがマンデ語を話すことができない。フランス国籍取得手続きの詳細は知らないが、彼らのおおくがアフリカ側（ギニアやコートジボワール）とフランスの二重国籍である。日常生活も学校教育もすべてフランス語の世界に生き、アフリカに行くのは数年に一度、あるいはゼロ、という者もおおい。親の側の関心も、フランス生まれの子を通していかに滞在許可を延ばすか、あるいはフランス国籍を取得するかに重点が置かれ、子供への「ルーツ教育」は手薄となることがおおい。つまり子供にとっても親にとっても、現状ではフランスで「使わなくても済む」アフリカ言語の習得にエネルギーを使うメリットが見いだせない、ということのようである。

だが、言葉は文化の基であり、アイデンティティの源であり、そしてコミュニケーションの「武器」である。白人優位のフランス社会において、アフリカ系に対する差別を流暢《りゅうちょう》なフランス語で告発するのもよいだろう。でも、あなたはいったい誰なのか。親はアフリカからの移民で、自分はフランスで生まれ、アフリカを知らなくて、アフリカの言葉をしゃべることもできず、アフリカにゆくと「トゥバブ」と陰口をたたかれてしまう。たとえ憲法で平等が保障されていたとしても、実際には肌の色による差別が存在するのはあなた自身がいちばんよくわかっているはずではないか。であれば、「人類は平等」などという言説のまえで立ちどまるのではなく、よりおおくの文化で「武装」したほうがいい。他人の意識が変化するのを待つのではなく、自分自身のポテンシャルに磨きをかけたほうがいい。愛と平和だけでなく、憎しみと争いが充満することの世界を生きてゆくために、多様な文化を身につけ、多様なアイデンティティを獲得して、自分の居場所を拡張したほうがいい。「私は誰」という問題を内側に抱えつつ、外に広がる世界のさまざまな人々とつながるコミュニケーション・ツールとして複数の言語を身につけたほうがいい。

娘はマンデ語であやされ、眠る時にはマンデ語の昔話を聞かされ、物心つくまえからマンデ語の声の世界に包まれて育った。家のなかでの会話は、ニャマと娘はマンデ語、私と娘は日本語、ニャマと私はフランス語でおこない、やがてニャマが日本語もしゃべるようになり、私がマンデ語のフレーズをフランス語に混ぜるようになり、娘がフランス語を聞いて理解する能力をつけてくると三ヵ国語が入り乱れる状態となり、私たち以外には理解不能なフレーズが飛びかうようになっていった。

私がもうひとつ心がけたのは、娘を毎年アフリカに連れてゆくことであった。私は、文化人類学者になったことを神に感謝せねばならない。大学の夏休みや春休みを利用して、毎年一～二ヵ月間のフィールドワークをおこなうことができる。幸いにも研究費により自分の旅費・滞在費は賄えるので、あとは自腹を切れば妻と娘を毎年アフリカに「里帰り」させることができる。娘はアビジャンで家族や友人とマンデ語でコミュニケーションをとりながら、自然なかたちで「アフリカ性」を自我のなかに取りこんでゆく。

ちょうど、娘が生まれた翌年の二〇〇〇年度、私が大学のサバティカルでパリに一年間留学することになったのは大きかった。その間、ニャマと娘はアビジャンとコナクリに長期滞在し、娘はたくさんのアフリカ人の手に抱かれ、マンデ語やフランス語で話しかけられ、かの地で言葉を発しはじめ、よちよち歩きをはじめた。この〇歳から一歳にかけての原体験は娘の自我形成に決定的な影響を与え、高いコミュニケーション能力を育《はぐく》んでいった。

娘も小学生の頃はアフリカ系ハーフとして人並みに疎外感を覚えることもあったようだが、中学、高校と進むにしたがい持ち前の明るさとコミュ力で人気者となり、その後はアメリカにわたって英語も習得し、今は自分の力で自由に生きている。

異文化間結婚とは多様性をヨコに貫いて異なる文化を結びつける糸であるが、この糸は子供を通してタテのつながりへと変換される。誰かを愛し、文化の壁を乗りこえてその人と結びついたのであれば、そこから生まれた子供もしっかりと愛し、社会のプレッシャーに押しつぶされないように「多文化」という武器を手渡してほしい。それができるのは、異文化の相手を実際に愛し、肉体的に結びつき、多様性を生物学的レベルで実感したあなたしかいない。異なるDNAが混ざるように、人類のつくりだした文化もミックスされてゆけば、きっとそこからなにかが生まれる。私は運よく大学教員という職に就き、ダブル・ルーツの実践を自分の子にさせる環境を整えるのが比較的容易であった。そんな余裕のない人も大勢いることだろうが、どうか可能な範囲で努力してみてほしい。そこにはもしかしたら、なぜあなたが異文化の相手に恋したのか、その意味が隠されているのかもしれないから。

ちなみに、私たちの娘の名はサラである。これは聖書およびコーランに登場する預言者アブラハムの妻の名で、一神教世界では女性名としてポピュラーであり、ニャマの母親の名でもある（マンデ訛《なま》りで「サラン」となる）。マンデでは祖父母の名を孫につけるという伝統があるので、娘はおばあちゃんの名を受け継いだわけである。都合のいいことに、これは日本にも存在する名なので、お釈迦様が入滅された場所に生えていた「沙羅双樹」にあやかって沙羅という漢字をあてた。もうひとつ付けくわえると、じつは私が中学生の時にボブ・ディランが愛妻のために歌った「サラ」（アルバム『欲望』収録）というラヴ・ソングを聴き、自分に娘ができたらこの名をもらおう、と目論《もくろ》んでいたのだ。なんたる偶然。というわけで、「沙羅」はユダヤ教・キリスト教・イスラム教的要素、マンデ的要素、日本的要素、仏教的要素、そしてロック・スピリットを集約した多文化的表象なのである。

私がこの名に込めた思いが、今後の娘の幸せにつながりますように。

家族写真（愛娘《まなむすめ》沙羅（右）、愛犬ラッキー（左下）と共に）

神の見えざる手と悪魔の囁き

世界は広く、多様な人々で満ちている。

私は自分のフィールドワークと妻の里帰りを兼ねて、毎年、東京―アビジャンを飛行機で往復しているが、経由地はパリかドバイである。どちらも国際的なハブ空港として巨大かつ賑《にぎ》やかなことこのうえない。

ヨーロッパ系、アフリカ系、アラブ系、アジア系、ラテン系……行き交う顔もさまざま、飛び交う言語もいろいろ、身につけている衣装も色とりどりだ。まるで絵の具のパレットのようにカラフルな群衆のなかに身を置いたとき、私は心地よい高揚感に包まれると同時に、一抹の恐怖感に襲われる。

自分がこのおおきな世界の一部であるという実感。自分の生命がこの多様性に連なっているという歓《よろこ》び。きっと、世界はうまくいく。

だが、彼らは味方なのか敵なのか。本当に心を通じあうことができるのか。この人間の渦のなかで、溺れてしまいそうだ。もしかして、これはカオスなのではないか。

心のなかで二種類の言葉が渦を巻き、せめぎあう。

そもそも、自分はいつから異文化や外国に興味を持つようになったのだろう。正確に思いだすことはできないが、少なくとも大学生になったときには「ここにいてはいけない」と強迫観念のように思っていたのは確かである。自分のなかに空洞があって、他者の文化をとり入れて自己を満たす必要性を直感的に感じていたのかもしれない。自前の文化だけでは足りなかったのであろう。

インドで貧乏旅行をし、パリでアフリカ人ミュージシャンと出会い、文化人類学を学びはじめ、アビジャンで踊る少女に出会い、そこで恋に落ちた。

きっとこれは運命である。神の見えざる手が私の胸に空洞をつくり、それを埋めるために異文化の渦中に身を投じ、ついに胸を「キュン」とさせる出会いに導かれた。するとと驚いたことに、この「キュン」はかつて私が日本で恋したときに感じたものとまったく同じであった。こうして私は理解したのである。人間とは、文化、民族、人種などのすべての壁を貫いて結びつくことのできる生物であることを。だが、実際問題として文化、慣習、宗教といった壁が立ちはだかる。その壁をひとつひとつクリアしながら、恋という個人の物語を結婚という社会的制度として成就させるまでの過程を描いたのが本書である。

「人々よ、われらはおまえたちを男性と女性から創り、おまえたちを種族や部族となした。おまえたちが互いに知り合うためである」（49―13）（中田考（監修）『日亜対訳クルアーン』二〇一四年、作品社）。

これはコーランの一節である。イスラム教と縁遠い日本では、テロ報道や女性への人権抑圧報道などから、コーランにはろくなことが書かれていないにちがいない、と思っている人がおおいかもしれない。だが、ある宗教の現行の信者の行動と、その宗教の聖典に書かれていることとは別物である。前者はあくまでも人間のおこない、後者は（教義上は）神の声、あるいは聖者の業なのだから。先入観を捨てて読んでみると、たいていの聖典にはたくさんの善いことが書かれている。

イスラム教を含む一神教では神は唯一絶対であり、すべての世界を創った創造者である。コーランとは、神が大天使ガブリエルを通して預言者ムハンマドに啓示した言葉を記録したものとされる。つまり、神が明言しているのである。人々を種族や部族に分けたけれど、それは「おまえたちが互いに知り合うため」であると。

なんて素敵な言葉だろう。人類は多様であるが、それは異なる者どうしが出会い、相互に理解するためである。他者との差異は、それをもって憎しみ争いあうためのものではなく、それをきっかけとして互いに理解しあうためのものである。

もしそうだとすれば、自分の心のなかに異文化を知りたい、世界を知りたい、という渇望が生まれたとき、きっとそこには神の見えざる手が働いているにちがいない。生きる目的が他者を知ることであるのなら、ここで問うべきは「なぜ？」「なんのために？」ではなく、「どうやって？」「どの道を通って？」である。

だがそこで、悪魔が囁《ささや》くであろう。「そんなことがなんの役に立つの」「無理しなくていいよ」「ここのほうが安全だよ」「普通に就職したほうがいいよ」……悪魔は家族や友人の舌先に乗って、あるいは自分自身の心の声のふりをして、あなたの弱い心につけこんでくる。

神の見えざる手にしたがうべきか、悪魔の囁きにしたがうべきか、それはしばしば人生のおおきな選択となる。ときに、どちらが神の導きでどちらが悪魔の誘惑かわからなくなることさえある。だが、アビジャンでニャマと結婚式を挙げ、来日して夫婦関係の危機を乗りこえ、娘をなんとか無事に育てあげた今、私は自信をもって言うことができる。迷わずに外に向かえ、と。

多様性の渦中に身を投じ、心を開いてみる。すると異質なものがあなたにぶつかり、あなたの心や魂を傷つけることだろう。ここが悪魔のつけ入りどころである。だが、しばらく我慢して自己を開きつづけてみよう。やがて渦が消え、波がおさまったとき、あなたの目の前にはあたらしい風景が広がっていることであろう。それは異なる人々とたしかに結びついた、暖かな風景にちがいない。世界は広いし、まだまだ怖い部分は残っているけれど、あなたは悪魔が入りこめない領域を獲得したのだ。こうして、自分が神の見えざる手に導かれてきたことを実感するであろう。

他者とつながるためには、一度、自分の殻を壊す必要がある。それは痛みを伴う。だがそれこそが、多様性世界を「正しく」生きる唯一の道であると思う。常なる破壊と再建を実践する場である異文化間結婚の経験を通して、私はそう確信するのである。

あとがき

この本は、みっつの出来事の交叉点《こうさてん》のうえに成りたっている。
ひとつ、私が文化人類学者になったこと。
ふたつ、私がアフリカ人女性と結婚したこと。
みっつ、私が大学で教鞭《きょうべん》をとっていること。

私が結婚式を挙げたのは一九九六年のこと、大学で教えはじめたのはその前年、一九九五年のことであった。つまり私は、ふたつの「はじめて」を同時に体験していたのである。ひとつは国際結婚、もうひとつは教室での授業。それまでアフリカの喧噪《けんそう》のなかで調査をしていたが、これからは日本の大学でおとなしい学生相手に先生として振る舞わねばならない。アフリカの人々に比べてどう見てもノリの悪い学生たちに、何をどう伝えればいいのか。まったくもって、苦行であった。私はなるべく平易な言葉で語りかけ、映像資料を多用しながら、学生の立場に立って授業をすすめるよう心がけた。

そんなある日のこと、私が自分の結婚式について説明すると、学生たちの表情がみるみるうちに輝きだしたのである。それはまるで、陸に放りだされた魚が水中に戻ったかのようであった。私はたしかに、彼らの「生気」を感じた。なぜだろう。なにが学生たちのツボにはまったのだろう。

それが結婚という、近い将来、自分に関わるかもしれないテーマであったからだろうか。いや、違う。それはおそらく、私の話が臨場感にあふれていたからだろう。まさに、その体験をした張本人が、目の前で語っている。しかもその内容は、男と女の色恋沙汰《ざた》である。もちろんそれは、形式的には文化人類学の親族研究であり儀礼研究であるが、私の体験が学術的枠組みを飛びこえており、結婚を語ることが同時に人生を語ることになるというある種の必然性を、彼らが敏感に察知していたのだろう。雑談の方が学生の反応がいいというのは教員であれば誰しも経験したことがあると思うが、私の結婚話では学術的要素と雑談的要素が分かちがたく結びついていたわけである。

こうした体験は、私がこれまで教鞭をとってきたさまざまな大学において、東京－地方を問わず、公立－私立を問わず、文系－理系を問わず、男女を問わず、一様に見られるものであった。ならば、このネタをもとに文化人類学の入門書を書いてみたらどうだろうか。いつの頃からか、そんなアイデアが浮かぶようになり、本書の執筆にいたったというわけである。

人間は非常にファジーな動物だと思う。それは、心が弱いとか、いい加減とかいうことではなく、環境に左右されやすいということである。「文化」はもっとも強力に人間に作用する環境要因である。それはあまりに強力なため、普段は意識されることもない。まさに空気のような存在だ。私たちは、文化の定めたとおりに物事を感じとり、行動している。そして自分の文化と異なるものに出会ったとき、衝撃を受け、驚き、戸惑い、おそらく無意識のうちに嫌悪感を抱く。いや、私は異文化に対してもオープンでフレンドリーだ、と反論する人はおおいだろう。でも、たいていの場合、そのような言説は抽象的な理念にすぎず、実際に異文化と「密な接触」をもった場合、むしろ否定的な感情に囚《とら》われる方がおおいのではないかと思う。この個々人のもつ無意識的な異文化へのマイナス思考が政治的に悪用されたとき、偏狭なナショナリズムやファシズムが支配する世界が出現するのだろう。

グローバル化された世界では、異文化接触が日常的な出来事となっている。新しい出会いは愛を育《はぐく》み、結婚として結実することもあれば、憎しみを増長させ、争いを生みだすこともある。だから私たちは、「文化」という問題をつねに意識化させ、その本性を理解しなければならない。そして、私たちの「生」を構成するもっとも重要な要素である文化を、自由にコントロールする術《すべ》を身につける必要がある。文化は無意識のレベルで人を支配するが、そのメカニズムを正しく把握することで、文化の違いが生みだす憎しみから解放されることが可能になるだろう。あまりに複雑な現代社会において、人は自文化の居心地のよさに甘えることは許されなくなってきている。異文化との共存を前提に、つねに変化しなければならないという「痛み」と「わずらわしさ」を受けいれる強度をもった心を鍛えなければならない。

私は結婚を通して異文化共存の現場を生き、文化人類学を通して文化を意識的にとらえる目と心を鍛えあげてきた。ただ、日々過ぎてゆく日常のなかで、ともすれば文化人類学的な見方を忘れてしまい、相手を理解しようとする気力が減退したとき、気がつくと夫婦喧嘩《げんか》をしているのである。そこで、「いかん、いかん」とつぶやきながら、文化人類学の目をとりもどし、異文化への耐性を強めてゆく。理解するという作業には、たいへんなパワーとエネルギーが必要なのだ。だが私のように、その出発点に「恋」があり、その根底に「愛」があれば、なんとかやっていけるものなのである。

本書を執筆するまでに、じつにさまざまな方々にお世話になってきた。ここで名前を挙げて、感謝の意を示したいと思う。

最初に私を文化人類学の道に誘《いざな》ってくださった和崎春日先生。駆け出しの大学院生であった私を快く面倒見てくださったアフリカ都市研究の第一人者、日野舜也先生。慶應義塾大学大学院の修士課程で、いきなりやって来た、どこの馬の骨ともわからない私を指導してくださった吉田禎吾先生。同じく博士課程で、まったく専門の違う私を卒業させてくださった宮家準先生。

当初から私の研究に興味をもたれ、ご自身のアフリカ音文化の共同研究に加えてくださったアフリカ音楽研究、いや、文化人類学の第一人者、川田順造先生。

私とニャマのつきあいを全面的にサポートしてくれたニャマの家族、とりわけ今は亡き義父カマン・カンテと、今も元気な義母サラン・ジャバテ。

アビジャンにおけるスズキ一族で、私の父親となってくれたモリ・トラオレ氏と、その妻、園田和子さん。わざわざアビジャンの結婚式に日本から出向いてくれ、オジ・オバとなってくださった原口武彦先生ならびに夫人。

大学四年生の夏に母が亡くなった後も、私の研究者としての活動を見守ってくれ、今ではニャマのよき義父であり友である、我が父。

そして我が愛する妻である本書の主人公ニャマ・カンテと、愛娘《まなむすめ》、沙羅。

最後に、前著『ストリートの歌』に引きつづき、厳しく、細かく、的確なコメントで本書のクオリティを確実に引きあげてくれた世界思想社の方々。

自分ひとりだけの力ではなにもできないことを、五〇歳になってやっと気づかせてくれたみなさまに、あらためて感謝の意を表します。

二〇一四年冬　町田の自宅にて

著　者

文庫版へのあとがき

「あとがき」に記したように、この本は文化人類学の入門書であるが、それと同時に、私が実際に授業で使う教科書として書かれたものである。執筆中は教室に座る受講生たちの顔を思い浮かべながら、なるべく彼ら／彼女らが理解しやすい表現や説明の仕方を工夫するよう心がけた。

本書を書いた動機は非常にパーソナルなものであり、アカデミズムの最先端にシンクロした「攻め」の本でも、世間のトレンドを意識した「ウケ狙い」の本でもなかった。であるから当初私が抱いていたイメージは、出版直後は出版社とつきあいのある本屋さんの店頭に一、二週間くらいは置いてもらい、その後ひっそりと姿を消し、出版社のカタログに掲載され、私が授業で教科書指定するほかは、文化人類学関係かアフリカ関係で興味を持った人がときどき注文してくれる、というものであった。

二〇一五年初頭、刷りあがった新品の本が出版社から送られてきた。私はその仕上がりに満足し、四月からの授業でどう活用しようかと思いを巡らせながら日常の生活に戻る。一件落着、というわけである。

　すると二ヵ月ほどして、出版担当者からメールが入った。TBSラジオの『Session-22』という番組で、メインパーソナリティの荻上《おぎうえ》チキさんが本書を紹介してくれたというのだ。メールには番組のURLが書かれていたので、クリックしてポッドキャストで当該の放送を聴くことができた。すると、「今日、こんな面白い本をみつけました……」というノリで、私の本についてじつに熱く語ってくれているではないか。おそらく、さまざまな方向に向けられたチキさんのアンテナに幸運にも本書が引っかかったのであろう。私は自分の本が評価されたことを喜ぶと同時に、想定外の事態に驚きもした。

　私は気づかなかったが、出版直後からこの本はそれなりに評価され、新聞、週刊誌、雑誌、ウェブサイトなどに次々と好意的な書評が掲載されていった。五月には『Session-22』にゲスト出演して荻上チキさんと歓談し、翌月には文化放送のラジオ番組にも呼んでいただいた。

　そんなある日のこと、私の姪《めい》っ子が娘に電話をかけてきた。「たいへん、たいへん、サラちゃんのパパの本が試験問題になってるよ！」聞くと、その日に受けた某予備校の模試で、国語の問題に本書が使われていたというではないか。「本当に？」と思った私であるが、その後、大学入試で数件、国語や小論文の問題として本書が使用され、そのコピーが送られてきた。解いてみると私にも回答困難な難問が含まれていて、みずからの受験時代の苦労を思いだしてしまった。

本書の余波の最後の思い出は、二〇一八年八月にテレビ朝日で放映された『激レアさんを連れてきた。』への出演である。一見するとおちゃらけバラエティ番組であるが、スタッフの方が本書をよく読みこんでいて、私たちの結婚式の内容を、正しく、しかも笑えるネタとして紹介し、その手法は教鞭《きょうべん》をとる私にも非常に参考になった。収録においても、スタッフ、司会者、アシスタント、ゲストのみなさんが素人出演者たる私とニャマをしっかりとリスペクトしてくれて、とても居心地がよかったのを覚えている。


「ウケ狙い」でない本が「ウケ」て、私はとても楽しい時を過ごすことができた。きっと、私たちの異文化間結婚の持つパワーが読者の方々に伝染したのだろう。

本書の出版から八年以上の時がたち、さすがに遅筆な私も次の本を書かなければ、と思っていたところへ、この文庫版の話が飛びこんできた。担当編集者の方は中国からの元留学生で、大学一年生のときにゼミで本書を読み、「新しい環境に戸惑い、心細さを感じていたところ、本の中で先生が異文化交流の楽しさを描いてくださったおかげで、恐れずに一歩踏み出すことができました」とのこと。なんともうれしい話ではないか。

異文化理解という文脈においてマスメディアで評価された経緯を紹介してきたが、本来の目的である教科書としてもしっかり役に立ってくれていたのだ。しかも外国からの留学生を勇気づけ、その彼女が出版社に就職し、ある日突然「文庫版を出版させてください」などと連絡してくるとは。断る理由などあろうはずもない。むしろそこに「神の見えざる手」を感じたと言っても許されるであろう。

文庫版化に際し、ニャマが来日してからのことをエッセイ風につづった「ラヴ・ロマンスのゆくえ」を追加した。本書では私たちの出会いから結婚が成就するまでの過程が描かれているが、実際に日本で暮らしてみてどうだったのだろう、と疑問に思う読者もいることであろう。夫婦関係の危機、子育ての心得、日本における異文化交流の問題点、多様性と対峙《たいじ》する心構えについて、思うところを書いてみた。赤裸々な告白、辛辣《しんらつ》な批判も含まれているので、すでに単行本を読んだ方もぜひ目を通してほしい。

本書は文化人類学の入門書として、注においてさまざまな参考文献を紹介している。二〇一五年の出版から九年以上が経過するなか、文化人類学の分野でおおくの入門書、専門書が出版されているが、残念ながら文庫版化に際しそれらを反映させたアップデートはおこなっていない。今はネットで新刊、既刊、古本などの情報が簡単に入手できるので、興味のある方は自分でネットサーフィンしながら、文化人類学の海原を漂っていただきたい。

今回、本書が文庫版化された喜びは、マンデの地のうえに広がる大空のように、深く、おおきい。

角川ソフィア文庫編集部の皆さまに、心からの感謝と神の祝福を。

二〇二四年一月一日　町田の自宅にて、妻とともに

著者

参考文献

入門書・概説

石川栄吉（編）一九七八『現代文化人類学』（弘文堂入門双書）弘文堂
太田好信・浜本満（編）二〇〇五『メイキング文化人類学』世界思想社
奥野克巳・花渕馨也（編）二〇〇五『文化人類学のレッスン――フィールドからの出発』学陽書房
蒲生正男・山田隆治・村武精一（編）一九七九『文化人類学を学ぶ』有斐閣選書
ギアーツ、クリフォード　一九九六（一九八八）『文化の読み方／書き方』森泉弘次訳、岩波書店
合田濤（編）一九八九『現代社会人類学』（弘文堂入門双書）弘文堂
祖父江孝男　一九九〇『文化人類学入門』（増補改訂版）中公新書
田中雅一・中谷文美（編）二〇〇五『ジェンダーで学ぶ文化人類学』世界思想社
中島成久（編）二〇〇三『グローバリゼーションのなかの文化人類学案内』明石書店
宮本勝・清水芳見（編）一九九九『文化人類学講義――文化と政策を考える』八千代出版
山口昌男　一九八二『文化人類学への招待』岩波新書

山下晋司（編）二〇〇五『文化人類学入門――古典と現代をつなぐ20のモデル』弘文堂
山下晋司・船曳建夫（編）一九九七『文化人類学キーワード』有斐閣
米山俊直（編）一九九五『現代人類学を学ぶ人のために』世界思想社
米山俊直・谷泰（編）一九九一『文化人類学を学ぶ人のために』世界思想社
リーチ、エドマンド　一九八五（一九八二）『社会人類学案内』長島信弘訳、岩波書店（一九九一、岩波書店、同時代ライブラリーより再版）

学説史

綾部恒雄（編）二〇〇六『文化人類学20の理論』弘文堂
ガーバリーノ、M．S．　一九八七（一九七七）『文化人類学の歴史――社会思想から文化の科学へ』木山英明・大平裕司訳、新泉社
蒲生正男（編）一九七八『現代文化人類学のエッセンス――文化人類学理論の歴史と展開』ぺりかん社
クーパー、アダム　二〇〇〇（一九九六）『人類学の歴史――人類学と人類学者』鈴木清史訳、明石書店
竹沢尚一郎　二〇〇一『表象の植民地帝国――近代フランスと人文諸科学』世界思想社
二〇〇七『人類学的思考の歴史』世界思想社
松村圭一郎　二〇一一『ブックガイドシリーズ　基本の30冊　文化人類学』人文書院

ルクレール、G.　一九七六（一九七二）『人類学と植民地主義』宮治一雄・宮治美江子訳、平凡社

古典・民族誌

ヴァン・ジェネップ、アルノルド　一九七七（一九〇九）『通過儀礼』秋山さと子・彌永信美訳、思索社（一九九九、新思索社より新装版再版）
エヴァンス＝プリチャード、E. E.　一九七八（一九四〇）『ヌアー族──ナイル系一民族の生業形態と政治制度の調査記録』向井元子訳、岩波書店（一九九七、平凡社ライブラリーより再版）
一九八二（一九五六）『ヌアー族の宗教』向井元子訳、岩波書店（一九九五、平凡社ライブラリーより上下巻で再版）
一九八五（一九五一）『ヌアー族の親族と結婚』長島信弘・向井元子訳、岩波書店
二〇〇一（一九三七）『アザンデ人の世界──妖術・託宣・呪術』向井元子訳、みすず書房
キージング、R. M.　一九八二（一九七五）『親族集団と社会構造』小川正恭・笠原政治・河合利光訳、未來社
ダグラス、メアリ　一九七二（一九六六）『汚穢と禁忌』塚本利明訳、思潮社（一九八五、思潮社より再版。二〇〇九、ちくま学芸文庫より再々版）

ターナー、ヴィクター　一九七六（一九六九）『儀礼の過程』冨倉光雄訳、思索社（一九九六、新思索社より新装版再版）
ターンブル、コリン・M．　一九七二（一九六六）『アフリカの部族生活――伝統と変化』松園万亀雄・松園典子訳、社会思想社、現代教養文庫
一九七四（一九七三）『ブリンジ・ヌガグ――食うものをくれ』幾野宏訳、筑摩書房
一九七五（一九六二）『ローンリー・アフリカン』佐藤佐智子訳、白日社
一九七六（一九六一）『森の民――コンゴ・ピグミーとの三年間』藤川玄人訳、筑摩書房
一九七九（一九七六）『アフリカ人間誌』幾野宏訳、草思社
一九八五（一九八三）『異文化への適応――アフリカの変革期とムブティ・ピグミー』田中二郎・丹野正訳、CBS出版
一九九三（一九八三）『豚と精霊――ライフ・サイクルの人類学』太田至訳、どうぶつ社
ニーダム、ロドニー　一九九三（一九七九）『象徴的分類』吉田禎吾・白川琢磨訳、みすず書房
ファン・ヘネップ、アルノルト　一九七七（一九〇九）『通過儀礼』綾部恒雄・綾部裕子訳、弘文堂（一九九五、弘文堂より新装版再版。二〇一二、岩波文庫より再々版）
フレーザー、J．G．　一九五一（一九二二）『金枝篇』（全五冊）永橋卓介訳、岩波文庫
二〇〇三（一八九〇）『初版　金枝篇』（上・下）吉川信訳、ちくま学芸文庫
ベネディクト、R．　一九六七（一九四六）『菊と刀――日本文化の型』長谷川松治訳、社会思想社、現代教養文庫

マードック、G．P．一九七八（一九四九）『社会構造——核家族の社会人類学』内藤莞爾監訳、新泉社（二〇〇一、新泉社より新版再版）

マリノフスキー、B．一九六七（一九二二）「西太平洋の遠洋航海者」寺田和夫・増田義郎訳（抄訳）『世界の名著59 マリノフスキー／レヴィ＝ストロース』中央公論社（一九八〇、中公バックス『世界の名著71』として再版。二〇一〇、講談社学術文庫より再々版）

一九七一（一九二九）『未開人の性生活』泉靖一・蒲生正男・島澄訳、新泉社

一九八七（一九六七）『マリノフスキー日記』谷口佳子訳、平凡社

モース、マルセル 一九七三（一九五〇）『社会学と人類学I』有地亨・伊藤昌司・山口俊夫訳、弘文堂（底本は一九六八年刊の第四版）

二〇〇八（一九二五）『贈与論』（新装版）有地亨訳、勁草書房

二〇〇九（一九二五）『贈与論』吉田禎吾・江川純一訳、ちくま学芸文庫

ラドクリフ＝ブラウン、A．R．一九七五（一九五二）『未開社会における構造と機能』青柳まちこ訳、新泉社（一九八一、新泉社より新装版再版。二〇〇二、同社より新版再々版）

リーチ、エドマンド 一九八一（一九七六）『文化とコミュニケーション——構造人類学入門』青木保・宮坂敬造訳、紀伊國屋書店

レヴィ＝ストロース、クロード 一九六七（一九五五）「悲しき熱帯」川田順造訳（抄訳）『世界の名著59 マリノフスキー／レヴィ＝ストロース』中央公論社（一九八〇、中公バックス『世界の名著71』として再版）

一九七〇（一九六二）『今日のトーテミスム』仲澤紀雄訳、みすず書房（二〇〇〇、みすずライブラリーより再版）
一九七七（一九五五）『悲しき熱帯』（上・下）川田順造訳、中央公論社（二〇〇一、中公クラシックスより再版）
一九七七－七八（一九四九）『親族の基本構造』（上・下）馬淵東一・田島節夫監訳、番町書房（底本は一九六七年刊の第二版）
二〇〇〇（一九四九）『親族の基本構造』福井和美訳、青弓社（底本は一九六七年刊の第二版）

レヴィ＝ストロース関連

小田亮　二〇〇〇『レヴィ＝ストロース入門』ちくま新書
橋爪大三郎　一九八八『はじめての構造主義』講談社現代新書
吉田禎吾・板橋作美・浜本満　一九九一『人と思想96　レヴィ＝ストロース』清水書院
リーチ、エドマンド　一九七一（一九七〇）『現代の思想家　レヴィ＝ストロース』吉田禎吾訳、新潮社（二〇〇〇、ちくま学芸文庫より再版）
渡辺公三　一九九六『現代思想の冒険者たち20　レヴィ＝ストロース　構造』講談社（二〇〇三、「現代思想の冒険者たち select」シリーズで講談社より再版）

アフリカ

池谷和信・佐藤廉也・武内進一（編）二〇〇七『朝倉世界地理講座　大地と人間の物語11　アフリカI』朝倉書店
今村薫　二〇一〇『砂漠に生きる女たち——カラハリ狩猟採集民の日常と儀礼』どうぶつ社
岡倉登志　一九九〇『「野蛮」の発見——西欧近代のみたアフリカ』講談社現代新書
小川了　一九八七『サヘルに暮らす——西アフリカ・フルベ民族誌』NHKブックス
一九九八『可能性としての国家誌——現代アフリカ国家の人と宗教』世界思想社
川田順造　一九七六『無文字社会の歴史——西アフリカ・モシ族の事例を中心に』岩波書店（一九九〇、岩波書店、同時代ライブラリーより再版。二〇〇一、岩波現代文庫より再々版）
一九七九『サバンナの博物誌』新潮選書（一九九一、ちくま文庫より再版）
一九八一『サバンナの手帖』新潮選書（一九九五、講談社学術文庫より再版）
一九八八『聲』筑摩書房（一九九八、ちくま学芸文庫より再版）
一九九二『口頭伝承論』河出書房新社（二〇〇一、平凡社ライブラリーより上下巻で再版）
嶋田義仁　一九九八『優雅なアフリカ——一夫多妻と超多部族のイスラーム王国を生きる』明石書店
長島信弘　一九七二『テソ民族誌——その世界観の探求』中公新書

一九八七『死と病いの民族誌――ケニア・テソ族の災因論』岩波書店
原口武彦　一九九六『部族と国家――その意味とコートジボワールの現実』アジア経済研究所
松園万亀雄　一九九一『グシイ――ケニア農民のくらしと倫理』弘文堂
吉田憲司　一九九二『仮面の森――アフリカ・チェワ社会における仮面結社、憑霊、邪術』講談社
和田正平（編）二〇〇一『現代アフリカの民族関係』明石書店

マンデ、グリオ

川田順造（編）一九九七『ニジェール川大湾曲部の自然と文化』東京大学出版会
坂井信三　二〇〇三『イスラームと商業の歴史人類学――西アフリカの交易と知識のネットワーク』世界思想社
成澤玲子　一九九七『グリオの音楽と文化――西アフリカの歴史をになう楽人たちの世界』勁草書房
ニアヌ、D. T. ＆ シュレンカー、C. F.（編）一九八三（一九六〇）『アフリカ昔話叢書　マンディングとテムネの昔話』都未納訳、同朋舎出版
ヘイリー、アレックス　一九七七（一九七六）『ルーツ』（上・下）安岡章太郎・松田銑訳、社会思想社（一九七八、現代教養文庫より三分冊で再版）

リー、エレン　一九九二（一九八八）『アフリカン・ロッカーズ――ワールド・ビート・ドキュメント』鈴木ひろゆき訳、JICC出版局

音楽

鈴木裕之　二〇〇〇『ストリートの歌――現代アフリカの若者文化』世界思想社
塚田健一　二〇〇〇『アフリカの音の世界――音楽学者のおもしろフィールドワーク』新書館
根岸一美・三浦信一郎（編）二〇〇四『音楽学を学ぶ人のために』世界思想社
フェルド、スティーブン　一九八八（一九八二）『鳥になった少年――カルリ社会における音・神話・象徴』山口修・山田陽一・卜田隆嗣・藤田隆則訳、平凡社
ブラッキング、ジョン　一九七八（一九七三）『人間の音楽性』徳丸吉彦訳、岩波現代選書
細川周平　一九九五『サンバの国に演歌は流れる――音楽にみる日系ブラジル移民史』中公新書
メリアム、アラン・P.　一九八〇（一九六四）『音楽人類学』藤井知昭・鈴木道子訳、音楽之友社
ンケティア、クワベナ　一九八九（一九七四）『アフリカ音楽』龍村あや子訳、晶文社

その他

青木保　一九七六『タイの僧院にて』中央公論社（一九七九、中公文庫より再版）
一九八四『儀礼の象徴性』岩波書店（一九九八、［特装版］岩波現代選書より再版。二〇〇六、岩波現代文庫より再々版）
青柳まちこ（編・監訳）一九九六『「エスニック」とは何か――エスニシティ基本論文選』新泉社
綾部恒雄　一九九三『現代世界とエスニシティ』弘文堂
綾部恒雄（編）一九八二『女の文化人類学――世界の女性はどう生きているか』弘文堂
飯島茂（編）一九九三『せめぎあう「民族」と国家――人類学的視座から』アカデミア出版会
上田紀行　一九九〇『スリランカの悪魔祓い――イメージと癒しのコスモロジー』徳間書店（二〇〇〇、講談社＋α文庫より再版。二〇一〇、講談社文庫より再々版）
大澤真幸（編）二〇〇二『ナショナリズム論の名著50』平凡社
小熊英二　一九九五『単一民族神話の起源――〈日本人〉の自画像の系譜』新曜社
川田順造・福井勝義（編）一九八八『民族とは何か』岩波書店
中川敏　一九九二『交換の民族誌――あるいは犬好きのための人類学入門』世界思想社
なだいなだ　一九九二『民族という名の宗教――人をまとめる原理・排除する原理』岩波新書

伏見憲明　一九九七『〈性〉のミステリー――越境する心とからだ』講談社現代新書
マルティニエッロ、マルコ　二〇〇二（一九九五）『エスニシティの社会学』宮島喬訳、白水社、文庫クセジュ
モース研究会　二〇一一『マルセル・モースの世界』平凡社新書
山口昌男　一九七五『道化の民俗学』新潮社（一九八五、筑摩叢書より再版。一九九三、ちくま学芸文庫より再々版）
吉田禎吾　一九七二『日本の憑きもの――社会人類学的考察』中公新書
一九七六『魔性の文化誌』研究社叢書（一九九八、みすずライブラリーより再版）
和田正平　一九八八『性と結婚の民族学』同朋舎出版

事典

石川栄吉・梅棹忠夫・大林太良・蒲生正男・佐々木高明・祖父江孝男（編）一九八七『文化人類学事典』弘文堂（一九九四、縮刷版が弘文堂から再版）
梅棹忠夫（監修）一九九五『世界民族問題事典』平凡社
小田英郎・川田順造・伊谷純一郎・田中二郎・米山俊直（監修）二〇一〇『アフリカを知る事典』（新版）平凡社
国立民族学博物館（編）二〇一四『世界民族百科事典』丸善出版
小松和彦・田中雅一・谷泰・原毅彦・渡辺公三（編）二〇〇四『文化人類学文献事典』弘文

堂
日本アフリカ学会（編）二〇一四『アフリカ学事典』昭和堂
日本文化人類学会（編）二〇〇九『文化人類学事典』丸善出版

小説

中島らも　一九九三『ガダラの豚』実業之日本社（一九九六、集英社文庫より三分冊で再版）
坂東眞砂子　一九九三『狗神』角川書店（一九九六、角川文庫より再版）

人名・地名・民族名索引

ま　行

や　行

ら　行

た 行

な 行

は 行

書名索引

ま　行

ら　行

わ　行

さ 行

た 行

な 行

は 行

索　引

・頻出する語は、とくに重要な記述のあるページのみを示した。
・各語についての記述が複数ページにわたる場合は、原則として最初のページのみを示した。
・ただし、重要な記述がある場合は、連続したページを示した。

事項索引

本書は、二〇一五年一月に世界思想社より刊行された『恋する文化人類学者　結婚を通して異文化を理解する』を改題し、補章を加え文庫化したものです。

恋《こい》する文化人類学者《ぶんかじんるいがくしや》

結婚《けつこん》が異文化《いぶんか》をつなぐとき

鈴木裕之《すずきひろゆき》

令和6年 3月25日　初版発行

発行者●山下直久

発行●株式会社KADOKAWA
〒102-8177　東京都千代田区富士見2-13-3
電話　0570-002-301(ナビダイヤル)

角川文庫 24108

印刷所●株式会社暁印刷
製本所●本間製本株式会社

表紙画●和田三造

ISBN 978-4-04-400808-6　C0139

◇◇◇

角川文庫発刊に際して

角川源義

第二次世界大戦の敗北は、軍事力の敗北であった以上に、私たちの若い文化力の敗退であった。私たちの文化が戦争に対して如何に無力であり、単なるあだ花に過ぎなかったかを、私たちは身を以て体験し痛感した。西洋近代文化の摂取にとって、明治以後八十年の歳月は決して短かすぎたとは言えない。にもかかわらず、近代文化の伝統を確立し、自由な批判と柔軟な良識に富む文化層として自らを形成することに私たちは失敗して来た。そしてこれは、各層への文化の普及滲透を任務とする出版人の責任でもあった。

一九四五年以来、私たちは再び振出しに戻り、第一歩から踏み出すことを余儀なくされた。これは大きな不幸ではあるが、反面、これまでの混沌・未熟・歪曲の中にあった我が国の文化に秩序と確たる基礎を齎らすためには絶好の機会でもある。角川書店は、このような祖国の文化的危機にあたり、微力をも顧みず再建の礎石たるべき抱負と決意とをもって出発したが、ここに創立以来の念願を果すべく角川文庫を発刊する。これまで刊行されたあらゆる全集叢書文庫類の長所と短所とを検討し、古今東西の不朽の典籍を、良心的編集のもとに、廉価に、そして書架にふさわしい美本として、多くのひとびとに提供しようとする。しかし私たちは徒らに百科全書的な知識のジレッタントを作ることを目的とせず、あくまで祖国の文化に秩序と再建への道を示し、この文庫を角川書店の栄ある事業として、今後永久に継続発展せしめ、学芸と教養との殿堂として大成せんことを期したい。多くの読書子の愛情ある忠言と支持とによって、この希望と抱負とを完遂せしめられんことを願う。

一九四九年五月三日

角川文庫ベストセラー

アフリカの歴史
川田順造

人類誕生の舞台であり、民族移動や王朝の盛衰を経て、他者と共存するおおらかな知恵を蓄えたアフリカ大陸。現地調査を重ねた文化人類学者が、「世界史」の枠組みをも問い直す、文明論的スケールの通史。

インド史
南アジアの歴史と文化
辛島昇

インダス文明から始まり、カースト制度の成立や仏教の誕生、列強による植民地化、そして独立運動に至るまで、5000年にわたる悠久のインド史を南アジア研究の大家が描き出す。写真40点を掲載。

朝鮮半島史
姜在彦

大陸の動乱や諸外国の圧力に常に晒される半島的性格を持ちながら、2000年の歴史を紡いできた朝鮮。建国神話から日本による「併合」まで、隣国の動向も踏まえてその歩みを網羅する、入門に最適の1冊。

イスラーム世界史
後藤明

肥沃な三日月地帯に産声をあげる前史から、宗教としての成立、民衆への浸透、多様化と拡大、近代化、そして民族と国家の20世紀へ——。イスラーム史の第一人者が日本人に語りかける、100の世界史物語。

聖書物語
木崎さと子

キリスト教の正典「聖書」は、宗教書であり、良質の文学でもある。そのすべてを芥川賞作家が物語として再構成。天地創造、バベルの塔からイエスの生涯、そして黙示録まで、豊富な図版とともに読める一冊。

角川文庫ベストセラー

感染症の世界史　石　弘之

コレラ、エボラ出血熱、インフルエンザ……征服しては新たな姿となって生まれ変わる微生物と、人類は長い「軍拡競争」の歴史を繰り返してきた。40億年の地球環境史の視点から、感染症の正体にせまる。

鉄条網の世界史　石　弘之　石　紀美子

鉄条網は19世紀のアメリカで、家畜を守るために発明された。一方で、いつしか人々を分断するために用いられていく。この負の発明はいかに人々の運命を変えたのか。全容を追った唯一無二の近現代史。

ギリシア神話物語　楠見千鶴子

西欧の文化や芸術を刺激し続けてきたギリシア神話。天地創造、神々の闘い、人間誕生、戦争と災害、英雄譚、そして恋の喜びや別離の哀しみ――。多彩な図版とともにその全貌を一冊で読み通せる決定版。

ローマ法王　竹下節子

世界で12億人以上のカトリック教徒の頂点に立つローマ法王は政治・外交・平和の重要人物である。その歴史と現在を探る。西洋文化の根底にあるカトリック文化を知り、国際社会をより深く理解できる快著。

キリスト教でたどるアメリカ史　森本あんり

合衆国の理念を形作ってきたキリスト教。アメリカ大陸の「発見」から現代の反知性主義に至るまで、宗教国家・アメリカの歩みを通覧する1冊。神学研究のトップランナーが記す、新しいアメリカ史。

角川文庫ベストセラー

日本人のための第一次世界大戦史　板谷敏彦

今の世界情勢は、第一次世界大戦の開戦前夜と瓜二つ――。日本人だけが知らない彼の戦争の全貌を、政治・経済・金融・メディア・テクノロジーなどの様々な切り口から、旧来の研究の枠を超えて描き出す。

東方見聞録　マルコ・ポーロ　訳・解説／長澤和俊

ヴェネツィア人マルコは中国へ陸路で渡り、フビライ・ハーンの宮廷へと辿り着く。その冒険譚はコロンブスを突き動かし、大航海時代の原動力となった。現地を踏査した歴史家が、旅人の眼で訳し読み解く。

大モンゴルの世界　陸と海の巨大帝国　杉山正明

13世紀の中央ユーラシアに突如として現れたモンゴル。世界史上の大きな分水嶺でありながら、その覇権と東西への多大な影響は歴史に埋もれ続けていた。大帝国の実像を追い、新たな世界史像を提示する。

古代ローマの生活　樋脇博敏

現代人にも身近な二八のテーマで、当時の社会と日常生活を紹介。衣食住、娯楽や医療や老後、冠婚葬祭、性愛事情まで。一読すれば二〇〇〇年前にタイムスリップ！　知的興味をかきたてる、極上の歴史案内。

贋札の世界史　植村峻

10世紀に中国で紙幣が誕生するとすぐ贋札が出現した。手書きの偽造犯、国でさえ判別できない精巧な偽造から、ナチスによる英ポンド偽造作戦や近年の事件まで。元大蔵省印刷局の著者がその歴史を紐解く。

角川文庫ベストセラー

1冊で読む
世界の歴史　西村貞二

世界史はあっと驚く話、深い感銘を受ける話、ロマンティックな話、手に汗を握る話に満ちている。100のテーマを道標にして、古代から20世紀まで人類が紡いできた歴史を1冊に凝縮する。図版も多数収録。

魔女とほうきと黒い猫　菊地章太

私たちが共通して持つ魔女のイメージはいつ生まれたのか。人々の暮らしや心情を映し出し、変容し続けてきた「身近な存在」をメルヘンや童話などの伝承から読み解く、新しい魔女論！　貴重な図版も豊富に収録。

国のうた　弓狩匡純

世界で最も多くの人々に歌われている「うた」、それは国歌。世界の「国のうた＝国歌」を紹介。国歌のエピソード解説と、首都・面積・人口・通貨・言語など、それぞれの国の基礎情報を掲載。

聖なる木の下へ
アメリカインディアンの魂を求めて　阿部珠理

アメリカインディアンのスー族に伝わる祈りの儀式や占術……。神秘的な伝承を貫くものは、大地を敬い、勇気を重んじる「心の文化」である。比較文明学者がインディアンの精神世界を丁寧に読み解く瞠目の書。

もし、日本という
国がなかったら　ロジャー・パルバース
坂野由紀子＝訳

「日本ほど豊かな祭と文化を誇れる国はない」。ベトナム戦争の徴兵から逃れるためなんとなく来日した著者は、日本に魅了され、結局半世紀を過ごす。自身の数奇な半生と共に日本と日本人の魅力を軽快に語る！

角川文庫ベストセラー

アメリカの鏡・日本 完全版

ヘレン・ミアーズ
伊藤延司＝訳

近代日本は西洋列強がつくり出した鏡であり、そこに映るのは西洋自身の姿なのだ——。開国を境に平和主義であった日本がどう変化し、戦争への道を突き進んだのか。マッカーサーが邦訳を禁じた日本論の名著。

知っておきたい「食」の世界史

宮崎正勝

私たちの食卓は、世界各国からもたらされたさまざまな食材と料理であふれている。身近な食材の意外な来歴、世界各地の料理と食文化とのかかわりなど、「食」にまつわる雑学的な視点でわかるやさしい世界史。

知っておきたい「味」の世界史

宮崎正勝

甘味・塩味・酸味・苦味・うま味。人類の飽くなき「味」への希求が、いかに世界を動かしてきたのか。大航海時代のスパイス、コーヒー・紅茶を世界的商品にした砂糖など、「味」にまつわるオモシロ世界史。

知っておきたい「酒」の世界史

宮崎正勝

ウイスキー、ブランデー、ウオッカ、日本の焼酎などの蒸留酒は、イスラームの錬金術の道具からはじまり、大航海時代の交易はワインから新たな酒を生んだ。世界中のあらゆる酒の意外な来歴と文化がわかる！

地名でわかるオモシロ世界史

宮崎正勝

大航海時代、日本は黄金の島「ワクワク」と呼ばれていた？　世界の国々や都市名には、帝国拡大、民族大移動、「新大陸」発見、産業革命など、変革の歴史が刻まれている。由来と地図でわかる発見の世界史！

角川文庫ベストセラー

世界飛び地大全
吉田一郎

人も住めないミクロな飛び地、飛び地の中の飛び地など、世界には驚くような飛び地が多数存在している。誕生のいきさつや歴史、人々の暮らしなども紹介。図版150点超！　新しい世界史が見えてくる！

ALL ABOUT COFFEE
コーヒーのすべて

ウィリアム・H・ユーカーズ
訳・解説／山内秀文

歴史・文化・経済・技術ほか、コーヒーに関するあらゆる分野を網羅した空前絶後の大著『ALL ABOUT COFFEE』を、本邦初で文庫化！　コーヒー史を外観する、愛飲家垂涎の新たなバイブル、ここに誕生！

マメな豆の話
世界の豆食文化をたずねて

吉田よし子

醤油や味噌、豆腐に納豆……こんなに豆料理があるのは日本だけと思いがちだが、世界の豆食文化も凄かった！　多彩な豆食文化を求め中国・インド・東南アジア・中南米を探査。人間の知恵と豆のパワーに迫る。

中国小史　黄河の水
鳥山喜一

黄河流域の起源から現代まで、中国四〇〇〇年の歴史の動きを、その根底に流れる民族文化を見つめながら解き明かす。逸話や伝説も織り交ぜられた、子どもも大人もやさしく読める、中国史を一望できる名著。

三万年の死の教え
チベット『死者の書』の世界

中沢新一

誕生の時には、あなたが泣き、世界は喜びに沸く。死ぬ時には、世界が泣き、あなたは喜びにあふれる。「死者の書」には人類数万年の叡智が埋蔵されている。生と死の境界に分け入る思想的冒険。カラー版。

角川文庫ベストセラー

チベットの先生　中沢新一

チベットの小さな村に生まれたケツン氏。人類の叡智の伝統に学び、チベット仏教の究極の教え、ゾクチェンの修行に励む彼を中国の侵攻が襲う。著者が師と仰いだ高僧の魂の旅と、優しく偉大な文明の記憶を描く。

世界神話事典　創世神話と英雄伝説　大林太良　伊藤清司　編／吉田敦彦・松村一男

ファンタジーを始め、伝説やおとぎ話といった物語の原点は神話にある。神話をひもとけば、民族や文化、人間の心の深層が見えてくる。世界や死の起源、英雄伝説など全世界共通のテーマにそって紹介する決定版。

世界神話事典　世界の神々の誕生　大林太良　伊藤清司　編／吉田敦彦・松村一男

各地の神話の共通点と唯一無二の特色はどこにあるのか。日本をはじめ、ギリシャ・ローマなどの古代神話から、シベリアなどの口伝えで語られてきたものまで、世界の神話を通覧しながら、人類の核心に迫る。

アラビアンナイト　バートン版　千夜一夜物語拾遺　大場正史＝訳

世紀を超えて語りつがれ、人々の胸を躍らせてきた、夢とロマンスと冒険の絢爛豪華なファンタジー。最も親しまれてきた「アラジン」「アリ・ババ」の物語を含む拾遺集。長大な本篇への入門書としても最適！

日本人はなにを食べてきたか　原田信男

縄文・弥生時代から現代まで、日本人はどんな食物を選び、社会システムに組み込み、料理や食の文化をかたちづくってきたのか。聖なるコメと忌避された肉など、制度や祭祀にかかわった食生活の歴史に迫る。

角川文庫ベストセラー

自閉症は津軽弁を話さない
自閉スペクトラム症のことばの謎を読み解く

松本敏治

自閉症児者が方言をしゃべらないという噂は本当なのか？　方言の社会的機能説、意図理解、自閉症児者の言語習得、自閉症児者のコミュニケーションの特異性等、筆者の飽くなき探究心から見えてきた真相とは。

草木とともに
牧野富太郎自伝

牧野富太郎

近代植物分類学の権威である牧野富太郎は、小学校を中退し、独学で植物学をおさめ、数多くの新種を発見した。九四年にわたる生涯のすべてを植物研究に捧げた彼の人生に沿いながら選ばれ、編まれた名随筆集。

お皿の上の生物学

小倉明彦

新入生の五月病を吹き飛ばした人気講義。酸味を甘味に変える不思議な物質の話から、クリスマスにケーキを食べる理由まで。身近な料理・食材をもとに、科学の話題から、食の文化・歴史も解き明かす。

イラストで見る昭和の消えた仕事図鑑

澤宮優
イラスト／平野恵理子

活弁士が紙芝居屋へ転身、貸本屋はいまのコンビニくらいあった……激動の時代を支え、高度経済成長と合理化の末に消えていった数々の仕事の記録。収入、料金、業務内容まで。全１１４種イラスト付きで紹介！

科学するブッダ
犀の角たち

佐々木閑

科学と仏教、このまったく無関係に見える二つの人間活動には驚くべき共通性があった。理系出身の仏教学者が固定観念をくつがえし、両者の知られざる関係を明らかにする。驚きと発見に満ちた知的冒険の書。

角川文庫ベストセラー

音楽入門
伊福部　昭

真の美しさを発見するためには、教養と呼ばれるものを否定する位の心がまえが必要です――。日本に根ざす作品世界を追求し、「ゴジラ」の映画音楽でも知られる作曲家が綴る、音楽への招待。解説・鷺巣詩郎

クラシック音楽の歴史
中川右介

人物や事件、概念、専門用語をトピックごとに解説。時間の流れ順に掲載しているため、通して読めば流れも分かる。グレゴリオ聖歌から二十世紀の映画音楽まで。「クラシック音楽」の学び直しに最適な1冊。

至高の十大指揮者
中川右介

「三大指揮者」と称されたトスカニーニ、ワルター、フルトヴェングラーから現代の巨匠ラトルまで。無数の指揮者から10人を選び、どうキャリアを積み上げ、何を成し遂げたかという人生の物語を提示する。

不朽の十大交響曲
中川右介

「クラシックジャーナル」誌の編集長を務めた中川右介による不朽の一〇曲。ベストセラー『クラシック音楽の歴史』、『至高の十大指揮者』に続く、クラシック音楽、交響曲の学び直しに最適な一冊。

宇宙100の謎
監修／福井康雄

宇宙は何色なの？　宇宙人はいるの？　ビッグバンって何？　子供も大人も、みんなが知りたい疑問に、天文学の先生がQ&A形式でわかりやすく解説。神秘とロマンにとことん迫る、宇宙ガイドの決定版！